重庆东水门长江大桥钢结构件的生产

重庆东水门长江大桥南主塔涂装

千厮门嘉陵江大桥钢围堰内挖孔桩施工

重庆两江大桥全貌

重庆东水门长江大桥最重的一块桥面板(约70t)吊装

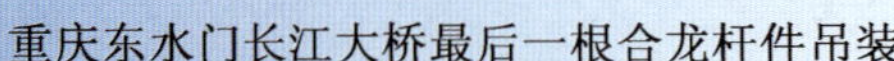

重庆东水门长江大桥最后一根合龙杆件吊装

重庆东水门长江大桥主塔封顶

重庆东水门长江大桥夜景

重庆东水门长江
大桥建设工程纪实

千厮门嘉陵江大桥钢结构件的生产

建设中的千厮门嘉陵江大桥

千厮门嘉陵江大桥主塔牛腿施工

千厮门嘉陵江大桥桥面板吊装

千厮门嘉陵江大桥主塔首节段浇筑

千厮门嘉陵江大桥钢桥面铺装

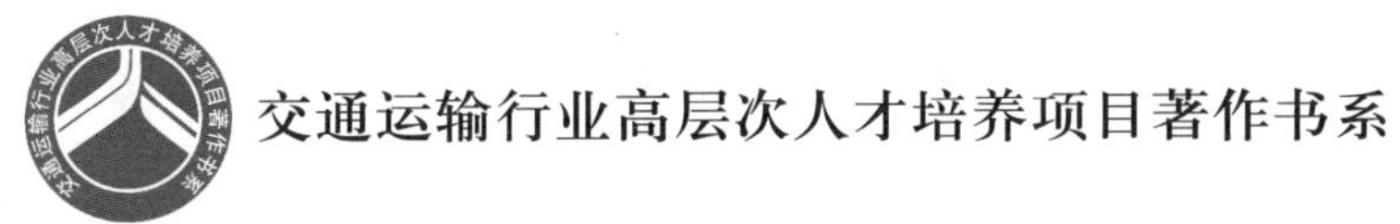

王福敏 耿 波 刘 亢 著

大跨径公轨复合交通部分斜拉桥设计关键技术

Key Technologies of the Design of Long-span Extradosed Bridges for Combined Transport

人民交通出版社股份有限公司
China Communications Press Co.,Ltd.

内 容 提 要

本书为“交通运输行业高层次人才培养项目著作书系”中的一本。本书主要针对公轨复合交通条件下大跨径部分斜拉桥这一复杂结构，结合主跨445m重庆东水门长江大桥和主跨312m千厮门嘉陵江大桥的工程实践，分别采用理论分析、数值计算、模型试验和实体工程验证等方法，对大跨径公轨复合交通部分斜拉桥设计关键技术进行介绍。内容包括：适用于公轨复合交通的单索面双桁片部分斜拉桥结构体系及其关键构造和设计方法；由钢锚箱、侧拉板、剪力钉和横向预应力组合受力的新型索—塔锚固体系；单索面双桁片板桁结合主梁超大吨位斜拉索索梁锚固体系的受力机理；单索面双桁片板桁结合主梁设计及评价方法等。

本书可供从事大跨径桥梁工程设计和研究工作的技术人员参考，也可供高等院校土木工程专业的在校师生学习与参考。

图书在版编目(CIP)数据

大跨径公轨复合交通部分斜拉桥设计关键技术 / 王福敏，耿波，刘亢著. — 北京 : 人民交通出版社股份有限公司，2017.5

ISBN 978-7-114-13819-5

Ⅰ. ①大… Ⅱ. ①王… ②耿… ③刘… Ⅲ. ①长跨桥—斜拉桥—桥梁设计 Ⅳ. ①U448.43 ②U448.27

中国版本图书馆CIP数据核字(2017)第104266号

交通运输行业高层次人才培养项目著作书系

书　　名：**大跨径公轨复合交通部分斜拉桥设计关键技术**
著 作 者：王福敏　耿　波　刘　亢
责任编辑：潘艳霞　周　宇
出版发行：人民交通出版社股份有限公司
地　　址：(100011)北京市朝阳区安定门外外馆斜街3号
网　　址：http://www.ccpress.com.cn
销售电话：(010)59757973
总 经 销：人民交通出版社股份有限公司发行部
经　　销：各地新华书店
印　　刷：中国电影出版社印刷厂
开　　本：787×1092　1/16
印　　张：12.25
插　　页：2
字　　数：272千
版　　次：2017年5月　第1版
印　　次：2017年5月　第1次印刷
书　　号：ISBN 978-7-114-13819-5
定　　价：75.00元
(有印刷、装订质量问题的图书由本公司负责调换)

书系前言

Preface of Series

进入21世纪以来,党中央、国务院高度重视人才工作,提出人才资源是第一资源的战略思想,先后两次召开全国人才工作会议,围绕人才强国战略实施做出一系列重大决策部署。党的十八大着眼于全面建成小康社会的奋斗目标,提出要进一步深入实践人才强国战略,加快推动我国由人才大国迈向人才强国,将人才工作作为"全面提高党的建设科学化水平"八项任务之一。十八届三中全会强调指出,全面深化改革,需要有力的组织保证和人才支撑。要建立集聚人才体制机制,择天下英才而用之。这些都充分体现了党中央、国务院对人才工作的高度重视,为人才成长发展进一步营造出良好的政策和舆论环境,极大激发了人才干事创业的积极性。

国以才立,业以才兴。面对风云变幻的国际形势,综合国力竞争日趋激烈,我国在全面建成社会主义小康社会的历史进程中机遇和挑战并存,人才作为第一资源的特征和作用日益凸显。只有深入实施人才强国战略,确立国家人才竞争优势,充分发挥人才对国民经济和社会发展的重要支撑作用,才能在国际形势、国内条件深刻变化中赢得主动、赢得优势、赢得未来。

近年来,交通运输行业深入贯彻落实人才强交战略,围绕建设综合交通、智慧交通、绿色交通、平安交通的战略部署和中心任务,加大人才发展体制机制改革与政策创新力度,行业人才工作不断取得新进展,逐步形成了一支专业结构日趋合理、整体素质基本适应的人才队伍,为交通运输事业全面、协调、可持续发展提供了有力的人才保障与智力支持。

"交通青年科技英才"是交通运输行业优秀青年科技人才的代表群体,培养选拔"交通青年科技英才"是交通运输行业实施人才强交战略的"品牌工程"之一,1999年至今已培养选拔282人。他们活跃在科研、生产、教学一线,奋发有为、锐意进取,取得了突出业绩,创造了显著效益,形成了一系列较高水平的科研成果。为加大行业高层次人才培养力度,"十二五"期间,交通运输部设立人才培养专项经费,重点资助包含"交通青年科技英才"在内的高层次人才。

人民交通出版社以服务交通运输行业改革创新、促进交通科技成果推广应用、支持交通行业高端人才发展为目的,配合人才强交战略设立"交通运输行业高层次人才培养项目著作书系”(以下简称“著作书系”)。该书系面向包括“交通青年科技英才”在内的交通运输行业高层次人才,旨在为行业人才培养搭建一个学术交流、成果展示和技术积累的平台,是推动加强交通运输人才队伍建设的重要载体,在推动科技创新、技术交流、加强高层次人才培养力度等方面均将起到积极作用。凡在“交通青年科技英才培养项目”和“交通运输部新世纪十百千人才培养项目”申请中获得资助的出版项目,均可列入“著作书系”。对于虽然未列入培养项目,但同样能代表行业水平的著作,经申请、评审后,也可酌情纳入“著作书系”。

高层次人才是创新驱动的核心要素,创新驱动是推动科学发展的不懈动力。希望“著作书系”能够充分发挥服务行业、服务社会、服务国家的积极作用,助力科技创新步伐,促进行业高层次人才特别是中青年人才健康快速成长,为建设综合交通、智慧交通、绿色交通、平安交通做出不懈努力和突出贡献。

交通运输行业高层次人才培养项目
著作书系编审委员会
2014 年 3 月

作者简介

Author Introduction

王福敏,1962 年生,四川南溪人。研究员,全国交通青年科技英才,国务院特殊津贴专家,全国优秀科技工作者,全国勘察设计行业科技创新带头人,中国公路学会第五届专家委员会委员,重庆市设计大师,重庆市学术带头人。现任招商局重庆交通科研设计院有限公司董事长、国家山区公路工程技术研究中心主任。

主持完成桥梁设计、咨询项目 30 多项,省部级重大科研项目 10 余项,主编了《公路斜拉桥设计规范》等 3 部规范。其中,作为总负责人,主持完成了重庆朝天门长江大桥工程可研、初设、施设及关键技术研究,大桥主跨 552m,居世界拱桥第一。在重庆两江大桥工程中,以院总工程师身份兼任 BT 建设管理负责人、设计技术负责人和"公轨复合交通桥隧一体建设关键技术研究与示范"研究课题总负责人,提出了"山地城市复合交通公轨桥隧一体化设计""以创意与创新为核心的桥梁技术美学"等设计思想。

先后获得中国公路学会科学技术一、二等奖 3 项;重庆市科技进步一、二等奖各 1 项;詹天佑奖 2 项,国家优秀设计铜奖 2 项;全国优秀设计行业一等奖 1 项;省部级优秀设计一等奖多项。出版《曲线梁桥传递矩阵设计法与工程应用实践》等 4 部专著,发表学术论文 85 篇,获得国家专利 15 项。

前　言

Foreword

重庆市是我国西部地区最早建设、开通城市轨道交通线路的城市。截至2016年10月，重庆轨道交通运营里程达202km，里程长度位居我国第五位（不含港澳台地区）、中西部第一位。预计到2020年，运营里程将近500km。

重庆市是一座典型的山地城市，地形起伏变化大，也是一座著名的江城，长江、嘉陵江穿城而过。跨江大桥成为了城市交通骨干网络的控制性节点，也构成了重庆“山、水、城、桥”的独特风貌。根据重庆市城市总体规划，远期规划合计820km的城市轨道交通线路将13次跨越长江和10次跨越嘉陵江，在重庆两江上方将建成23座城市轨道交通专用或与铁路交通、公路交通共用的桥梁。重庆将成为我国城市轨道交通领域桥梁类型和数量最多的城市。

重庆市轨道交通6号线是主城区轨道交通线网的重要组成部分，其上新街至大剧院段位于重庆中央商务区，穿越渝中半岛解放碑，南接弹子石、北连江北嘴，跨越长江、嘉陵江。为改善区域道路网络结构，完善综合交通，一次性解决城市道路交通和轨道交通的过江需求，2009年底，开工建设公轨复合交通的东水门长江大桥和千厮门嘉陵江大桥。

两座跨江大桥采用双层桥面，公路交通在上，轨道交通在下。处于下层桥面的轨道交通净空尺寸大，进而主梁梁高大、刚度大。设计者充分利用公轨复合交通下的这一结构特点，创新性地设计出了单索面稀索体系部分斜拉桥，增强了江面景观通透性，避免了双索面视角交叉对景色的分割，具有很好的景观协调性；同时主梁材料的充分使用也降低了工程造价。方案集安全、适用、经济、美观于一身。

由于东水门长江大桥和千厮门嘉陵江大桥均为公轨两用部分斜拉桥，且跨径为目前国内外公轨复合交通部分斜拉桥的最大跨径，设计中采用的新型设计理念、新型结构体系以及新型构造形式，均对传统设计提出了新的挑战。

在设计中，分别采用理论分析、数值计算、模型试验和实体工程验证等方法，创造性地提出了外置式索塔锚固钢锚箱、单索面条件下板桁结合桥面板，以及钢横梁跨中设置索梁锚固结构、大吨位混凝土牛腿等关键构造，并开展了公轨复合交通条件下的风车桥耦合振动分析。形成了大跨径公轨复合交通部分斜拉桥设计关键技术，包括：提出了适用于公轨复合交通的单索面双桁片部分斜拉桥结构体系，及其关键构造及设计方法；研制了由钢锚箱、侧拉板、剪力钉和横向预应力组合受力的新型索—塔锚固体系；揭示了单索面双桁片板桁结合主梁超大吨位斜拉索索梁锚固体系的受力机理；建立了单索面双桁片板桁结合主梁设计及评价方法等。

大跨径公轨复合交通部分斜拉桥设计关键技术有力地支撑了重庆东水门长江大桥和千厮门嘉陵江大桥的建设，大大减少了钢结构用量，改进了大桥索塔锚固区结构、索梁锚固区结构、大吨位混凝土牛腿的施工，节约工程造价2300多万元，缩短施工工期94天。

2014年3月，东水门长江大桥建成通车；2015年4月，千厮门嘉陵江大桥建成通车。通车至今，公路及轨道交通运营状况良好。东水门长江大桥荣获2015年度"全国市政金杯示范工程"和2015年度重庆市优秀设计一等奖，重庆市市政工程金杯奖；千厮门嘉陵江大桥荣获2015年度英国工程师协会卓越工程提名奖和2016年度重庆市优秀设计一等奖、重庆市市政工程金杯奖。两座跨江大桥获得首届"重庆市十大最美桥梁"荣誉称号。

为了系统地总结在该项目中形成的大跨径公轨复合交通部分斜拉桥设计关键技术，记录在该设计中所采用的科学有效的方法、措施，完善我国公轨复合交通桥梁设计理论，为今后同类型桥梁的建设提供技术支撑，特著本书。

感谢项目组成员王丰华、安永日、袁佩、尚军年、张长青、魏思斯、李嵩林、张茜、刘勋、陈忆前、常国强等为本项目付出的辛勤劳动！

本书编写过程中，得到了工程建设业主单位重庆全通工程建设管理有限公司的鼎力支持，同时也得到了西南交通大学、中南大学、中铁大桥局集团武汉桥梁科学研究院有限公司、中铁大桥局八公司和中铁宝桥集团有限公司的大力协助，在此一并表示感谢！

最后，向招商局重庆交通科研设计院有限公司参与本书编写和技术审核的专家、同事表示感谢！

2017年3月于重庆

目　录

Contents

1 概　　述

随着我国国民经济和人民生活水平的快速提高，一些大型城市的交通状况逐渐暴露出了较多问题。对于城市来说，道路路线的改变、扩宽等工程不仅需要很大的经济投入，而且还会在一定的时间段上影响人们的正常生活，尤其是在人口密集的大型城市。于是，人们开始把注意力投向了城市轨道交通的建设，据此来解决问题，满足人们正常生活的需求。

重庆轨道交通 6 号线是主城区轨道交通线网的重要组成部分，其上新街至大剧院段位于重庆中央商务区，穿越渝中半岛解放碑，南接弹子石、北连江北嘴，跨越长江、嘉陵江。为改善区域道路网络结构，完善综合交通，一次性解决城市道路交通和轨道交通的过江需求，2009 年底，开工建设重庆东水门长江大桥和千厮门嘉陵江大桥（简称“两江大桥”）。

在山地城市环境下，两江大桥工程将路、轨、桥、隧集中于整个工程全长仅约 2.8km 的范围内，特别是公轨两种交通方式在空间、荷载、效应、需求等多个方面相互叠加和影响，制约了工程在桥位、接线方式、路线通过方式、桥隧断面、桥型方案、结构受力、安全与美观等的选择，构成了公轨复合交通。

同时，重庆东水门长江大桥（简称“东水门长江大桥”或“东水门大桥”）和千厮门嘉陵江大桥（简称“千厮门大桥”）均为公轨两用部分斜拉桥，且跨径为目前国内外公轨复合交通部分斜拉桥的最大跨径，两江大桥在设计中采用的新型设计理念、新型结构体系以及新型构造形式，均对传统设计提出了新的挑战。

1.1　部分斜拉桥

1.1.1　国外建设概况

1988 年，一位名叫 Jacgues Mathivat 的工程师在设计某高架桥方案时首次提出了部分斜拉桥这一概念，并命名之为“Extra-dosed PC bridge”，可以将其翻译为“超剂量预应力混凝土梁桥”。1990 年，一位名叫 Antonie Naama 的德国工程师引入了组合体外预应力索桥的概念，就是将一部分体外预应力索伸出主梁，并在墩顶处的主梁上将其锚固。上述这两种方案具有很大的相似性。

1994 年建成的小田原港桥可称为首座部分斜拉桥，其跨径布置为 74.00m + 122.00m + 74.00m，桥宽为 13.00m，塔、梁、墩三者相互固结，拉索直接锚固在主梁上。日本于 2000 年成功修建了四塔部分斜拉桥——土狩大桥，其跨径形式为 94.00m + 3 × 140.00m + 94.00m，塔梁固结。该桥第一次使用能够将反力进行分散的叠合橡胶支座，这有利于对支座的应变进行后期调整，同时也使得支座变形得以消除。2001 年，日本成功修建木曾川桥，跨径为 160.00m + 3 × 275.00m + 160.00m。同一年，成功修建的揖斐川桥，跨径为 154.00m + 4 × 271.50m + 127.00m，两座桥均为多塔单索面部分斜拉桥，主梁形式为箱梁，属于混凝土和钢材的组合桥梁结构。日本于 2004 年建成通车的日见桥的主梁，第一次采用波形钢腹板以及体外预应力，不但能够使材料性能得以充分利用，而且使得结构自重大大减小。1994～2005年近10年的时间中，共有27座部分斜拉桥在日本建成。桥梁跨径也逐渐变大，从最初的122.00m至后期的275.00m。桥宽从最初的13.00m至后期的33.00m。主梁形式从初期的预应力混凝土到后期的结合梁或钢混合梁结构，极大地丰富了桥梁类型和适用范围，为部分斜拉桥的发展做出了较大贡献。菲律宾建设的麦克坦大桥主跨为185.00m，桥面宽度为21.00m；老挝修建的巴色桥主跨为143.00m，桥宽为11.80m；美国的首座全长为308.70m的部分斜拉桥于2006年修建成功，该桥的主跨径为157.00m。国外部分斜拉桥的概要见表1.1.1。

国外部分斜拉桥概要　　表1.1.1

序号	桥梁名称	所属国家	通车年份	主跨径布置形式(m)	用途
1	小田原港桥	日本	1994	74.00+122.00+74.00	跨越海湾
2	屋代南桥	日本	1995	65.00+105.00+105.00+65.00	跨越公路
3	冲原桥	日本	1997	66.00+180.00+77.00	跨越湖泊
4	蟹沢大桥	日本	1997	100.00+180.00+77.00	机场附近
5	Saint. Remy. de. Maurienne Bridge	法国	1997	48.50+52.50	跨越公路
6	Sunniberg Bridge	瑞士	1998	59.00+128.00+140.00+134.00	跨越山谷
7	唐柜新桥	日本	1998	75.00+140.00+70.00	跨越山谷
8	谷川桥	日本	1998	93.50+58.50	跨越河流
9	第二曼达桥	菲律宾	1999	112.50+185.00+112.50	跨越海湾
10	JR新川高架桥(铁)	日本	1999	52.00+59.00	跨越公路
11	Pakse桥	老挝	2000	123.00+143.00+91.50	跨越河流
12	士狩大桥	日本	2000	94.00+3×140.00+94.00	跨越河流
13	またきな大桥	日本	2000	90.00+110.00	跨越湖泊
14	佐敷大桥	日本	2000	61.50+105.00+61.50	跨越江湖
15	Suriagegawa Dum Bridge	日本	2000	84.20	跨越公路
16	雪沢三号桥	日本	2000	70.30+71.00	跨越山谷
17	中の池桥	日本	2000	60.60	跨越山谷
18	都田川桥	日本	2000	134.00+134.00	跨越山谷
19	保津桥	日本	2001	76.00+100.00+76.00	跨越山谷
20	揖斐川桥	日本	2001	154.00+4×271.50+157.00	跨越河流
21	Kiso大桥	日本	2002	160.00+3×275.00+160.00	跨越河流
22	新川大桥	日本	2002	130.00	跨越河流
23	深浦大桥	日本	2002	90.00	跨越海湾
24	New Koror. Babeldaop Bridge	帕劳	2002	82.50+247.00+82.50	跨越海湾
25	新名西桥	日本	2003	88.50+122.40+81.20	跨越河流
26	日见桥	日本	2003	92.50+180.00+92.50	跨越山谷
27	望乡大桥	日本	2003	100.00+200.00+100.00	跨越河流

续上表

序号	桥 梁 名 称	所属国家	通车年份	主跨径布置形式(m)	用　途
28	Save Bridge(公轨)	克罗地亚	2004	72.00 + 120.00 + 72.00	跨越河流
29	栗东桥	日本	2005	137.60 + 170.00	跨越湖泊
30	Pyung. Yeo Bridge	韩国	2005	65.00 + 120.00 + 65.00	跨越山谷
31	Gum. Ga Grand Bridge	韩国	2007	85.35 + 5 × 125.00 + 85.25	跨越河流
32	Keong. An Bridge	韩国	2009	70.00 + 130.00 + 70.00	跨越山谷
33	Q Bridge	美国	2010	75.85 + 157.00 + 75.85	跨越海湾

1.1.2　国内建设概况

我国开始建设部分斜拉桥的时间相对较晚，但是从首次建设开始就取得了不俗的成绩。我国首座部分斜拉桥芜湖长江大桥于2000年建成通车，主梁采用钢桁梁，为公铁两用桥，跨径布置为180m + 312m + 180m；2001年，漳州战备大桥是我国建成的第二座部分斜拉桥，单索面形式，箱形主梁，采用预应力混凝土，跨径布置为80.8m + 132.0m + 80.8m，桥面宽度为27m。此后，部分斜拉桥在我国得到迅速发展，先后建成同安银湖大桥、惠青黄河大桥、兰州黄河大桥(小西湖)、重庆东水门长江大桥及重庆千厮门嘉陵江大桥等。部分斜拉桥在国内的概要见表1.1.2。

国内两用部分斜拉桥概要　　　表1.1.2

序号	桥　名	主跨跨径(m)	拉索布置	用　途	建成年份
1	铜陵公铁两用长江大桥	630.00	双塔/三索面	公铁两用	2014
2	黄冈长江大桥	567.00	双塔/双索面	公铁两用	2014
3	东水门大桥(长江)	445.00	双塔/单索面	公轨两用	2014
4	千厮门大桥(嘉陵江)	312.00	独塔/单索面	公轨两用	2015
5	上海闵浦二桥	251.00	独塔/双索面	公轨两用	2010
6	天兴洲长江大桥(武汉)	504.00	双塔/三索面	公铁两用	2009
7	惠青黄河公路大桥	220.00	双塔/单索面	公路桥梁	2006
8	澳凼三桥(公轨)	180.00	双塔/四索面	公轨两用	2005
9	荷麻溪大桥	230.00	独塔/单索面	公路桥梁	2005
10	吴淞江大桥	100.00	独塔/单索面	公路桥梁	2005
11	兰州黄河大桥(小西湖)	136.00	双塔/单索面	公路桥梁	2003
12	同安银湖大桥(厦门)	80.00	独塔/单索面	公路桥梁	2002
13	芜湖长江大桥	312.00	双塔/双索面	公铁两用	2000
14	漳州战备大桥	132.00	双塔/单索面	公路桥梁	1999
15	香港汲水门大桥	430.00	双塔/双索面	公铁两用	1997

1.1.3　部分斜拉桥的发展趋势

部分斜拉桥的发展趋势主要有以下几点：

(1)跨径逐渐增大。过去的部分斜拉桥的跨径范围为100.00 ~ 200.00m，目前已经建成的重庆东水门长江大桥主跨达到445.00m。

(2)主梁结构形式的改变。前期的部分斜拉桥主梁主要采用预应力混凝土结构和钢的组合结构,桥梁结构形式发展到中期,应用比较多的是波形钢腹板结合梁,近些年来应用较广的是钢桁梁等。重庆两江大桥采用的就是钢桁梁。

(3)主梁结构的轻薄化。部分斜拉桥的主梁内力可以通过对斜拉索的调整,不仅仅由其跨径决定,其主梁尺寸的灵活性要比连续梁大,且能适应周围的环境。

1.2 部分斜拉桥关键技术的研究现状

1.2.1 板桁组合梁

过去采用梁与主桁结构分离,一般是纵横梁体系钢桁梁桥面,这样的结构整体性不好,耗材量大。现代钢桁梁已逐渐被正交异形钢桥面板与主桁梁结合的结构所取代,这种结构的桥面板要受弯、受剪,同时还要分担桥面系的一部分纵向拉力作用。

板桁组合结构桥梁做成简支、连续、斜拉、悬索等形式,都是非常合理的新型桥跨结构。钢桥的发展和钢材技术的突破息息相关。钢桥面板的产生是在20世纪30年代,最初提出采用钢板作为桥面板的是美国钢结构协会(AISC)的专家,将横梁作用于主梁上,横梁上搭放纵梁,并将纵梁上翼缘的边缘与钢桥面板之间用角焊缝相连,这就是Battledeck钢桥面板的最初形式。20世纪30年代,为了充分发挥钢桥面板的高强、轻质、耐久、经济等优点,德国率先研究用钢桥面板来代替混凝土桥面板。1934年建成了世界上第一座钢桥面板桥——Feldcoeg桥。Feldcoeg钢桥面板相对Battledeck钢桥面板更加符合桥梁结构的需要。Feldcoeg钢桥面板和横梁、纵梁经过焊缝,横梁和纵梁相互嵌入,因而梁的高度比Battledeck低,自重减轻了许多,所以Feldcoeg钢桥可以看成现代钢桥的起源。

前联邦德国在1957年建成了世界上第一座采用钢桥面板结构的斜拉桥——Duesseldorf North桥。加拿大温哥华在1964年建成了世界上第一座采用钢桥面板结构的中承式系杆拱桥——Port Mann桥。日本在1999年建成了世界上跨度最大的明石海峡大桥,主跨度1991m。欧洲采用正交异性钢桥面板建立各类形式的桥梁,数量超过1000座,日本有250余座,北美约有100座。

我国第一座板和桁梁组合结构,采用正交异性桥面板的桥梁是广东肇庆西江大桥,跨径为5×144m,分为上、下两层,上层公路桥面采用正交异性钢桥面板,下层铁路桥面采用纵横梁及平联体系。轻型钢正交异性桥面板,在结构中不但可以用作路面承重,而且和主桁弦杆共同承担外部荷载的作用,发挥着混凝土桥面板和主桁平纵联的双重作用。钢桥面板提高了整体结构的抗弯刚度、抗扭刚度及动力性能,且能够减轻结构自重,对改善路面的连续性也有很大的帮助。

板桁组合结构包括的组合构件有主桁架、桥面板以及纵梁等,荷载由主桁架弦杆、桥面板和纵梁共同承担,共同发挥桥面板、纵梁与主桁平纵联的作用,这样就会提高结构的抗弯及抗扭刚度,成为大跨径桥梁结构形式中较理想的形式之一。板桁组合结构桥梁的静力分析方法中,把桥面板看作上弦杆的部分,来分析主桁面内的受力特性。由于桥面板有剪力滞的影响,所以确定合理的桥面有效宽度成为分析方法的关键。小溪一郎确定了一般分析计算桥面板有效宽度的方法;林国雄在基于桥面板有效宽度的一般计算方法,分析推导得悬臂桥面时,分别计算纵梁的弯曲应力、节点刚性次应力和截面偏心弯矩应力的有效宽度公式。这些计算方法都是一般的近似计算方法,这种方法是在 Tyalor 级数展开式基础上建立的。何畏、李乔以芜湖长江大桥为背景,分析上承式连续板桁组合结构各体系的受力情况。得出的结果是将结构分别看作三个体系,并且具体地计算分析了三个体系的受力情况,将结构的桥面板视作主桁上弦杆翼缘的一部分,其主要受力特点是桥面板与桁架结构一同受力,把这个作为板桁组合结构的第一受力体系;结构计算运用平面网格梁进行改良来计算,主要受力特点是在纵横肋上来叠放桥面板单元,这样板和纵横梁在连接点的变形经过协调,以此来模拟的结构体系作为第二体系。结构把桥面板支承在纵、横梁上,桥面板作为连续板体现各向同性,以此来计算的结构作为第三体系。然而仅仅对这三个体系分别做了计算,而每个体系所用的简化方法没有做出评价,所以计算的有效性、合理性并没有明确验证。陈玉骥、熊玉良推导出第一体系纵梁的轴力和下弦杆的轴力比值公式,公式针对下承式板桁结合桥梁,根据下弦杆和桥面系的变形协调条件得出。

李富文将纵、横肋归结为板的一部分,来推导双向加肋的正交异性板单元的刚度矩阵,其包括板的刚度矩阵和纵、横肋对刚度矩阵的影响。李富文、伏魁先等将正交异性板划分为若干个矩形板单元,而组成桥面板的还有纵、横肋,将纵横肋看作空间梁单元来处理。每一节间的板单元以及纵、横肋梁单元作为一个子结构,这样就降低了单元的自由度,称作板杆混合单元。这种方法与模型试验相比,较为接近,在下承式板桁结构中计算竖向对称荷载时,竖向位移和应力与模型试验相差 4.9% ~ 10%,结果比较接近。而在竖向偏载下,结构横向水平位移的计算值和模型试验值的误差约 10%。伏魁先在此基础上,对板桁组合结构桥梁的非对称荷载下的响应做了更进一步的研究计算。徐文焕等在求解板桁结合结构的空间问题上,使用子结构的计算方法。

大桥工程局、西南交通大学等专家和学者研究了混凝土板钢桁结合梁的弹性受力特性,采用壳、梁空间单元模型,得到有指导意义的结论。谭莹、田启贤根据结构不同的分析目的分为不同性质的单元体,同时对离散结构的各构件考虑组成构件的不同特点。用梁单元模拟桁架、杆件,用板壳元和块体元模拟桥面板,而且对节段模型进行试验,然后对比实测结果和理论分析结果,得出关于板桁结构桥梁受力特点的一般性结论。王荣辉、曾庆元、王海龙采用非线性有限元方法分析板桁组合钢梁的横向条带板段单元 UL 列式,该式是在三维连续体的虚功增量方程的基础上导出的,其位形的变化和材料非线性分别用空间欧拉坐标变换和截面的塑性系数来考虑。欧阳剑、韦成龙对芜湖长江大桥板桁组合结构各体系的受力情况得出空间斜杆和斜撑是将索力传给主桁的主要构件的结论。索力的竖向分力约 80% 由空间斜杆传递,20% 左右较大比例的竖向分力是由直撑通过剪力的形式传递的,直撑短而刚度较大。索水平分力主要由斜撑、边纵梁、直撑承担,斜撑传递了约 70% 以上的水平力;15% 的水平力则由边纵梁承担,桥面板和相邻的锚箱的受力是由边纵梁传递的;直撑上的水平力约 6% 通过剪切传递。

1.2.2 索塔锚固区

1) 国内外斜拉桥索塔锚固形式

大跨度斜拉桥的索塔一般采用空心变截面塔柱,常见的索塔锚固形式大体可分为预应力、钢锚箱及钢锚梁 3 类。表 1.2.1 列举了部分国内外著名斜拉桥混凝土索塔的锚固形式。

国内外著名斜拉桥混凝土索塔锚固形式一览表　　表1.2.1

桥梁名称	主跨(m)	锚固类型	建成年份
武汉白沙洲大桥	618	环向预应力	1999
南京长江二桥	628	环向预应力	2001
武汉军山大桥	460	环向预应力	2001
巴东长江公路大桥	388	环向预应力	2004
珠江黄埔大桥	383	环向预应力	2008
厄勒海峡大桥	490	内置式钢锚箱	2000
希腊 Rion-Antirion 桥	560	内置式钢锚箱	2004
苏通长江公路大桥	1088	内置式钢锚箱	2008
济南黄河大桥	386	内置式钢锚箱	2008
上海长江大桥	730	内置式钢锚箱	2009
太白楼西路梁济运河大桥	220	内置式钢锚箱	2010
鄂东长江公路大桥	926	内置式钢锚箱+横向预应力	2010
宁波象山港大桥	688	内置式钢锚箱+环向预应力	2010
法国诺曼底大桥	856	外置式钢锚箱	1995
香港汀九桥	475	外置式钢锚箱	1998
杭州湾大桥北航道桥	448	外置式钢锚箱	2008
加拿大安纳西斯桥	465	钢横梁	1986
南浦大桥	423	钢锚梁	1991
东海大桥	420	钢横梁	2005
金塘大桥	620	钢横梁	2009
荆岳长江公路大桥	816	钢横梁	2010
闵浦大桥	708	钢横梁	2010

2)预应力锚固形式

预应力锚固构造通常有以下几种做法:

(1)在索塔截面内布置双向直线或曲线预应力索,或称井字形索,如芜湖长江大桥等。

(2)在索塔截面内布置环形预应力索,有纵桥向开口的U形索,如南京长江二桥南汊斜拉桥等。

(3)有横桥向开口的U形索,如润扬长江公路大桥北汊斜拉桥等。

(4)混合配索,如武汉军山大桥等。

箱形截面索塔锚固区常见预应力束布置见图1.2.1。

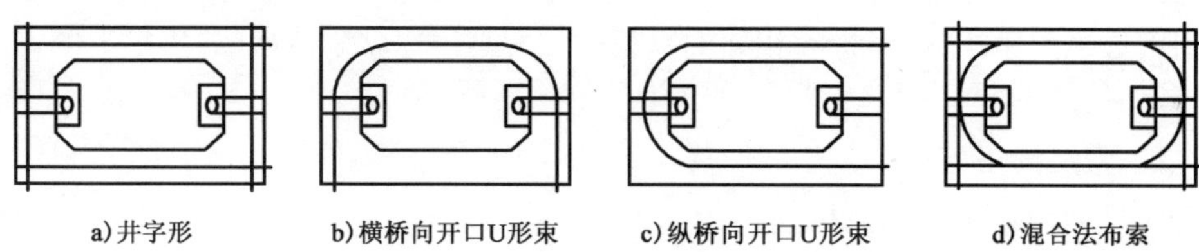

a)井字形　b)横桥向开口U形束　c)纵桥向开口U形束　d)混合法布索

图1.2.1　预应力束布置示意图

预应力锚固形式主要是限制或抵消斜拉索索力对混凝土的拉伸作用。其构造简单、用钢量少、造价便宜,但施工相对复杂。锚固区混凝土易开裂,影响结构的耐久性,在跨径不大的斜拉桥中应用较多。对特大桥梁,预应力锚固形式还可与钢锚箱、钢横梁等锚固形式进行组合发挥效应。

3)钢锚箱锚固形式

钢锚箱锚固系统是从钢索塔及主梁锚固横梁发展起来的一种新的锚固构造形式,近年来在大跨度斜拉桥上应用广泛,对于混凝土索塔,主要有内置式(图 1.2.2)和外置式两种。

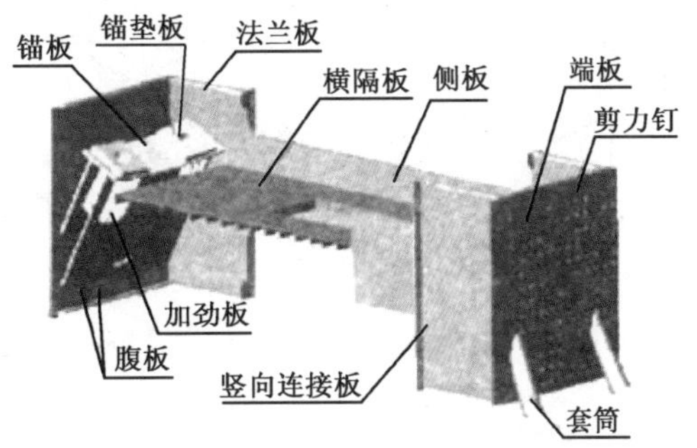

图 1.2.2 内置式钢锚箱三维示意图

钢锚箱传力途径为:拉索索力→锚垫板→锚板和侧板→腹板→剪力钉→混凝土塔壁。

侧板承担大部分斜拉索拉力在顺桥向的分力,沿索塔高度方向的分力由混凝土承担。钢锚箱承受了较大的拉力,混凝土承受了较大的压力和较小的拉力,充分发挥了钢材抗拉强度高和混凝土抗压强度高的优点,克服了钢材承受较大压应力容易失稳和混凝土承受较大拉应力容易开裂的缺点。

钢横梁锚固形式就是在索塔内部牛腿上设置钢横梁(图 1.2.3)。斜拉索水平分力由钢横梁承担,竖向分力通过牛腿传递至混凝土索塔上。在大跨度斜拉桥中,可采用锚固钢横梁实现拉索在空心塔柱上的对称锚固,可使混凝土塔柱在拉索锚固区段受力明确,不会产生水平裂缝。主要缺点是锚区有很多牛腿结构,施工装模拆模繁琐。

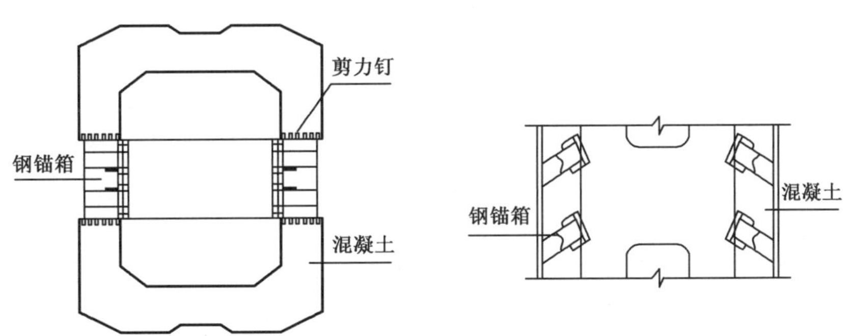

图 1.2.3 钢横梁锚固形式示意图

钢锚箱是斜拉桥索塔锚固区结构中的关键受力构件,其结构形式多为箱形。斜拉桥索塔锚固区拉索锚固构造形式主要有:实心塔柱上的交叉锚固,空心塔柱上的对称锚固。在大跨径斜拉桥的设计中,钢锚箱对称锚固形式运用得较多,并且近年来出现组合式钢锚箱对称锚固形式,用钢锚箱实现在空心塔柱上的对称锚固,钢锚箱承担斜拉索产生的局部拉应力,塔柱混凝土承担钢锚箱传来的整体压力或偏心压力。钢锚箱结构见图 1.2.4。

索塔锚固区是斜拉桥中的关键部位,拉索的局部集中力需要通过这一部位安全、可靠地传递到塔柱中。由于拉索的局部集中力较大,钢锚箱板件数量多、构造复杂,使得该区域的受力状态十分复杂。因此,斜拉桥索塔锚固区的受力性能一直以来受到桥梁界人士的关注。

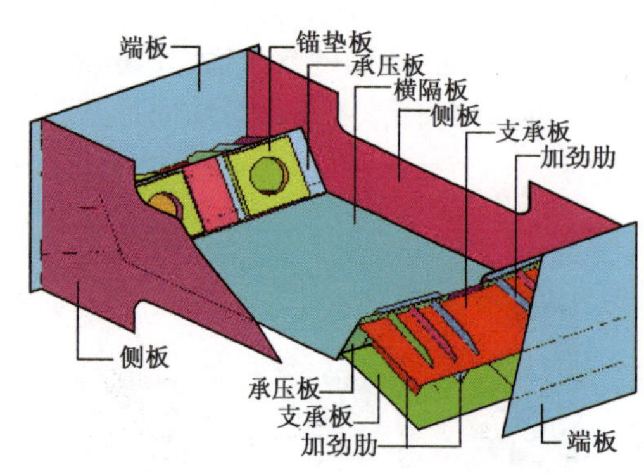

图 1.2.4 钢锚箱结构构造

尽管现代计算理论与方法已经能够分析复杂的局部应力问题,但计算结果与试验结构存在一定差异,对于大跨度斜拉桥索塔钢锚箱这样构造复杂、承受荷载较大的重要结构,通过试验与理论分析相结合的方法,研究钢锚箱的索力传力机理、应力分布十分必要。通过试验以明确索塔锚固区的实际受力和变形情况,检验设计的安全度和可靠性,考察结构的施工工艺可行性,同时验证结构分析的准确性。在此基础上,为索塔锚固区的优化设计提出合理化建议,完善施工工艺,保证结构的安全、合理与可靠。

桥梁施工工艺的创新,斜拉桥跨度的增大,必然导致钢锚梁的结构向更科学、更合理、更复杂方向发展。我国钢锚箱结构起步比较晚,但是随着南京三桥、苏通大桥等一系列钢锚箱结构大跨度斜拉桥的建设及使用,我国钢锚箱结构的设计与使用必然会随着施工工艺和材料的发展而迅速发展。在今后大跨度斜拉桥的设计中,组合型结构形式的钢锚箱必然会被广泛应用,为我国桥梁大国的地位奠定坚实的基础。

1.2.3 索梁锚固区

钢斜拉桥在日本较为普遍,研究和建造也相对较早。日本的生口桥就专门针对其锚管式索梁锚固结构做了疲劳性能试验。日本的多多罗大桥也针对其锚箱式索梁锚固结构做静载和疲劳试验。国内自 20 世纪 90 年代初起,相继进行了多座大跨斜拉桥索梁锚固结构的试验研究。同济大学光弹试验针对杨浦大桥专门制作了有机玻璃模型进行锚固区二维光弹试验;1996 年西南交通大学土木工程学院对汕头岩石大桥进行了锚管式索梁锚固结构试验;直到 2013 年,相继对南京长江大桥、苏通大桥、安庆长江大桥等做了不同程度的试验研究。

1)锚固形式

对于斜拉桥,根据斜索的布置、锚头的形状、索力的大小、张拉工具与张拉方法应采用不同的锚固结构。目前,大跨度钢主梁斜拉桥中常见的索梁锚固形式主要有以下四种:锚箱式(承压式)连接、耳板式(销铰式)连接、锚管式连接和锚拉板式连接。

锚箱式连接是在钢箱梁主梁腹板外挂设钢锚箱的一种锚固方式,结构主要由锚垫板、承压板、锚固板和加劲板等板件组成。钢锚箱通过承压板及锚固板与腹板之间的焊缝同主梁腹板相连接,斜拉索锚固在垫板上,较厚的锚垫板和较厚的承压板的组合,既避免了厚钢板的焊接问题,也解决了承压板抗弯不足的问题。柱式锚箱横向较短,斜拉索方向较长。而梁式锚箱横向较宽,斜拉索方向较短。锚固箱在国内应用较多,且主要采用柱式锚箱。如图 1.2.5 所示。

锚箱式索梁锚固结构是大跨度钢箱梁斜拉桥中应用最为广泛的索梁锚固结构形式之一,日本的六甲大桥、柜石岛大桥,多多罗大桥,我国的南京长江第二大桥、南京长江大三大桥、安庆长江公路大桥、苏通大桥、上海长江大桥等均采用了该类索梁锚固形式。

耳板式连接也称为销铰式连接，是借鉴悬索桥吊索连接方式发展起来的一种索梁锚固形式。结构由耳板、销铰连接件、夹板以及高强度螺栓等组成。拉索通过铰或者钢管锚固在耳板上。此种锚固结构对耳板的强度要求高，多采用高强度中等厚度的钢板。如图 1.2.6 所示。如法国诺曼底大桥、重庆粉房湾斜拉桥采用的就是耳板式锚固结构体系。

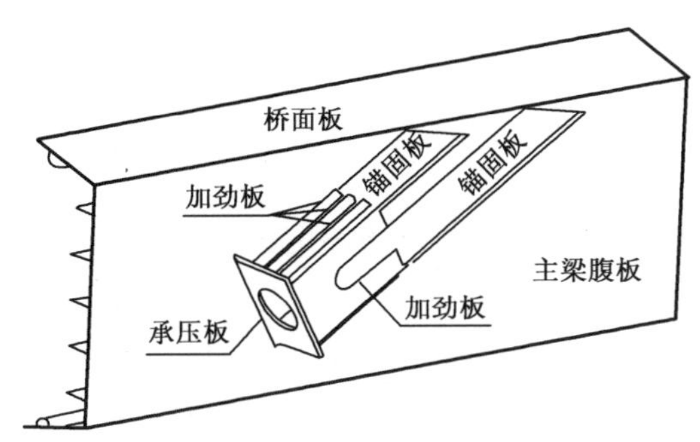

图 1.2.5 南京长江二桥柱式锚固

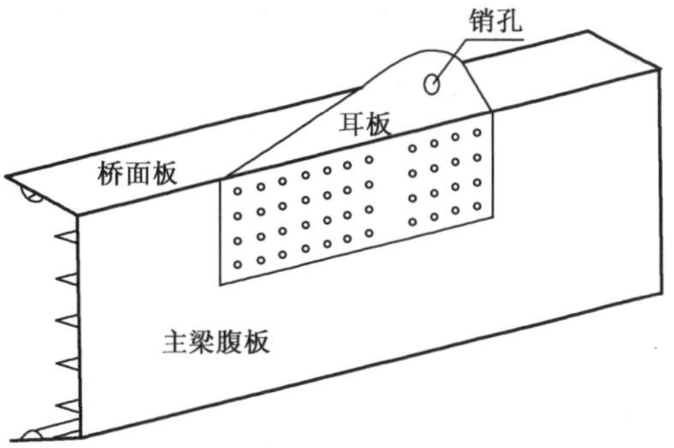

图 1.2.6 耳板式锚固结构

锚管式连接是将锚管在锚固位置与腹板焊接于一体。锚管端部设置有承压板，拉索锚固在承压板上。采用楔形承压垫板来适应斜拉索不同的横向倾角。结构对材质没有特殊要求，如图 1.2.7 所示。

相对于其他锚固形式来说，锚管式连接的应用和研究较少。目前为止，将锚管式结构连接运用于大跨度斜拉桥的有天津海河大桥、汕头岩石大桥等。

锚拉板连接是将一块厚钢板作力锚拉板，在锚拉板上部开槽，槽口内侧与锚管相焊接。斜拉索穿过锚管锚固在锚垫板上。结构包括锚拉板、锚垫板、锚拉管和加劲板。锚拉板底部与主梁板相焊接，两侧设有加劲板，用来增强其横向刚度与整体性。锚拉板式索梁锚固结构应力分布复杂，局部应力严重集中，如图 1.2.8 所示。

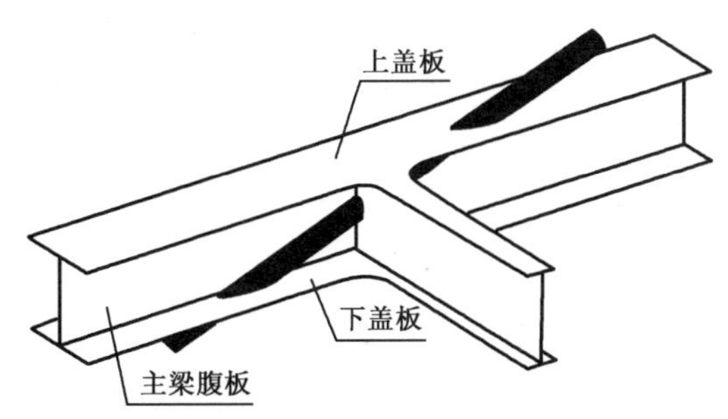

图 1.2.7 汕头岩石大桥锚管式锚固结构

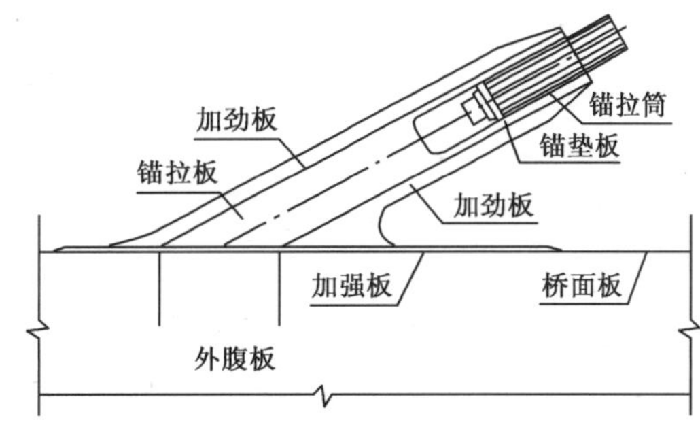

图 1.2.8 湛江海湾大桥锚拉板式锚固结构

锚拉板式索梁锚固结构构造简单、传力路径明确、施工维护方便，已在国内外大跨径斜拉桥中得到广泛的应用，如加拿大安纳西斯桥，希腊里翁—安蒂里翁大桥，青州闽江大桥，湛江海湾大桥，武汉二七长江大桥，厦漳跨海大桥南，北汉主桥等。

2）传力机理

通过西南交通大学张清华、李乔等人的研究成果，可以得出如下锚箱传力机理：

（1）锚箱结构锚箱顶板、底板以及承压板均存在一定程度的应力集中，但各板件应力分布存在较大差异。锚箱顶底板的应力集中区域主要分布在板件与钢箱梁腹板焊缝的最前端及两板件与承压板相邻的局部区域;承压板的高应力区域则集中在承压板与钢箱梁腹板焊缝的中部及上段局部区域。相对而言,锚箱顶底板的应力集中问题较承压板更为突出。

(2)钢箱梁腹板的应力集中问题较为突出,其高应力区域主要集中在锚箱顶底板及承压板的焊缝附近,并与相应板件的应力集中区域基本一致。

(3)锚箱顶底板应力沿锚箱纵向呈典型的"马鞍形"分布的特征较为明显。

(4)锚箱结构由锚箱顶板、底板及承压板等构件组成受力体系,荷载传递时,各组成板件的受力特性存在较大差异。

(5)锚箱的受力特性由各板件厚度、各板件焊缝长度、钢箱梁腹板厚度等参数共同决定;且在外荷载相同的情况下,各板件间的受力特性存在耦合影响。

耳板式传力路径为:斜拉索→销轴连接件→锚固耳板→边纵梁腹板→钢桁主梁。根据2012年重庆交通大学土木工程学院王少怀、向中富等对重庆粉房湾斜拉桥的研究,可以得出以下结论:

斜拉索通过耳板将巨大索力向边纵梁顶板和腹板传递过程中,耳板应力远大于顶板和腹板等构件,发生应力集中现象。其中纵梁的顶板、腹板、底板和横隔板各项应力相对较小,应力极值均是出现在各构件连接处。

通过汕头岩石大桥锚管结构相关试验研究结果和数据表明:索力通过锚管与腹板之间的焊缝传递给主梁。索力的水平分力通过锚管、上下盖板和主梁腹板均匀地扩散传递。主梁腹板和锚管所承受的压应力较大。构造上应增加拉索吊点附近区域腹板和锚管的厚度。斜拉索作用端锚管应力较大,并沿锚管轴向逐渐变小。

通过湛江海湾大桥锚拉式结构及其他相关桥梁的分析可知:在设计索力作用下,锚拉板开口两侧受力均匀,整体应力水平不高。但锚拉板与锚拉筒的侧焊缝以及锚拉板与主梁顶板的连接焊缝容易出现应力集中,特别是在焊缝根部圆弧过渡区,初始屈服荷载较低,与锚拉板底部焊接的桥面加强板在板厚方向承载较大的拉应力;随着荷载的增大,锚拉板和锚拉筒的塑性区沿焊缝不断增大。加大锚拉板与锚拉筒连接焊缝根部的圆弧半径,可以有效改善锚拉板的应力分布。

1.2.4 斜拉桥牛腿

1)牛腿设计关键技术

牛腿的作用是衔接悬臂梁与挂梁并传递来自挂梁的荷载。由于梁的相互搭接,中间还要设置传力支座来传递较大的竖直力和水平反力,牛腿高度不到梁高的一半,却又要传递较大的竖直和水平反力,这就使它成为上部结构中的薄弱部位。鉴于梁牛腿处梁高的骤然减小,在凹角处应力集中现象严重,见图1.2.9。设计中应对此处的构造予以足够的重视。通常需要注意的方面有:

(1)悬臂梁与挂梁的腹板应对应,使受力明确,缩短传力路线;接近牛腿部位的腹板应适当加厚,加厚区段的长度应大于等于梁高。

(2)端横梁应进行加强设计,端横梁的宽度应将牛腿包含在内,形成整体。

(3)牛腿的凹角线形应平缓,避免形成尖锐转角而产生过大的应力集中。

(4)尽可能减小牛腿处支座的高度,如采用橡胶支座等。

(5)由于牛腿混凝土的开裂在牛腿中是一种较常见的病害,应按设计计算要求配置密集的钢筋,钢筋布置应与主拉应力的方向协调一致,以防止混凝土开裂。

(6)混凝土牛腿在施工过程中要注意混凝土的密实性。

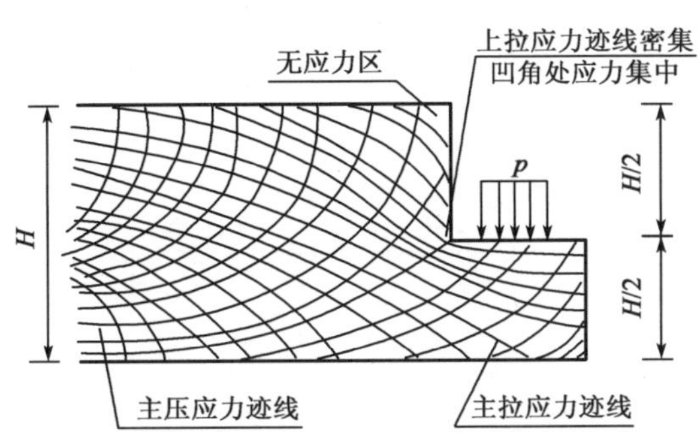

图 1.2.9 牛腿应力集中

2)牛腿的简化计算方法

牛腿的有效分布宽度的计算,主要有以下两种计算方法:

(1)美国公路桥梁设计规范第 2.13、2.5.3 条规定,当牛腿按弯曲和水平力设计时,全部主要受拉钢筋应均匀地布置在 $b+5e$ 或 $2c$ 区域内。

(2)我国规范对牛腿的有效作用宽度没有明确规定。在一些桥梁设计手册及文献中,建议取 s、$b+2e$ 以及 $2c$ 中的小值。

3)牛腿受力特点

牛腿是结构受力的薄弱环节,在上部结构重力、预应力和牵引力共同作用下,整个牛腿结构呈现压应力为主的受力状态。为保证桥梁结构设计安全,了解牛腿的受力特点从而正确进行牛腿的设计计算显得尤为重要。根据牛腿受力特点和检测结果分析,牛腿预埋件与混凝土之间的水平裂缝对整体性能影响较小,垂直裂缝对牛腿斜截面承载力有一定影响。牛腿受力后,首先在上柱与牛腿上表面交界处出现垂直裂缝,但发展缓慢,随着荷载增加,在加载板内侧出现向下发展的斜裂缝。若继续加载,裂缝不断开展,并在加载板外侧出现大量的细小裂缝,直到临近破坏,垫板下突然出现裂缝,预示牛腿即将破坏。

牛腿的破坏形态主要取决于 a/h,有以下三种主要破坏形态:

(1)弯曲破坏。当 $a/h>0.75$ 和纵向受力钢筋配筋率较低时,一般发生弯曲破坏,见图 1.2.10。

(2)剪切破坏。剪切破坏分为纯剪切破坏、斜压破坏和斜拉破坏三种。纯剪切破坏是当 a/h 值很小(<0.1)或 a/h 值虽较大但边缘高度较小时,可能发生沿加载板内侧接近竖直截面的纯剪破坏。其特征是牛腿与下柱交接面上出现一系列短斜裂缝,最后牛腿沿此裂缝从柱上切下,这时牛腿内纵向钢筋应力较低,见图 1.2.11。当 $a/h=0.1\sim0.75$ 时,则可能发生斜压破坏或斜拉破坏。

(3)局部受压破坏。当加载板过小或混凝土强度过低时,导致加载板下混凝土局部受压破坏,见图 1.2.12。其中 a 为牛腿竖向力的作用点至下柱边缘的水平距离;h 为牛腿与下柱交接处的牛腿竖直面的有效高度。

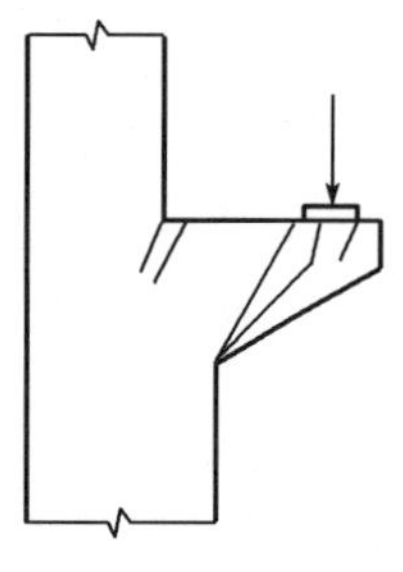

图 1.2.10　弯曲破坏

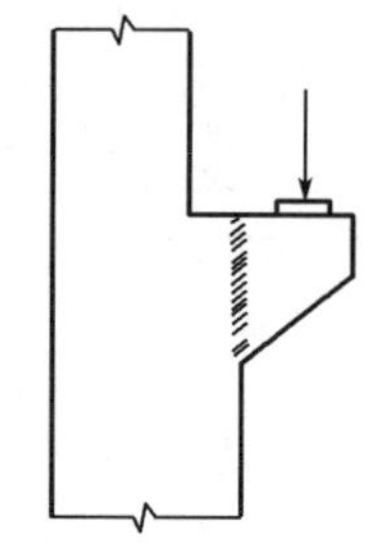

图 1.2.11　剪切破坏

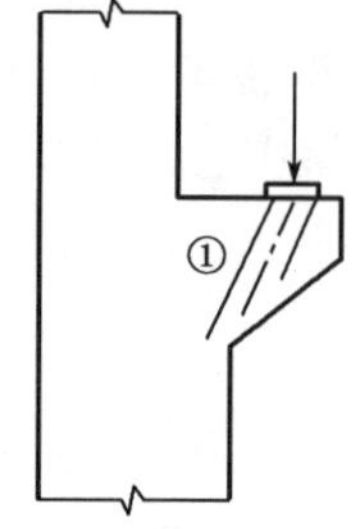

图 1.2.12　局部受压破坏

1.2.5　车桥耦合振动

20 世纪 60、70 年代，西欧和日本开始修建高速铁路，对桥梁动力分析提出了更高的要求。电子计算机的出现以及有限元技术的发展，使得车桥振动研究具备了强有力的分析手段，这极大地促进了车桥耦合振动研究的发展。目前已经在车桥振动的研究思路、车辆分析模型、桥梁分析模型、轮轨接触关系、激励源、数值计算方法 6 个方面取得重大进展。

1）车桥振动的研究思路

车桥耦合振动的研究思路由早期以现场实测为主的分析方法发展为现代以理论分析为主、现场实测进行验证的理论与实践相结合的方法。即在桥梁设计阶段，可以借助车桥动力检算这一手段，设计出低动力响应的桥梁结构。在必要的时候，选取典型的桥梁，通过现场实测工作来验证。

2）车辆分析模型

早期大都将车辆简化成移动的单个或多个集中力（常量力或简谐力），随着计算机的迅速发展以及计算分析技术的提高，目前大都倾向于采用车辆空间振动模型即车辆竖向振动模型、横向振动模型和空间振动模型。如谭国辉在 1996 年提出了三维空间车辆模型，该模型考虑了车体本身的竖向位移、纵向俯仰及横向摇摆三个影响车桥耦合作用的自由度。同时四个车轮各取其独立的竖向位移来控制，并推导了计入各种非线性减隔振装置的弹性与阻尼效应的车辆运动方程。图 1.2.13 为一个三维整车模型。

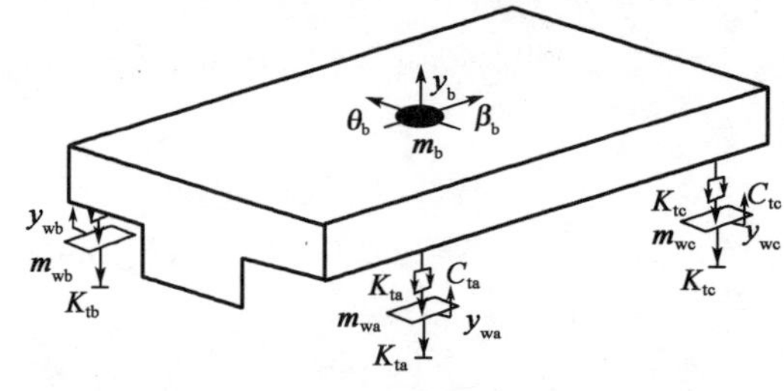

图 1.2.13　三维整车模型

王元丰等把三维车辆模型的应用推广到模拟多车道、多车、混合车速、混合车辆组通过桥梁时的响应分析。其与谭国辉的不同处在于把车轮按轮对来考虑，两组轮对分别由各自竖向位移及横摆自由度控制，见图 1.2.14。

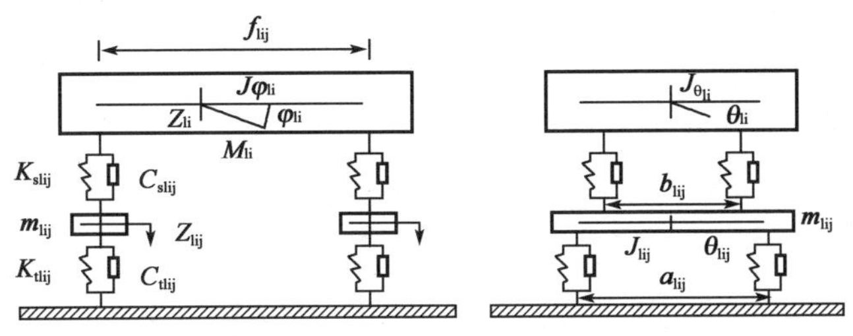

图 1.2.14 三维车辆模型

3)桥梁分析模型

目前国内外采用有限元的方法,用空间杆系单元以及板壳单元、实体单元来模拟桥梁结构。如 Ton Lo Wang 和谭国辉曾分别于 1993 年与 1996 年运用这一方法来分析桥梁结构动力响应,这一分析模型能计入梁的扭转和弯曲振型,而扭转和弯曲振动对桥的动力反应有显著的影响。这一模型更真实地反映了桥梁的实际工作状态。桥梁分析模型如图 1.2.15 所示。

4)轮轨接触关系

轮轨接触关系包括轮轨接触几何参数的确定以及轮轨间接触(蠕滑)力的计算。在轮轨接触几何学领域,Cooperrider 于 1976 年解决了两维轮轨几何接触问题,即不考虑轮对摇头角位移来确定轮轨接触点位置和接触几何参数。De Pater 和 Yang 应用空间解析几何和一阶近似方法,成功地解决了轮轨几何接触的三维计算问题。国内的研究者也大都采用考虑轮对摇头角的空间分析方法研究轮轨接触几何参数。对于轮轨滚动接触蠕滑理论,Kalker 在轮轨滚动接触理论方面作出了杰出贡献。他从 20 世纪 60 年代开始,先后提出用于小蠕滑的线性理论、简化理论、三维非线性精确理论、新简化理论等,并相继开发了 CONTACT、FASTSIM、DUVOROL 等用于轮轨滚动接触计算分析的程序,比较完整地解决了两弹性体在干摩擦下的滚动接触理论及工程应用。陈果、翟婉明等最近建立了一种新型轮轨空间动态耦合模型,该模型在轮轨接触几何关系、轮轨法向力以及轮轨蠕滑力的求解上均有所创新。这里采用一个图例来说明,采用计算原理进行轮轨接触几何计算,通常采用迹线法。建立轮对绝对坐标系,其固结于轮对初始无运动时,轮轨刚好接触但不形成压缩时的轮对质心上,如图 1.2.16 所示。

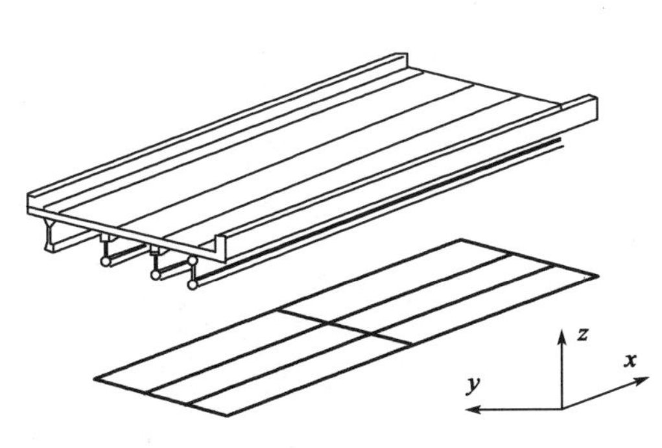

图 1.2.15 桥梁分析模型

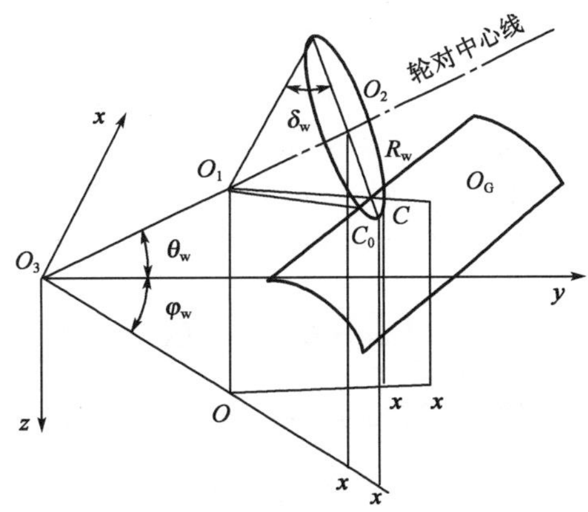

图 1.2.16 轮轨接触

5)激励源

对于车桥系统的激励源问题,一直存在两种不同的看法:一种是将轨道不平顺作为系统的激励源。如假定路面不平整度为图 1.2.17 中虚线给出的功率谱密度函数,它相当于非常平整的路面条件。图中 Ω 为频率,表示单位路面长度的凹凸周数 c/m,$S(\Omega)$ 表示路面不平整功率谱密度。路面的凹凸不平整曲线根据随机理论生成。

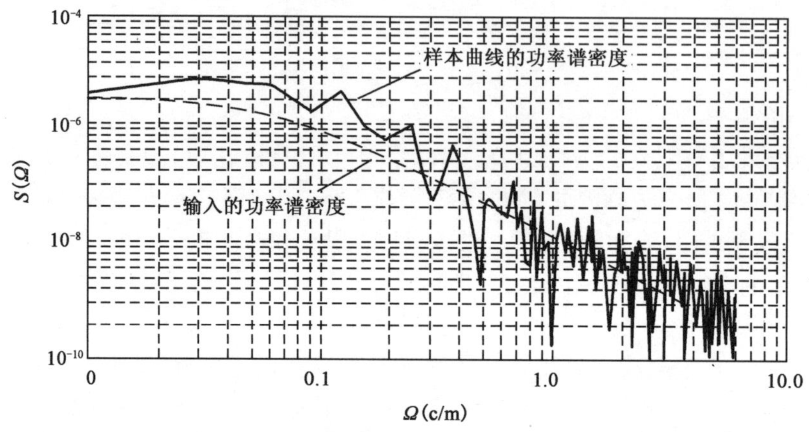

图 1.2.17　路面不平整功率谱曲线

另一种是将车桥振动系统中的转向架振动加速度响应的实测波形或人工蛇行波(即人工生成的转向架振动加速度时程)作为系统的激励源。随着计算机的出现与迅速发展、轮轨接触理论研究的突破以及大量实测轨道不平顺数据的获取、轨道不平顺谱的形成,用蛇行波作为车桥系统激励源的做法已经被摈弃。近 20 年来,从美国、日本、欧洲各国,到国内绝大多数研究单位,基本上都采用轨道不平顺谱或实测的轨道不平顺数据作为车桥振动系统的激励源。

6)数值计算方法

车桥耦合振动的数值计算方法主要有时域法和频域法。由于车桥系统实际是时变问题,因此大都采用时域方法。根据所建立的车桥系统方程的不同,目前大体分为以下两种方法:

(1)将车桥系统以轮轨接触处为界,分为车辆与桥梁两个子系统,分别建立车辆与桥梁的运动方程,两者之间通过轮轨接触处的位移协调条件与轮轨相互作用力的平衡关系相联系,采用迭代法求解系统响应。

(2)将车辆与桥梁的所有自由度集总建立成统一方程组,进行同步求解。具体进行直接积分时,可采用 Newmark-β 法、Wilson-θ 法等。

1.3　两江大桥公轨复合交通部分斜拉桥设计关键技术

1.3.1　需要解决的问题及主要方法

(1)在前期工作的基础上,进一步进行参数分析,总结出单索面公轨两用部分斜拉桥的受力特点。技术路线流程图(一)见图 1.3.1。

(2)在前期工作的基础上,进一步深化研究。首先,对两片桁与三片桁的受力特点进行理论分析;其次,研究上下层桥面板之间传力机理、桁架腹板与顶底板连接节点的传力机理;最后,数值模拟分析与实桥试验测试结果相比较,总结出受力特性。技术路线流程图(二)见图1.3.2。

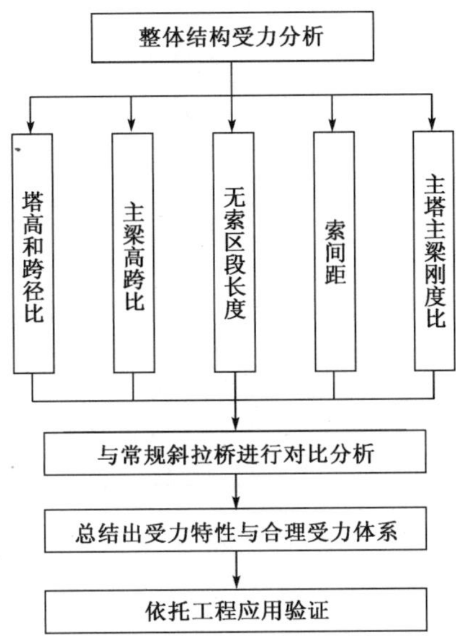

图1.3.1　技术路线流程示意图(一)

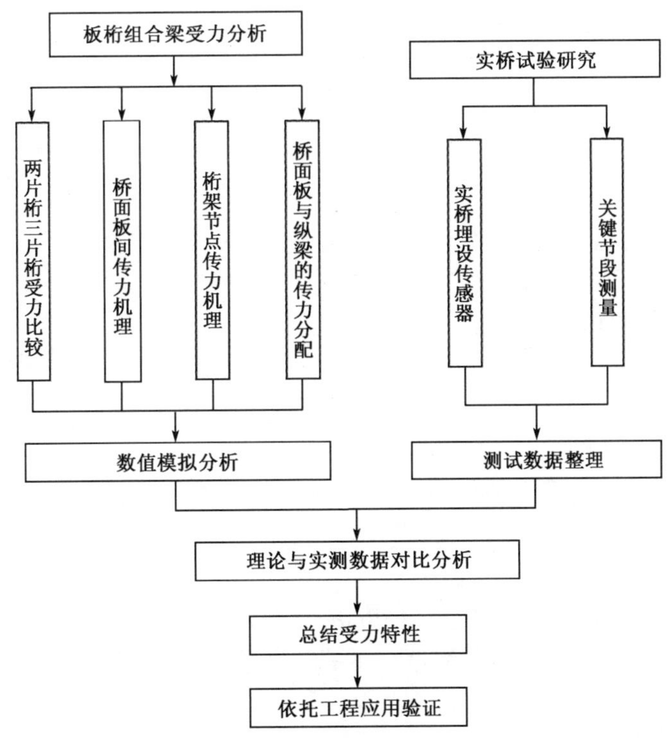

图1.3.2　技术路线流程示意图(二)

实桥试验采用的传感器布设位置见图 1.3.3 和图 1.3.4。

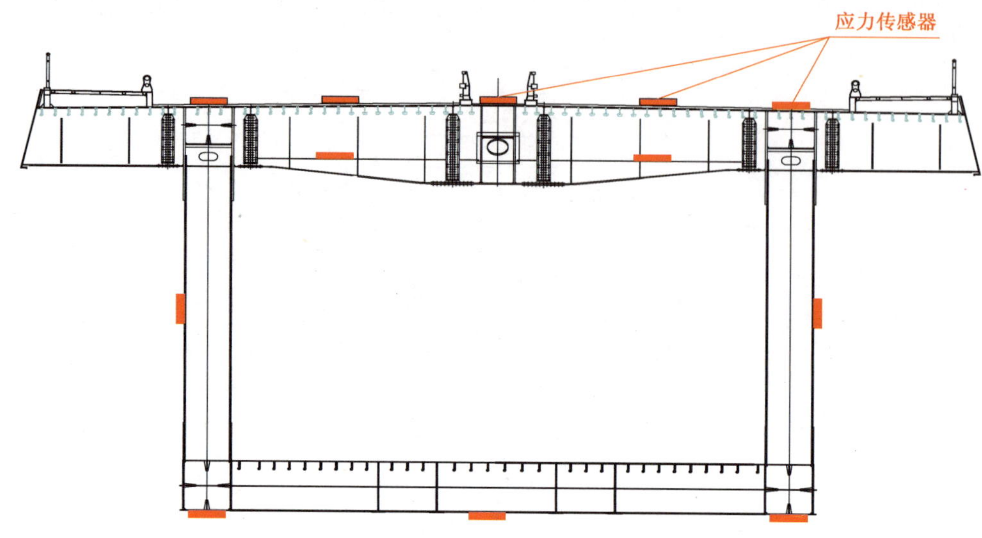

图 1.3.3　主梁断面传感器布置图

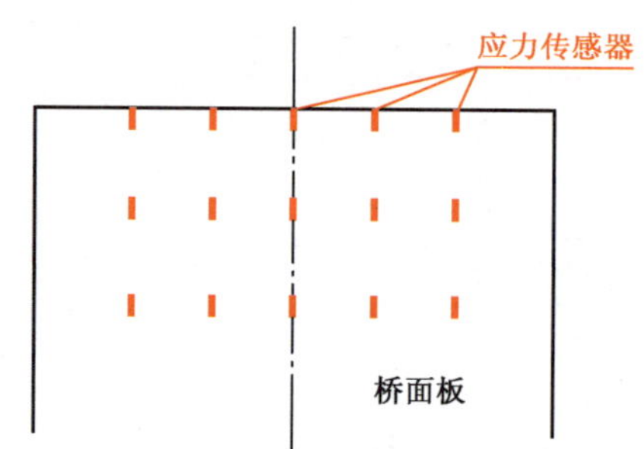

图 1.3.4　桥面板传感器布置图

(3)两江大桥索塔锚固区为外置式钢锚箱结构,在与常用的钢锚箱、钢锚梁受力对比分析的基础上,提出外置式钢锚箱对拉索的受力机理,并进行模型试验,验证其受力的合理性。技术路线流程图(三)见图 1.3.5。

(4)两江大桥最大索力将近 1500t,为目前国内斜拉桥最大索力,且该桥为单索面结构,索梁锚固形式合理与否至关重要。因此通过数值模拟分析与模型试验相结合,总结其受力特性。技术路线流程图(四)见图 1.3.6。

(5)两江大桥为公轨复合交通荷载,主塔牛腿处支座反力可达 3000t,是受力关键部位之一。通过数值模拟分析,研究该桥牛腿的受力特征,以确保结构安全性。技术路线流程图(五)见图 1.3.7。

(6)两江大桥为公轨复合交通荷载,车桥耦合效应是必须要解决的关键问题之一。通过理论分析,研究该桥的动力特性及车桥耦合振动研究,以确保桥梁舒适性及安全性。技术路线流程图(六)见图 1.3.8。

1.3.2　总体思路

根据上述内容及方法,总体思路见图 1.3.9。

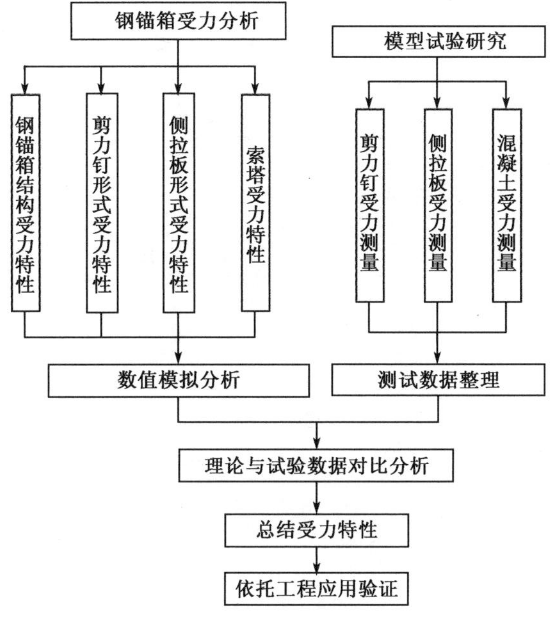

图 1.3.5　技术路线流程示意图(三)

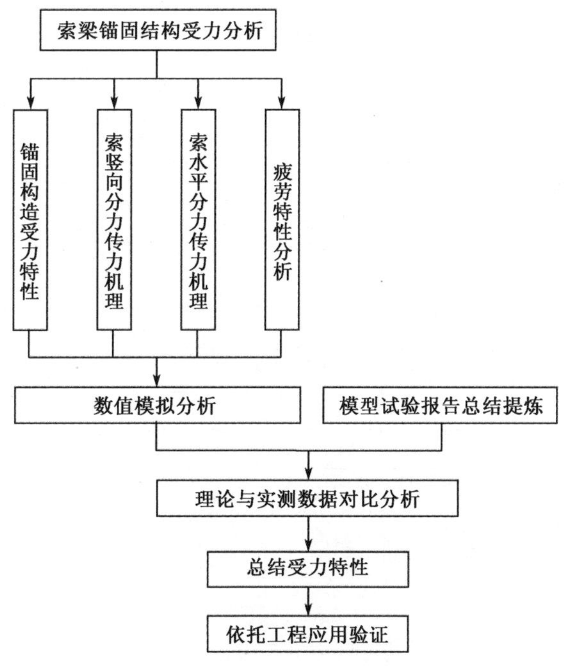

图 1.3.6　技术路线流程示意图(四)

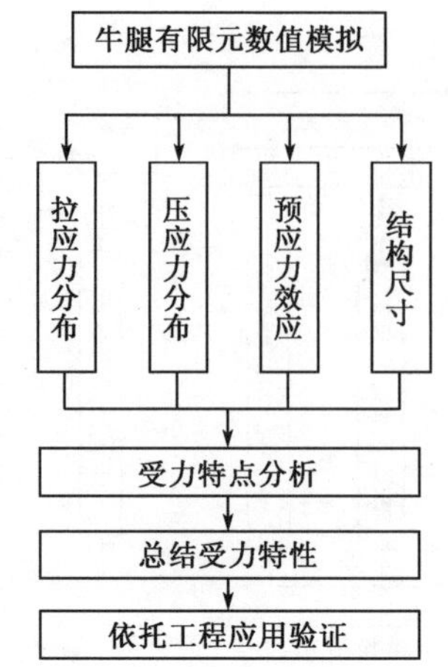

1.3.7　技术路线流程示意图(五)

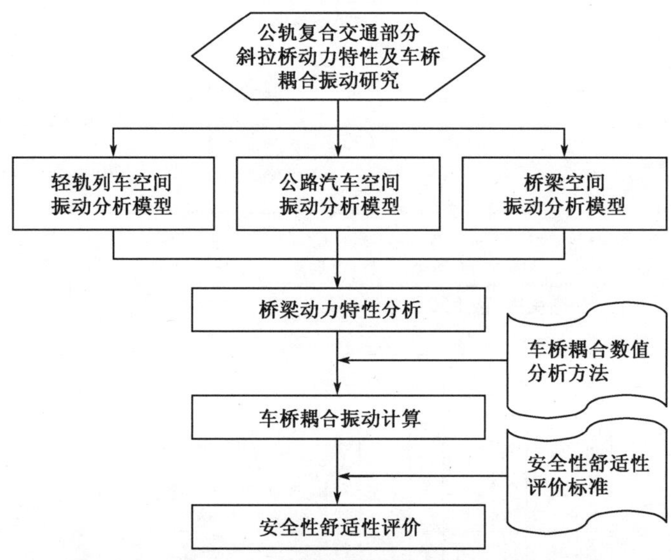

图1.3.8　技术路线流程示意图(六)

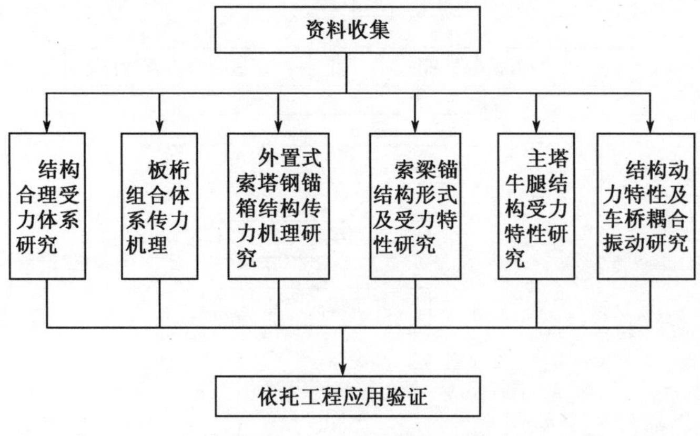

图1.3.9　总体思路简图

2　重庆两江大桥建设条件与设计指标

2.1　工程概况

2.1.1　项目背景

重庆位于北纬 28°10′～32°13′，东经 105°11′～110°11′之间，是我国四个直辖市之一，是西南地区和长江上游最大的工业城市，拥有西部地区唯一的水陆空三位一体的枢纽交通条件，是长江上游经济带的核心。重庆紧抓中央直辖、三峡工程建设及西部大开发的历史发展机遇，经济发展迅速，已基本形成大农业、大工业、大交通、大流通并存的格局。经济的发展推动城市建设日新月异，已逐渐形成以解放碑、南坪、观音桥、杨家坪、沙坪坝商圈等为中心的区域经济发展格局。

经济一体化和大流通的发展趋势对城市交通提出很高的要求，而重庆独特的两江绕城的地理环境将主城分割成几个独立的片区，很大程度上影响了区域之间的交通往来，成为制约区域经济一体化的瓶颈因素。为促进经济可持续快速增长，重庆市都市区城乡总体规划（2007—2020 年）中提出发展以轨道、城市道路（高速公路）、地面快速公交为主体，交通换乘枢纽为依托的综合交通运输体系。

轨道交通 6 号线是主城区轨道交通线网的重要组成部分，是轨道交通基本线网的主骨架，它连接南岸区、渝中区、江北区、渝北区、北碚区，是继 2 号、3 号和 1 号线之后开始建设的第四条轨道交通线。

根据重庆市城市轨道交通规划，轨道交通 6 号线将在东水门和千厮门处跨越长江和嘉陵江，形成东水门长江大桥和千厮门嘉陵江大桥。东水门与千厮门的规划平面位置基本对称，分别位于渝中半岛的两侧，这对于快捷联系南岸上新街、渝中核心区及江北城片区是非常有利的。综合考虑轨道交通服务的半径和范围，以及两江三地的空间地理位置，可以确定两江大桥的修建能够满足轨道交通 6 号线的过江需求。

另一方面，东水门大桥和千厮门大桥（城市道路通道）的建设，将增加渝中半岛地区的进出联系通道和城市道路网密度，加强交通服务功能，完善城市道路系统，将彻底改变半岛地区“口袋”交通的现状。同时还可以缓解石板坡长江大桥以及黄花园大桥等通道的交通压力，使得部分原先依靠这两座大桥出入半岛核心区的交通流量，分流至东水门大桥和千厮门大桥，从而缓解石板坡大桥和黄花园大桥的交通压力，保障城市主骨架的畅通。

从节约工程投资，充分利用过江桥位资源，加强轨道交通与城市道路交通衔接等因素综合考虑，东水门长江大桥和千厮门嘉陵江大桥采用路轨两用桥，解决城市道路交通和轨道交通过江的需求。工程地理位置见图 2.1.1。

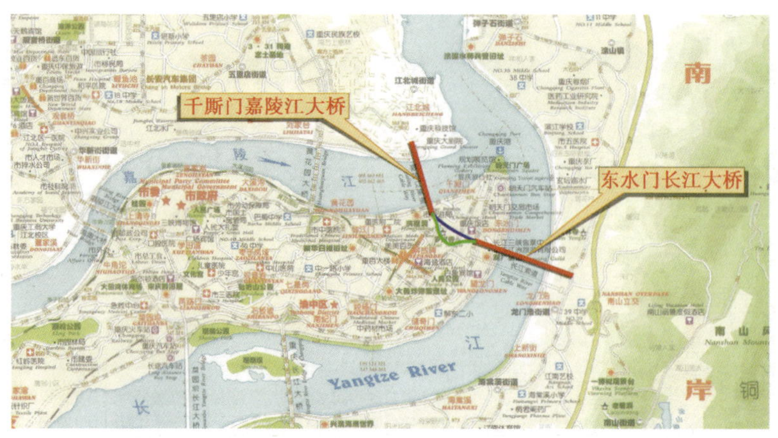

图 2.1.1　工程地理位置示意图

2.1.2　工程范围及规模

项目路线总长 2772.415m(以右线为准)。起于重庆市南岸区涂山路,向西跨长江后连接陕西路,轨道交通以隧道方式穿越渝中半岛并连接东水门长江大桥与千厮门嘉陵江大桥下层轨道。为便于过境车辆快速通过渝中半岛,设渝中连接隧道与东水门长江大桥和千厮门嘉陵江大桥上层道路交通对接。路面道路系统经打铜街、民族路、沧白路后从洪崖洞与南国丽景之间穿出,上跨嘉陵江后接江北城大街南路。

东水门长江大桥起于南岸区涂山路(起点桩号 K12 +657.053),自东向西设东水门长江大桥跨越长江,通过引桥及匝道与两江大桥渝中隧道及陕西路连接(终点桩号 YK13 +782.0 = ZK13 +780.5)。路线全长 1124.947m(以右线为准)。其中主桥长 858m,引桥长 104m,南岸区路基段长 162.9m。主桥布跨方案为 222.5m +445m +190.5m 双塔单索面部分斜拉桥,双层钢桁梁结构。东水门长江大桥渝中区引桥及接线包含引桥与 A、B、C 三条匝道,引桥连接主桥与渝中区车行隧道,长 104m;A、B、C 匝道连接主桥与陕西路、打铜街,A 匝道长 132.106m,B 匝道长 151.754m,C 匝道长 96.731m。

千厮门嘉陵江大桥起于渝中区陕西路(起点桩号 YK13 +782.0 = ZK13 +780.5,渝中隧道进洞口),自东向西设隧道穿越陕西路、市轮船公司、道门口农贸市场、轨道交通 1 号线小什字车站,拐向北下穿筷子街、市消防一支队、民族路、市中医院、嘉陵索道、沧白路,于洪崖洞与南国丽景之间设千厮门嘉陵江大桥跨越嘉陵江,跨过嘉陵江后线路接江北城中央商务区,与江北城大街南路和金沙路相交。终点桩号 K15 +429.468。路线全长 1647.468m(以右线为准)。其中主桥长 720m,引桥长 161.41m,渝中隧道左洞 720.837m,右洞 711.618m。主桥布跨方案为 88m +312m +240m +80m =720m 单塔单索面部分斜拉桥,双层钢桁梁结构。千厮门嘉陵江大桥渝中区接线包含 A、B 两条匝道及沧白路改造,A 匝道长 152.778m,B 匝道长 179.282m,沧白路改造段长 418.884m;与江北城连接包括引桥及 C、D 两条匝道,引桥上跨金沙路后与江北城大街南路连接引桥长 161.41m,C 匝道长 316.18m,D 匝道长 318.75m。

2.2 建设条件

2.2.1 地形地貌

东水门长江大桥工程跨越长江，总体为丘陵地貌。该区间线路所经地段的地貌类型较多，根据地貌成因和形态的差别，其沿线地貌形态大致分为三个地貌单元区，即河谷侵蚀区、堆积阶地区及构造剥蚀丘陵区。海拔高程 150 ~ 285m，相对高差 135m 左右，地形起伏较大，坡度 3° ~ 35°。

千厮门大桥位于嘉陵江河谷上，河床高程 160.7 ~ 161.5m，相对高差约 1.2m，墩位处地形较平坦，坡度 1° ~ 2°。

1）上新街段

该区域为山地地貌，地形复杂，轨道线经过区域房屋建筑较为陈旧，无高层。

2）渝中区段

该区域为重丘地貌，地形呈中间高两侧低，如龙脊伸入两江交汇口，脊背较宽，脊侧陡峭。区域人口密集，高楼林立，建筑密度大。

3）长江河床地形

东水门长江大桥桥位处长江河段河道微弯，现左右两岸均修建了滨江路，河岸规顺，河宽 300 ~ 600m，弯道曲率半径约 2500m，该河段碛坝、石梁众多。

4）嘉陵江河床地形

拟建大桥位于嘉陵江河口段，曾家岩弯道下游的金沙碛滩段，下距朝天门河口 0.8km。嘉陵江经曾家岩弯道后逐渐放宽，至千厮门弯道，河面宽度由不足 300m 放宽至 1000m。工程河段属宽浅河段，“U”形河槽，其中右岸为冲刷岸，岸壁陡峻，左岸为淤积岸，边滩发育，岸坡平缓。枯水时水流坐弯，洪水时则水流直冲金沙碛滩面，枯水河槽此时成为缓流区而淤积，汛后则随着水流归槽逐步冲刷，但该河段受两江汇流影响，不能保持年内冲淤平衡，如遇最后一次洪水发生在长江，则该段内的淤沙不能在本年内冲走，其河床演变受到两江水位顶托的影响。

2.2.2 工程地质条件

1）东水门长江大桥

经地面调查和钻探揭露，桥位处出露地层为侏罗系中统沙溪庙组沉积岩层和第四系全新统松散土层。表层主要为第四系人工填土；下伏基岩为侏罗系中统沙溪庙组陆相沉积岩层，主要岩性可划分为砂岩、砂质泥岩。

（1）第四系全新统

①填土层（Q_4^{ml}）。

主要分布于整个墩区，南塔位置堆填时间约 8 年，厚度为 1.55 ~ 5.10m，为南滨路修建时的弃土；北塔位置堆填时间约 10 年，厚度为 17.30 ~ 29.10m，为长滨路修建时的弃土。主要由黏性土夹砂、泥岩碎块石、建筑垃圾等组成，结构松散 ~ 稍密，稍湿 ~ 饱和。根据室内腐蚀性分析报告，该土对钢结构、混凝土结构及钢筋混凝土结构中钢筋无腐蚀。

②卵石土(Q_4^{ml})。

卵石土:沿挡墙墙背分布,人工回填,回填时间约10年,为兴建挡墙的滤水层。颗粒级配较好,卵石粒径一般为10~150mm,含量60%~75%。磨圆度较好,以亚圆形为主,卵石的母岩成分以玄武岩、石英岩为主,骨架间以细砂、粉质黏土充填,结构中密~密实,厚度0~16.40m。

③河流冲积层(Q_4^{al})。

沿长江漫滩及岸坡分布,沉积物为卵石层。

卵石土:颗粒级配较好,卵石粒径一般为10~100mm,含量为55%~75%。磨圆度较好,以亚圆形为主。颗粒排列的定向性较差,卵石的母岩成分以玄武岩、石英岩为主,骨架间以细砂、粉质黏土充填,结构稍密。厚度0~3.00m。

(2)基岩

为一套强氧化环境下的河湖相碎屑岩建造,由砂岩—泥岩不等厚的正向沉积韵律层组成。

侏罗系中统沙溪庙组(J_2s):

粉砂岩:灰色,中粗粒结构,薄层状构造,主要矿物成分为石英、长石,含少量云母及黏土矿物,为钙质胶结。岩体较完整,属较硬岩,分布在钻孔DXK2、DXK5、DXK8的岩土界面下部,厚度1.20~1.50m,岩体基本质量等级为Ⅳ级。

砂岩:灰色、中~粗粒结构,巨厚层状构造,主要矿物成分为石英、长石,含少量云母及黏土矿物,为泥砂钙质胶结。岩体较完整,属较硬岩,岩体基本质量等级为Ⅲ级。

砂质泥岩:紫红色,泥质结构,厚层状构造,主要矿物成分为石英、长石及黏土矿物。岩体完整~较完整,属较软岩,分布于整个场地内,为构筑物的主要持力层,岩体基本质量等级为Ⅳ级。

场地基岩强风化带厚度一般小于1.0m,岩体破碎,风化裂隙发育,岩芯成块状,岩质软,手可捏碎;场地基岩中风化带岩芯完整,呈中~长柱状,质硬;场地基岩微风化带结构基本未变,岩芯完整,呈长柱状,质硬,根据物探报告和钻探揭露,微风化分布在基岩面以下25.90~36.20m。岩体基本质量等级为Ⅳ级。

东水门长江大桥位于川东南弧形地带,华蓥山帚状褶皱束东南部之重庆向斜东翼,区内无区域性断层通过,构造条件简单。岩层产状为:倾向285°~300°,倾角65°~70°。主要发育四组构造裂隙:J1:140°~180°∠13°~20°,J2:25°~40°∠30°~45°,J3:75°~90°∠40°~50°,J4:200°~220°∠60°~80°。J1延伸10~20m,一般闭合、平直,间距0.5~1m,偶见钙质充填,结合差,属硬性结构面;J2延伸0.5~3m,一般闭合~微张、较平直,局部翻转,间距0.5~2m,一般无充填,结合差,属硬性结构面;J3延伸0.5~3m,一般闭合~微张、较平直,间距3~5m,一般无充填,结合差,属硬性结构面;J4延伸3~5m,一般闭合~微张、较平直,局部夹泥,间距10~20m,一般无充填,结合差,属硬性结构面。

未见滑坡、泥石流、崩塌等不良地质现象。

2)千厮门嘉陵江大桥

经钻探揭露,千厮门嘉陵江大桥工程沿线出露地层为侏罗系中统沙溪庙组沉积层和第四系全新松散土层。表层主要为第四系冲洪积层和因人类工程活动堆填的人工填土;下伏基岩为侏罗系中统沙溪庙组陆相沉积岩层，主要岩性可划分为砂岩、砂岩泥岩。

(1)第四系全新统

河流冲积层(Q_4^{al})：

卵石：颗粒级配较好，卵石粒径一般为5~130mm，含量为40%~70%。磨圆度较好，以亚圆形为主。颗粒排列的定向性较差，卵石的母岩成分以玄武岩、石英岩为主，骨架间以细砂、粉质黏土充填，结构稍密，饱和。厚度0~1.4m。

(2)基岩

为一套强氧化环境下的河湖相碎屑岩建造，由砂岩—泥岩不等厚的正向沉积韵律层组成。

侏罗系中统沙溪庙组(J_2s)：

砂岩：灰色、紫灰色，局部呈紫红色，中粗粒结构，薄~中厚层状构造，主要矿物成分为石英、长石，含少量云母及黏土矿物，为泥砂钙质胶结。岩体完整~较完整，属较软岩，岩体基本质量等级为Ⅳ级。主要以透镜体或薄夹层形式存在于砂质泥岩中。

砂质泥岩：紫红色，泥岩、粉砂泥质结构，薄~中厚层状构造，主要矿物成分为黏土矿物。岩体完整~较完整，属软岩，岩体基本质量等级为Ⅳ级。

场地基岩强风化带厚度一般小于1.0m，岩体破碎，风化裂隙发育，岩芯成块状，岩质软，手可捏碎，岩体基本质量等级为Ⅴ级。

场地基岩微风化带结构基本未变，岩芯完整，呈长柱状，质硬，根据物探报告和钻探报告揭露，微风化分布在基岩面以下26~29.8m，岩体基本质量等级为Ⅳ级。

未见滑坡、泥石流、崩塌等不良地质现象。

2.2.3 水文

东水门大桥跨越长江河流，长江是重庆市主城区的过境河流，在大桥拟建区河流流向北北西，河面宽500~550m。长江常年洪水位一般为175.00~180.00m，汛期最大流量86200m^3/s(1981年7月)，调查的历史最高水位为196.25m(1870年)，最低水位为158.08m(1987年)，勘察期间水位在163.00~166.00m波动。全年水位变化规律是2~4月为最低水位期，7~9月为最高洪水期。

千厮门嘉陵江大桥跨越嘉陵江河流，江水自西向东流，在朝天门汇入长江，平均水面坡降0.28‰，最大流量44800m^3/s，最小流量242m^3/s，多年平均流量2160m^3/s，江面宽450~500m，平均流速0.1~6.0m/s，多年含沙量2.372 kg/m^3，勘察期间(2008年6月24日)水位166.50m。

通过对朱沱、北碚和寸滩水文站水文资料及长科院数学模型计算成果进行分析，推算出桥位处水位流量关系，见表2.2.1和表2.2.2。由表得知，三峡水库运行过程中，库区泥沙呈累积性淤积，同流量下水位将有所提高，当三峡水库运行100年时，库区基本形成新的泥沙冲淤平衡状态。

2.2.4 地下水

东水门大桥桥位场地河谷段地下水属潜水，受江水影响，水位及水量季节性差异明显，根据两次进场的钻孔水位观测，孔内水位差异比较大，水位基本与当时的江水位相一致。根据场地地下水的赋存条件、水理性质及水力特征，地下水可划分为第四系松散层孔隙水、碎屑岩类孔隙裂隙水。地下水水位埋深浅，地下水主要由江水补给，与江水具互助关系，水量相对丰富，水质也受江水影响，地下水质类型为 HCO_3^-—SO_4^{2-}—Ca^{2+} 型，地下水对混凝土不具侵蚀性、溶蚀性。

东水门长江大桥桥址处水位流量关系[水位单位：m(黄海)]　　表 2.2.1

频率	0.33%	1%	2%	5%
川江流量/嘉陵江流量(寸滩流量)(m^3/s)	72000/25000 (97000)	65300/23400 (88700)	60800/22300 (83100)	54500/20800 (75300)
天然情况水位	197.09	192.79	190.96	188.66
三峡运行 100 年水位	201.05	197.58	196.33	194.57

千厮门嘉陵江大桥桥址处水位流量关系[水位单位：m(黄海)]　　表 2.2.2

频率	0.33%	1%	2%	5%
川江流量/嘉陵江流量(寸滩流量)(m^3/s)	40700/56300 (97000)	39200/49500 (88700)	37300/45800 (83100)	34800/40500 (75300)
天然情况水位	196.98	192.70	190.91	188.62
三峡运行 100 年水位	200.93	197.49	196.29	194.61

千厮门大桥 P2 主墩位于嘉陵江上，地下水属潜水，受江水影响，水位及水量季节性差异明显，根据两次进场的钻孔水位观测，孔内水位差异比较大，水位基本与当时的江水水位相一致。一般情况下，第四系松散层含孔隙水，砂岩孔隙、裂隙水(主要为裂隙水)，泥岩为相对隔水层。根据场地地下水的赋存条件、水理性质及水力特征，地下水可划分为第四系松散层孔隙水，碎屑岩类孔隙隙裂水。场地地下水根据其含水介质可分为基岩裂隙水和卵石层孔隙水两类。

1)卵石层孔隙水

砂卵石层骨架颗粒以远源物质为主，磨圆度为圆形，分选性较好，孔隙度高，是良好的透水和储水介质层。该层出于江河之中，赋予丰富的地下孔隙水，与河流直接连通，水量丰富。

因该工程勘察区域内卵石层较薄(0.2～1.4m)，故在外业工作期间未布置卵石层的专项抽水试验。通过查阅拟建区域另一水上作业工程《重庆市江北城 CBD 区域江水源热泵集中供热供水项目渗滤取水(一期)工程岩土工程勘察报告》中关于卵石层渗透系数相关内容，并结合该工程特点可以得到卵石层的渗透系数 $K=11.275\text{m/d}$。

2)基岩裂隙水

基岩裂隙贯通，导水性较好，成为嘉陵江江水补给地下水的通道，基岩裂隙水较丰富。因基岩裂隙处于江中，且受江水直接补充。

岩体渗透性主要受裂隙发育程度及裂隙间的相互连通性控制。

2.2.5　气象

工程区域属亚热带湿润气候，具冬暖春早、雨量充沛、夜雨多、空气湿度大、云雾多、日照偏少等特点，年平均气温为 18.0～18.8℃。

根据重庆市气象局 1951—2002 年间的气象观测资料，调查区内的气象特征具有空气湿润、春早夏长、冬暖多雾、秋雨连绵的特点,年无霜期 349 天左右。

1)气温

多年平均气温 18.3℃,月平均最高气温在 8 月为 28.1℃,月平均最低气温在 1 月为 5.7℃,日最高气温 43.0℃(2006 年 8 月 15 日),日最低气温 -1.8℃。

2)降水量

多年平均降水量 1082.6mm 左右,降雨多集中在 5 ~ 9 月,其降雨最高达 746.1mm 左右,日降雨量大于 25mm 以上的大暴雨日数占全年降雨日数的 62% 左右,小时最大降雨量可达 62.1mm,最大日降雨量达 266.7mm(2007 年 7 月 17 日)。

3)湿度

多年平均相对湿度 79% 左右,绝对湿度 17.7hPa 左右,最热月份相对湿度 70% 左右,最冷月份相对湿度 81% 左右。

4)风

全年主导风向为北,频率 13% 左右,夏季主导风向为北西,频率 10% 左右,年平均风速为 1.3m/s 左右,最大风速为 26.7m/s。

2.2.6 地震

根据中国地震动峰值加速度区划图(1/400 万)[GB 18306—2001]之图 A1 及中国地震动反应谱特征周期区划图(1/400 万)[GB 18306—2001]之图 B1,该桥桥墩区抗震基本烈度为Ⅵ度,按Ⅶ级设防。

东水门长江大桥主墩位于砂岩出露区,属于稳定的岩石,基岩等效剪切波速大于 500m/s,属坚硬土,建筑场地类别为Ⅰ类,为建筑抗震有利地段。

千厮门大桥主墩位于河床中,上部卵石层厚度 0.74 ~ 1.60m,下部为稳定的基岩,属坚硬土,场地土的等效剪切波速≥500m/s,建筑场地类别为Ⅰ类,为建筑抗震有利地段。

2.2.7 沿线建筑情况

东水门大桥始于上新街涂山路,上跨南滨路,桥台位置现状为一山包,房屋建筑陈旧,无高层结构。在渝中区上跨重庆 4A 级旅游景区——湖广会馆二期工程,接陕西路,桥台周围现状为陈旧建筑,无高层。

千厮门大桥起于洪崖洞与南国丽景之间的崖壁,上跨嘉滨路,在江北城侧连接大剧院站。洪崖洞是以独具巴渝传统建筑特色的“吊脚楼”风貌为主体,集商务休闲景观、城市人文景观于一体的城市旅游景点。

2.2.8 建筑材料及运输条件

桥位两岸可使用既有的道路交通线网,水上交通方面又可利用现有的长江和嘉陵江航道,交通条件十分便利。

桥塔采用混凝土结构,建筑所需要的中粗砂可选用简阳砂、洞庭湖砂,其他砂砾料可就近购买,石料、土料以自加工方式或向就近料场购买解决,主梁采用钢桁架结构,工厂制造并运输到现场拼装施工。

2.3 设计要求

2.3.1 航道及通航要求

东水门大桥下距长江、嘉陵江两江汇流口（朝天门）约1.5km，距宜昌航道里程660.7km，该桥区河段属三峡水库175m蓄水方案回水变动区。东水门长江大桥河段航道等级为国家Ⅰ级航道。《重庆东水门长江大桥通航净空尺度和技术要求论证研究报告》推荐采用现行《内河通航标准》中Ⅰ-(2)级航道船三排三列的船队为代表船队进行通航论证，船队尺度为：316m×48.6m×3.5m。对于单船则采用标准化船型中的5000吨级散装船。根据现行《内河通航标准》Ⅰ-(2)级的规定，双向通航航道净宽320m，通航净高18m，上底宽280m，侧高7m。东水门长江大桥船舶年通航量见表2.3.1。

东水门长江大桥船舶年通航量预测表（单位：艘次） 表2.3.1

船舶吨位 \ 年份	2010年	2020年	2050年
通过船舶总数	88325	359982	600400
平均日通过船舶艘次数	242	986	1645
50t以下	4817	18499	24016
50~200t	10596	40698	66044
200~600t	20228	73996	114076
600~1600t	16971	89895	156104
1600~3000t	28994	86243	96064
3000~5000t	4371	41068	108072
5000~8000t	2348	9583	36024

千厮门大桥下距嘉陵江与长江汇合口约0.8km，河段通航标准为国家Ⅲ级航道。《重庆千厮门嘉陵江大桥通航净空尺度和技术要求论证研究报告》中规划的船型船队尺度为：一顶两驳：(1+2×1000t)167m×21.6m×2.0m，对于单船则采用标准化船型中的3000吨级散装船。根据现行《内河通航标准》，Ⅲ级航道通航净高标准为10.0m，考虑到嘉陵江河口干支互通的需要，通航净高采用长江航道的净高18m。根据《内河通航标准》和相关实测资料计算分析，大桥通航孔应满足的最小通航净宽为：单孔单向通航净宽，$B=127$m；单孔双向通航净宽，$B=242$m。千厮门大桥船舶年通航量见表2.3.2。

从表2.3.1中可知，600~1600吨级的船舶数量占总船舶数量的比例最大。三峡枢纽175m蓄水后将极大地改善长江航运的通航条件，提高通航能力，降低航运成本，船舶呈现大型化、专业化的发展趋势，1000吨级以下船舶将被逐渐淘汰，3000~5000吨级的船舶将成为今后长江航运的主力船型，随着时间的推移，这种趋势将会更加明显。

随着三峡工程的兴建和我国经济的迅猛发展，嘉陵江航运也在迅速发展。2009年三峡水库正常蓄水后，嘉陵江下游55.1km河段处于三峡水库的回水变动区，随着回水区内水位升高，航道尺度可明显增加，同时上游草街航电枢纽也已动工建设，嘉陵江通航条件也将得到改善。船舶可逐步向大型化发展，船舶航行密度将会大大增加。

千厮门大桥船舶年通航量预测表(单位:艘次)　　表2.3.2

船舶吨位＼年份	2010年	2020年	2050年
通过船舶总数	17466	46147	79069
平均日通过船舶艘次数	48	126	217
200t以下	5202	10142	10637
200~600t	4681	24342	46093
600~1000t	4125	6086	14182
1000~2000t	2451	3953	5406
2000~4000t	1007	1624	2751

《重庆东水门长江大桥通航净空尺度和技术要求论证研究报告》中确定的东水门长江大桥的通航净空标准为:320m×18m。长江东水门大桥桥址处靠南区域有碛坝,通航论证报告中认为水流横流速度较大,宜一跨过河或通航水域不设墩,因此东水门长江大桥的主跨将不小于440m。

《重庆千厮门嘉陵江大桥通航净空尺度和技术要求论证研究报告》中推荐的千厮门嘉陵江大桥的净空标准为:单孔单向通航127m×18m,单孔双向通航242m×18m。千厮门嘉陵江大桥桥址区域有金沙碛锚地,水面宽度620m。通航论证报告中提出桥跨布置需满足多孔通航,枯水期需一跨跨越主航道,洪水期满足单孔双向通航要求,通航净宽宜在230m,洪水期考虑两个通航孔,并且北岸一跨应考虑锚地船只安全,也应保持合适的跨度,如果考虑一跨跨过,跨度需要500m左右。

2.3.2 技术标准

重庆东水门长江大桥及千厮门嘉陵江大桥工程主要技术标准见表2.3.3。

主要技术标准　　表2.3.3

序号	指标名称	主线	连接匝道
1	道路等级	城市次干路	
2	设计行车速度	40km/h	20~30km/h
3	车道数	双向四车道	单向单车道
4	设计限界高度	4.5m	
5	路基段路面净宽	2×8m	1×6m
6	桥面净宽	与路基段同宽	
7	隧道行车道宽度	2×8m	1×6m
8	中央分隔带宽度	2.0m	—
9	平面不设缓和曲线最小半径	$R=500$m	可不设缓和曲线
10	停车视距	40m	20m
11	道路及桥梁纵坡	最大6%	最大7%
12	隧道内纵坡	最大4%,最小0.3%	

续上表

序号	指标名称	主线	连接匝道
13	竖曲线一般最小半径	R(凸)=600m,R(凹)=700m	R(凸)=150m,R(凹)=150m
14	桥涵设计汽车荷载	公路—Ⅰ级	
15	桥涵设计人群荷载	3.5kN/m^2,并且与汽车荷载同时计算	
16	地震基本烈度	Ⅵ度,设防烈度:Ⅶ度	

(1)桥梁主体结构设计使用年限100年,其他损坏、修复不影响轨道交通正常运营的结构设计使用年限为50年。钢结构防腐体系使用年限为20年。

(2)地震基本烈度:主桥抗震设计采用两水准设防,两阶段设计。E1地震作用阶段对应的概率水准取50年超越概率10%(重现期475年),E2地震作用阶段对应的概率水准取50年超越概率2%(重现期2475年)。设防目标具体体现为:E1地震作用下,要求主桥主塔、桩基完好无损;E2地震作用下,要求主塔钢锚箱完好无损,允许主塔、塔横梁和桩基有限损伤。

(3)设计风速:离地面10m高,重现期100年,10min平均最大风速26.7m/s。

(4)设计洪水频率:对东水门长江大桥和千厮门嘉陵江大桥均取用1/300洪水频率标准进行验算。东水门大桥设计最高通航水位194.57m,千厮门大桥设计最高通航水位194.61m。

(5)通航净空应根据航道等级,满足现行国家标准《内河通航标准》的要求论证。东水门长江大桥为内河Ⅰ-(2)级航道,单孔双向通航,航道净宽320m,净高18m;千厮门嘉陵江大桥为内河Ⅲ级航道,单孔单向通航净宽127m,单孔双向通航净宽242m,净高10m。

2.3.3 技术规范

主桥结构设计与计算以铁路规范为主、公路规范为辅;涉及国内现行规范尚未明确规定的,参考日本、欧洲和美国的规范。本书所引用部分规范已经作废,但在设计阶段有效并在设计中采用或参考。

1)铁路规范

(1)《地铁设计规范》(GB 50157—2003)。

(2)《铁路桥涵设计基本规范》(TB 10002.1—2005)。

(3)《铁路轨道设计规范》(TB 10082—2005)。

(4)《铁路桥涵钢筋混凝土和预应力混凝土结构设计规范》(TB 10002.3—2005)。

(5)《铁路桥涵混凝土和砌体结构设计规范》(TB 10002.4—2005)。

(6)《铁路桥涵地基和基础设计规范》(TB 10002.5—2005)。

(7)《铁路工程抗震设计规范》(GB 50111—2006)。

(8)《铁路桥梁钢结构设计规范 》(TB 10002.2—2005)。

(9)《铁路混凝土结构耐久性设计暂行规定》(铁建设〔2005〕157号)。

(10)《铁路工程地质勘察规范》(TB 10012—2001)。

(11)《钢结构设计规范》(GB 50017—2003)。

(12)《铁路钢桥制造规范》(TB 10212—1998)。

(13)《铁路桥涵施工技术规范》(TB 10203—2002)。

2)公路规范及其他参考规范、规程

(1)《桥梁用结构钢》(GB/T 714—2008)。

(2)《城市道路设计规范》(CJJ 37—1990)。

(3)《城市桥梁设计准则》(CJJ 11—1993)。

(4)《城市道路交通规划及路线设计规范》(DBJ 50-064—2007)。

(5)《公路桥涵设计通用规范》(JTG D60—2004)。

(6)《公路钢筋混凝土及预应力混凝土桥涵设计规范》(JTG D62—2004)。

(7)《公路桥梁抗风设计规范》(JTG/T D60-01—2004)。

(8)《公路桥梁抗震设计细则》(JTG/T B02-01—2008)。

(9)《新建铁路桥上无缝线路设计暂行规定》(2003-6)。

(10)《混凝土结构耐久性设计与施工指南》(CCES 01—2004)。

(11)《公路斜拉桥设计细则》(JTG/T D65-01—2007)。

(12)《公路桥涵地基与基础设计规范》(JTG D63—2007)。

(13)《公路桥涵施工技术规范》(JTJ 041—2000)。

(14)《公路钢结构桥梁设计规范征求意见稿》(JTG/T D64—2009)。

(15)《公路钢箱梁桥面铺装设计与施工技术指南》。

(16)《道路桥示方书·同解说》Ⅱ钢桥编(2002 年版)。

(17)《城市轻轨交通工程设计指南》。

(18)《Eurocode 3 — Design of steel structures(Part 2: Steel Bridges 2006)》。

(19)《Eurocode 3 — Design of steel structures(Part 1-9: Fatigue 2005)》。

(20)《Eurocode 4 — Design of composite steel and concrete structures (Part 2: General rules and rules for bridges 2005)》。

(21)《Structural Welding Code - Steel(AWSD1.1/D1.1M:2006)》。

(22)《AASHTO LRFD Bridge design specifications SI Units Third Edition》(2006-2)。

(23)《斜拉索桥热挤聚乙烯高强钢丝拉索技术条件》(GB/T 18365—2001)。

(24)《无黏结钢绞线斜拉索技术条件》。

2.3.4 主桥设计指标

1)桥型及跨径布置

东水门长江大桥采用跨径组合为 222.5m + 445m + 190.5m 的双塔单索面部分斜拉桥(图 2.3.1),千厮门嘉陵江大桥采用跨径组合为 88m + 312m + 240m + 80m 的单塔单索面部分斜拉桥(图 2.3.2)。

两座桥横向布置均为:3m(人行道) + 8m(机动车道) + 2m(中分带及拉索区) + 8m(机动车道) + 3m(人行道) = 24m。横断面布置如图 2.3.3 所示。

2)主梁构造

主桥上桥面全宽 24.0 ~ 39.2m,钢梁桁宽 15m,主桁采用变高度的三角形桁式,等节间布置,节间长度 16m。

桁高主要考虑结构刚度、行车净空、横向构件受力需要和节点构造的细节等因素。通过比较类似钢桁架主梁,公轨两用桁高大部分在 12m 以上,铁路桥梁桁高在 14m 以上。该桥为公轨两用桥,桁高取为 11.7435m。主桁横断面见图 2.3.4 和图 2.3.5。

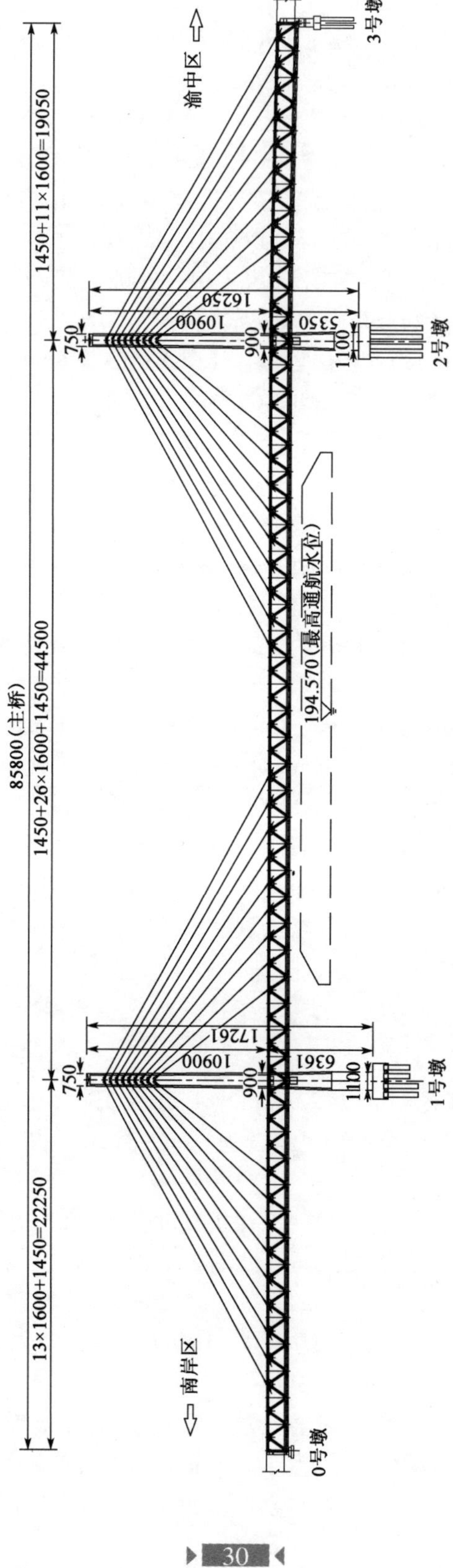

图2.3.1　东水门长江大桥桥跨布置(尺寸单位：cm)

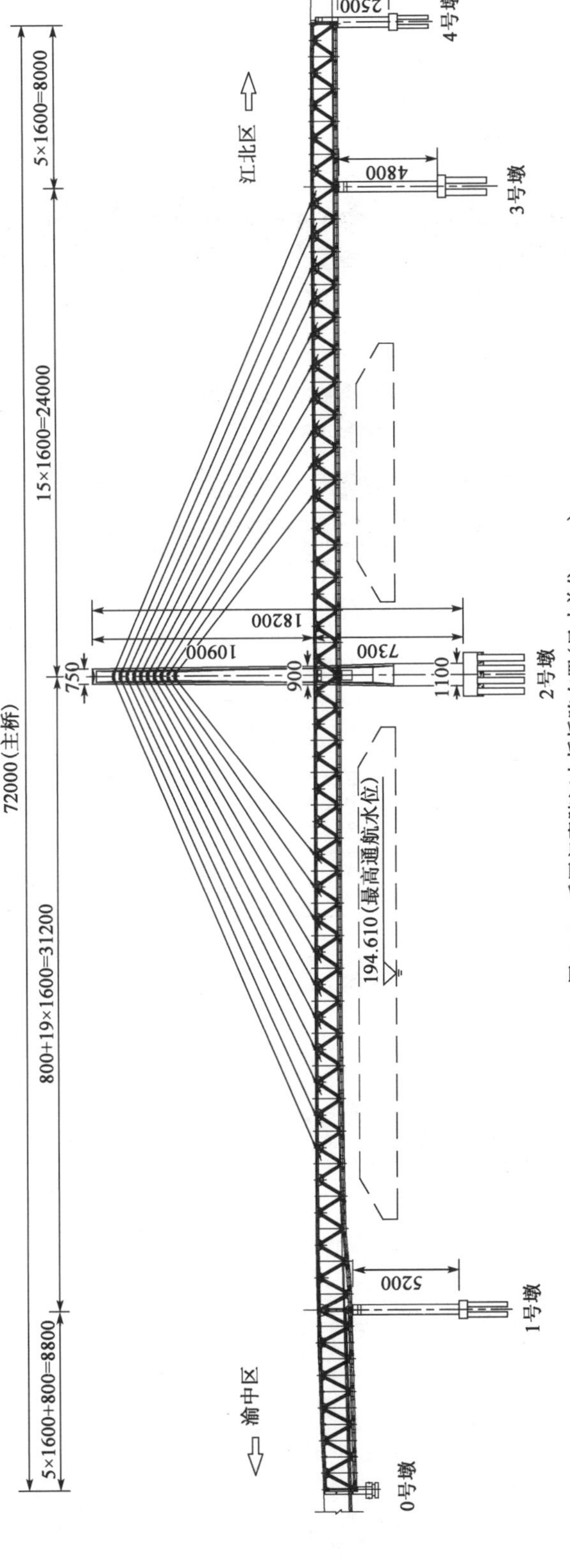

图2.3.2 千厮门嘉陵江大桥桥跨布置(尺寸单位：cm)

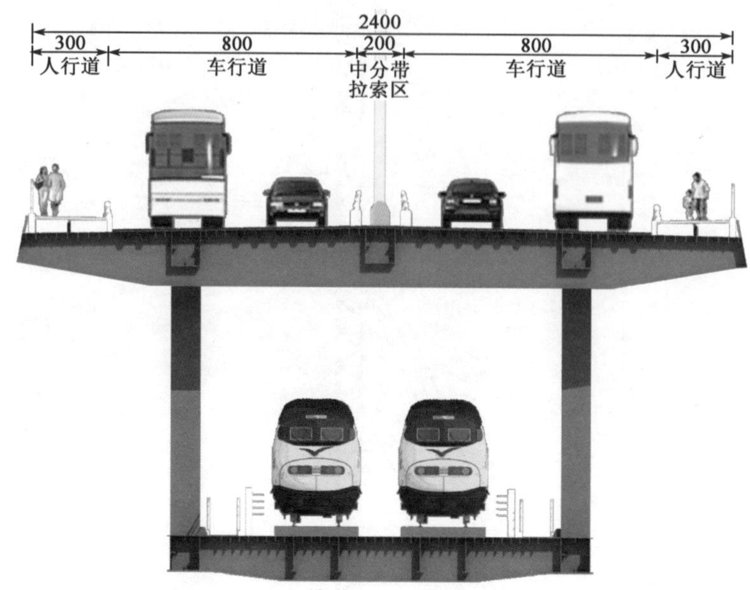

图 2.3.3　横断面布置(尺寸单位:cm)

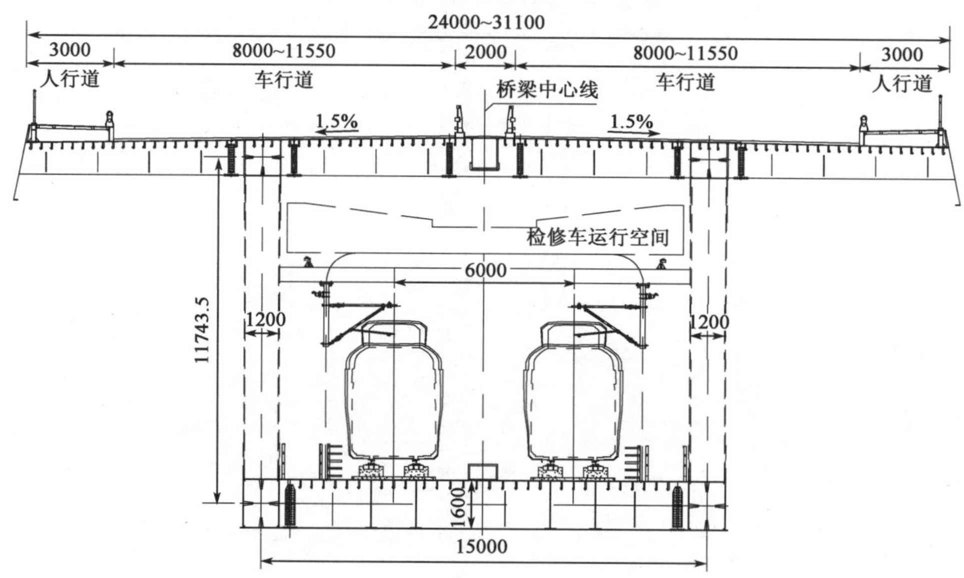

图 2.3.4　主桁一般节段横断面图(尺寸单位:mm)

每段钢桁梁整体节段由如下构件单元类别组成:正交异性桥面板、上弦杆及中纵梁、上横梁、主桁腹杆、下弦杆、下横梁、轨道梁及上下弦节点板,见图 2.3.6。

3)索塔构造

两座大桥采用的天梭形桥塔总体属于框架式,其塔身按常规分类分为上塔柱、中塔柱、下塔墩。以东水门长江大桥桥塔为例(图 2.3.7),P1 主墩索塔总高 172.61m,其中上塔柱高 46.5m,中塔柱高 62.5m,下塔墩高 63.61m;P2 主墩索塔总高 162.249m,其中上塔柱高 46.5m,中塔柱高 62.5m,下塔墩高 53.496m。

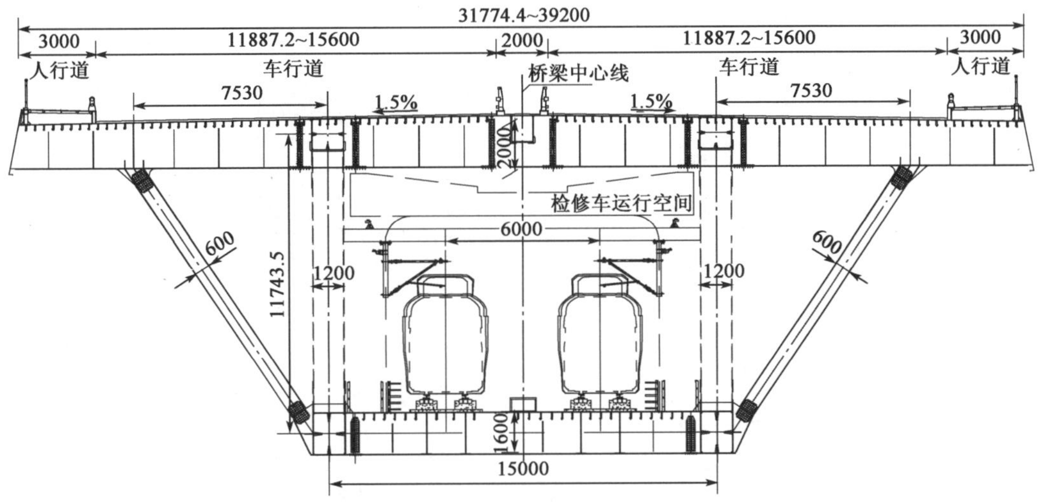

图 2.3.5 主桁变宽段横断面图(尺寸单位:mm)

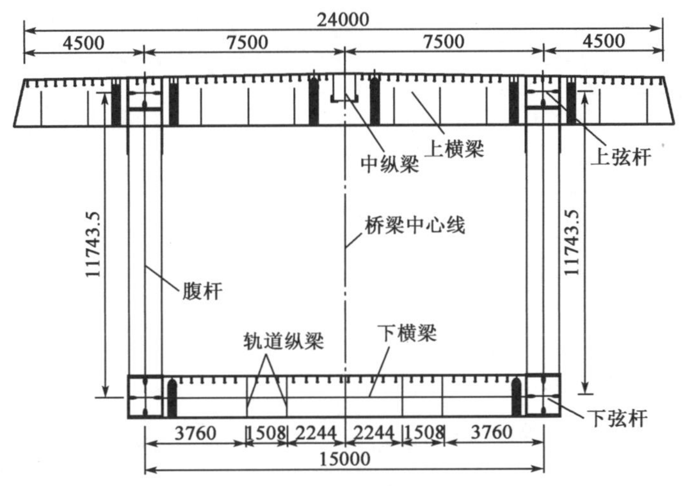

图 2.3.6 主桁各构件示意图(尺寸单位:mm)

整个桥塔在横桥向平面内有外、中、内 3 条轮廓线,每条轮廓线均由圆曲线和直线组合而成。下塔墩外轮廓为半径 308.145m 的圆曲线,中、上塔柱外轮廓均采用斜率为 13:95 的直线,中塔柱与下塔墩连接段采用半径 108.35m 的圆曲线过渡;下塔柱中轮廓线为半径 53.581m圆曲线,中、上塔柱中轮廓线均为直线,斜率为 11.65:96,中塔柱与下塔柱连接段采用半径 138.763m 的圆曲线过渡;下塔柱内轮廓为半径 46m 的圆曲线,中塔柱内轮廓为半径 227m 的圆曲线,上塔柱为竖直线,只在塔顶 7m 处向外与中轮廓相交。

桥塔在桥面处横向最宽为 35.0m,塔顶横向宽 7.0m,塔底横向宽度 P1 主墩索塔为 18.268m,P2 主墩索塔为 23.897m。主塔纵向宽度塔底为 11m,从塔底分叉处到桥面由 11m 变为 9.0m,从桥面以上 13m 到塔顶由 9.0m 变为 7.5m,按直线变化。塔柱采用单箱单室结构形式,塔墩采用单箱多室结构形式,塔柱壁厚 1.0m,塔墩壁厚 2.0m,考虑景观效果,局部作细节处理。

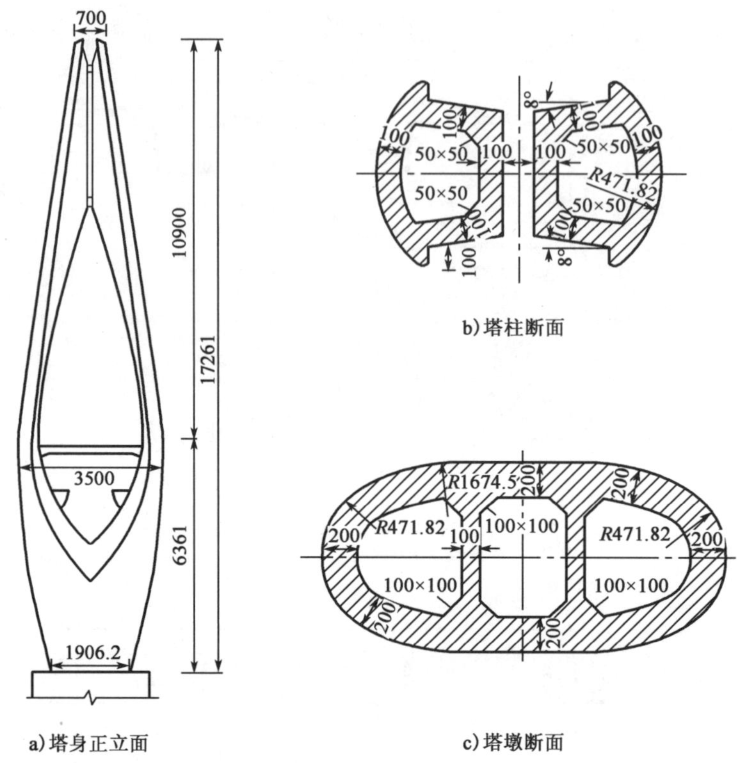

图 2.3.7　东水门大桥桥塔基本尺寸(尺寸单位:cm)

两座大桥均采用钻孔灌注桩基础。

4)斜拉索及锚固形式

斜拉索采用扇形布置,东水门桥的每座塔设 9 对斜拉索,千厮门桥设 11 对斜拉索,拉索在主梁上间距为 16m,在主塔上的间距为 4m。斜拉索采用 $\phi^{s}15.2$ 钢绞线,钢丝强度 $f_{pd}=1860$MPa,外侧采用双层 PE 护套。成桥最大索力每根达 14500kN,为目前斜拉桥索力世界之最。

(1)索梁锚固

斜拉索桁梁锚点整体设计为锚箱式传力结构,斜拉索水平分力由锚箱和中纵梁传递,经桥面板扩散至上弦杆由主桁架体系传至基础;竖向分力由锚箱分配至两片拉索横梁,并由其以弯曲和剪切方式传递至主桁大节点,由主桁架体系传至基础。

桁梁锚点由锚箱、拉索横梁、承压板、锚管及传力板等构件单元类别组成。

锚箱由两片 I 形板件经高强螺栓与桥面板连接而组合成开口的箱形断面,I 形板间距 860mm,为顺接中纵梁锚箱高度由 1000mm 过渡到 2200mm,厚为 40mm,上翼板 280mm × 32mm,下翼板 300mm × 50mm。锚箱由高强螺栓与中纵梁连接成整体。主梁钢锚箱构造如图 2.3.8 所示。索梁锚固构造附件构件如图 2.3.9 所示。

承压板、锚管及传力板是斜拉索力最直接的接触和传递体系。锚头将索力通过接触的方式压在承压板上;承压板与锚箱及锚管为熔透焊接,与传力板为接触顶紧,承压板传递索力于锚箱、锚管及传力板上。承压板为 1140mm × 100mm × 1140mm 厚钢板;锚管为 ϕ660mm ×

40mm、长度为1200mm无缝钢管；四片传力板为长1200mm、厚30mm的板件，传力板主要传递剪应力，采用焊接方式分别与锚箱和锚管连接。

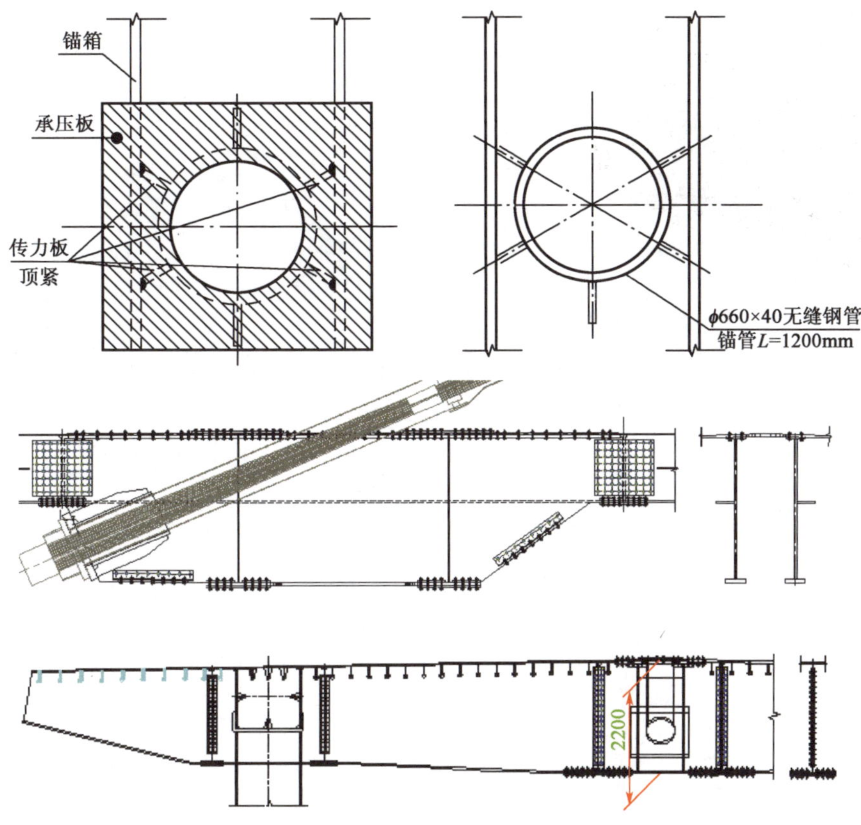

图2.3.8 主梁钢锚箱构造示意图(尺寸单位:mm)

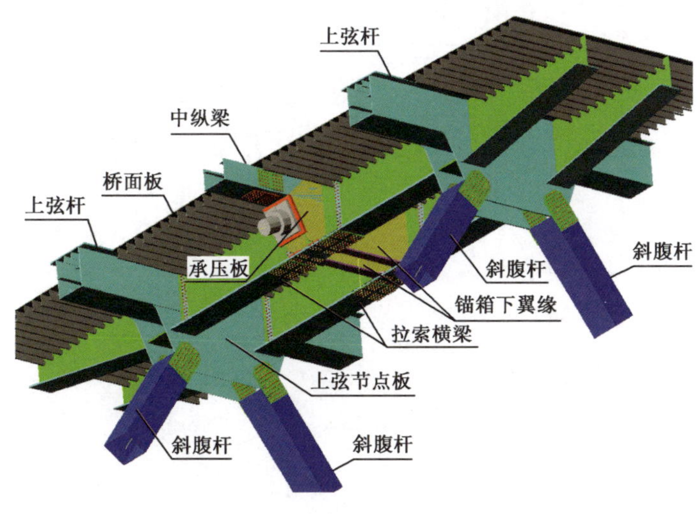

图2.3.9 索梁锚固构造附件构件示意图

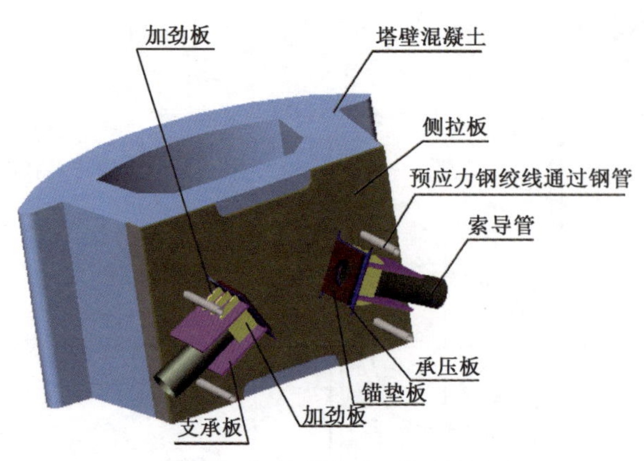

图 2.3.10　索塔锚固区构造效果图

(2)索塔锚固

大桥索塔锚固区的构造类似于外置式钢锚箱索塔锚固区。整个索塔锚固区由两个混凝土塔肢和一个钢锚箱组成,半幅索塔锚固结构三维构造如图 2.3.10 所示。

每个混凝土塔肢为单箱形混凝土塔柱,钢锚箱焊接在两块侧拉板之间。钢锚箱与混凝土塔肢之间,采用剪力钉/键连接,同时布置塔肢间环向预应力,使钢与混凝土紧密连接在一起,剪力钉和界面摩擦共同作用承担斜拉索索力。钢锚箱采用竖向连续布置,节段之间采用高强螺栓连接,钢锚箱底部节段下方脱空。锚固区塔肢上设置环形预应力,由弯型预应力和 U 形预应力组成。

索塔锚固区的平面布置如图 2.3.11 所示,立面布置如图 2.3.12 所示,钢锚箱与拉板剪力钉布置如图 2.3.13 所示。

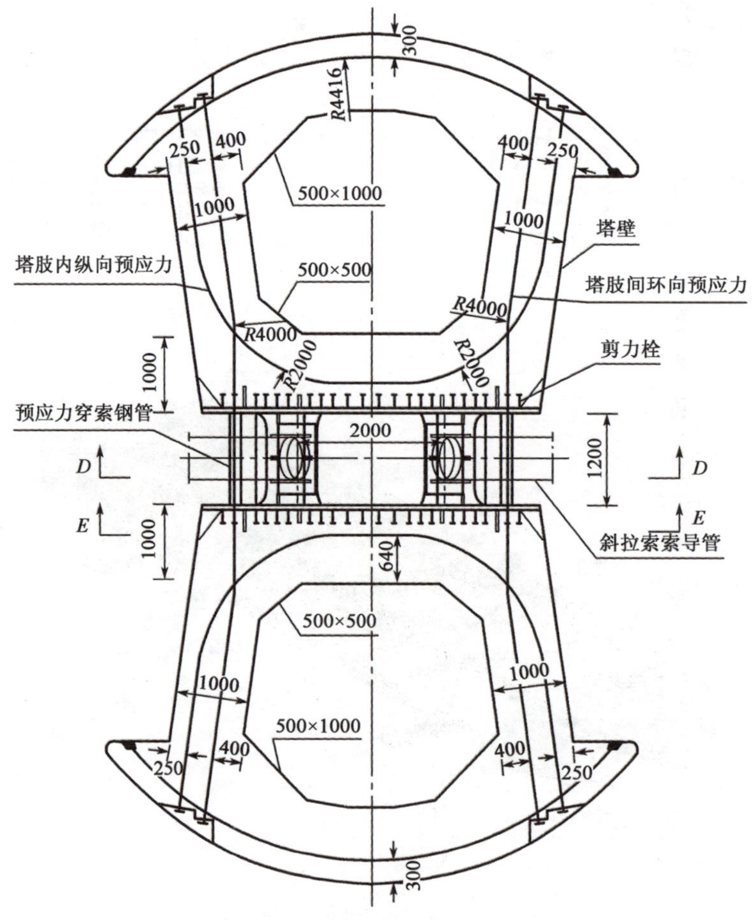

图 2.3.11　索塔锚固区平面布置图

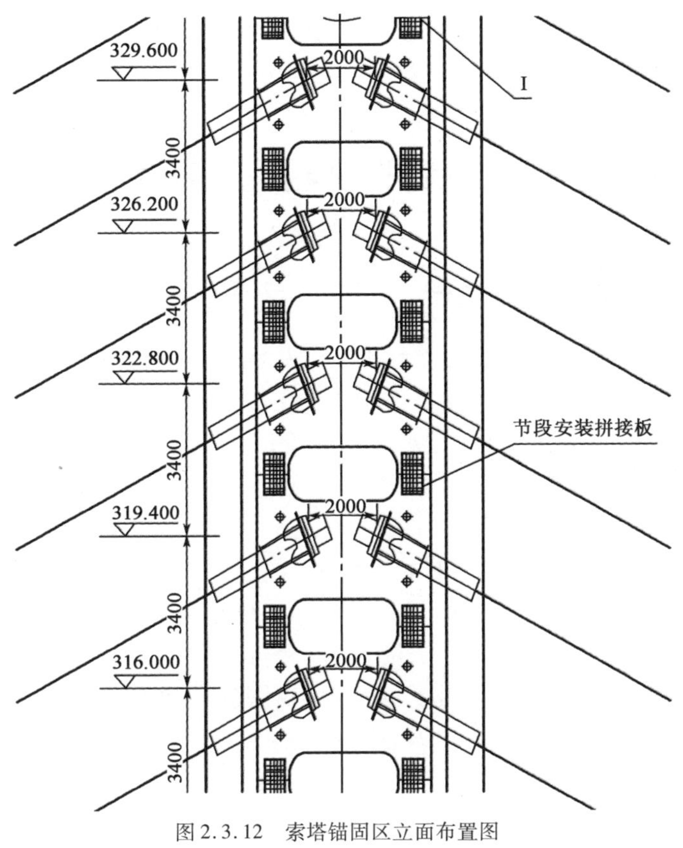

图 2.3.12 索塔锚固区立面布置图

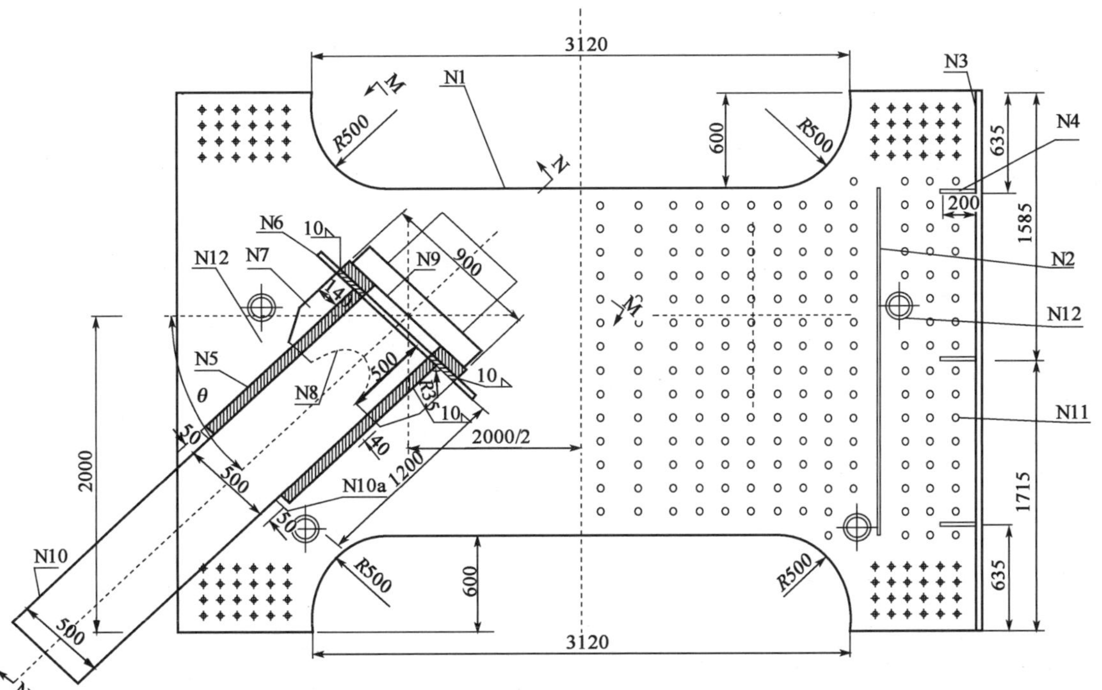

图 2.3.13 钢锚箱与拉板剪力钉布置图

3 公轨复合交通部分斜拉桥合理受力体系

3.1 部分斜拉桥的力学特点

当斜拉桥用于公轨两用或者公铁两用时，主梁的高度自然就会加大，因此斜拉桥的主梁就会获得较大抗弯、抗扭刚度，因此主梁就会作为主要的承重结构抵抗主梁所受的大部分弯矩及扭矩，同时拉索作为辅助承重体系承受主梁依靠自身强度不能承担的部分内力，即拉索提供的抗力只需承受主梁不能满足的那部分内力，这样的桥型就是部分斜拉桥。

部分斜拉桥的设计理念可以用图 3.1.1 来表示，为简化，选取一座三跨连续梁，截面为等截面，其上作用有均布荷载。图 3.1.1a）为一等截面的三跨连续梁桥。图 3.1.1b）为均布荷载作用下产生的弯矩以及主梁自身所能提供的抵抗正、负弯矩的能力。由图 3.1.1b）可以看出，均布荷载作用下产生的弯矩在部分区段超过了主梁自身的承载能力。图 3.1.1c）显示了这一部分的承载能力差值。为了抵抗这部分差值，增加一索塔体系[3.1.1d）]来提供这一部分的承载力[3.1.1e）]，则由索、梁、塔共同组成的结构体系即可提供足够的承载能力。这即是部分斜拉桥的设计理念，使得拉索的设置具有一定的灵活性和富裕度，部分斜拉桥能够充分发挥主梁和拉索的承载能力。因此部分斜拉桥是以主梁为主要承重体系，拉索作为辅助承重体系并通过拉索对主梁起了纵向加劲的作用，充分发挥主梁和拉索结构特性和承载能力的结构体系。

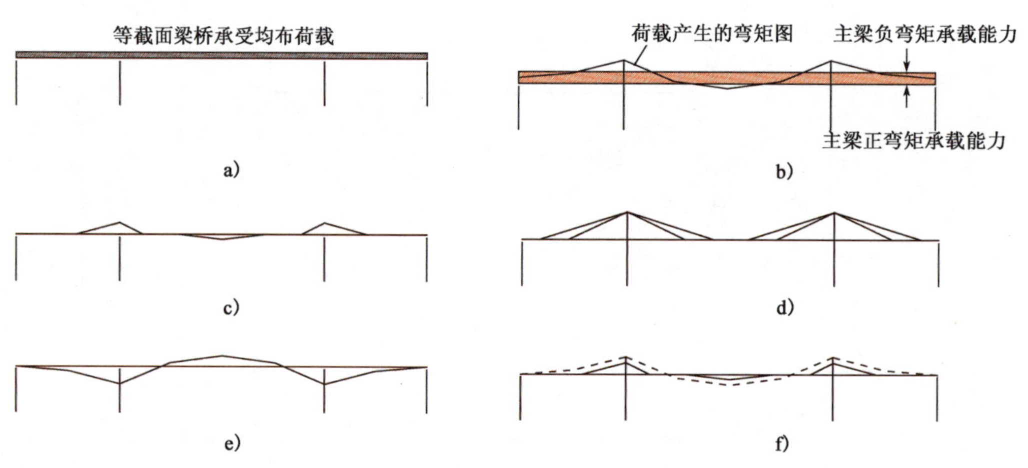

图 3.1.1 部分斜拉桥桥型的设计理念

部分斜拉桥在一般斜拉桥的基础上降低索塔高度，使得主梁和拉索的承载能力得以充分利用，梁为主要承重结构，拉索辅助承重，并能够增加主梁的强度，两者结合能够增加桥梁跨度，满足设计要求。主塔高度较低时，主梁的承重作用越加明显，拉索的辅助作用减弱，此时桥梁即变为矮塔斜拉桥,矮塔斜拉桥也是部分斜拉桥的一种特殊形式。

部分斜拉桥的结构特点不但具有常规斜拉桥的特点,而且具有连续梁桥的特点,其结构特点可以概括为以下几点:

(1)部分斜拉桥主塔高度介于常规斜拉桥和矮塔斜拉桥之间,属于高塔型部分斜拉桥。对于双塔三跨式斜拉桥,其高跨比一般为0.125~0.180。

(2)部分斜拉桥主梁有较大的刚度,以主梁为主要承重体,拉索辅助承重,主梁高度要高一些,对于公轨、公铁两用的部分斜拉桥更是如此。

(3)主梁上有明显的无索区,这一特点是与常规斜拉桥差别最大之处。一般在塔根处和边中跨处有明显的无索区。

(4)对于边中跨比,部分斜拉桥比常规斜拉桥的要略大。这样可以尽量避免支座处出现较大的负反力。因此,对于边值的范围,部分斜拉桥一般控制在0.50左右,而常规斜拉桥控制在0.40左右。

部分斜拉桥结构组成方面与常规斜拉桥一样,组成部分均有主梁、拉索和索塔。部分斜拉桥设计参数关系着桥梁的跨径布置、受力特性以及其经济性。在设计一个结构之前,首先需要做的工作就是了解在荷载作用之下,结构的受力响应以及对结构变形性能的影响。为了使设计的结构在受力和经济上合理,我们需要知道在所选定的每个结构参数发生变化时,结构性能发生变化的趋势,便于布置更加合理的结构。对于部分斜拉桥来说,其受力性能要受很多设计参数的影响,很难用函数方程来表示,因此我们这里采用参数分析的方式来了解参数变化对结构产生的影响。结构的设计参数主要有边主跨比、高跨比、宽跨比、塔跨比、无索区长度、梁塔刚度比等。

为了探究部分斜拉桥合理受力体系,针对重庆东水门长江大桥实际工程情况,建立有限元模型,结合斜拉桥结构计算理论进行分析,对设计参数进行敏感性分析,其过程如下:

(1)建立东水门长江大桥的空间有限元模型,在成桥状态下,计算结构内力及位移效应,分析结构的受力特点。

(2)确定该桥的关键参数,只考虑成桥状态,对该桥的敏感性参数进行计算分析,得到合理的计算参数。

(3)总结结构受力特点,通过对设计参数的分析,为结构的受力体系提供更为合理的设计参数数据。

3.2 有限元模型建立

3.2.1 基本设计参数

1)主要技术标准

上层公路交通主要技术标准:

(1)道路等级:城市次干道。

(2)最小平曲线半径 $R=800.00$m。

(3)桥面宽度:每个车道宽均为3.50m,因是四车道共14.00m;左右车道之间留有拉索锚固区,宽度为2.00m;每侧人行道为3.00m的宽度,一共6.00m;对于上层桥面来说,总宽度为24.00m。

(4)四车道公路交通,设计车速 40.00km/h。

(5)上层交通纵坡 $i \leqslant 5.30\%$ 。

下层轨道交通主要技术标准:

(1)双线,线间距 6.00m,建筑限界 9.20m。

(2)轨道列车双向行驶,结构在设计过程中,列车的运行速度是按照 $v \leqslant 100.00$km/h 设计的。

(3)下层交通纵坡 $i = 3.00\%$ 。

(4)防船撞设计:P1、P2 墩防船撞的级别均为 5000.00t,当水位为 194.57m 时,对于 P1 墩,船撞力不小于 43.26MN;对于 P2 墩,船撞力不小于 37.50MN。

2)材料

在结构计算分析中,材料参数一般都是依据《公路钢筋混凝土及预应力混凝土桥涵设计规范》(JTG D62—2004)来确定。主梁弹模为 2.06×10^5MPa,泊松比 0.30,线膨胀系数 1.20×10^5,重度为 76.98kN/m^3;主塔采用 C50 混凝土,弹模为 3.45×10^4MPa,线膨胀系数 1.005×10^5,泊松比 0.20,重度为25.00kN/m^3,就索塔来说,锚固区也是采用该型号的混凝土,但是混凝土内伴有钢纤维,承台则为 C40。其他墩的承台采用的混凝土均为 C30,桩基础为 C30 水下混凝土。拉索组成材料是直径 15.20mm 的钢绞线,面积为 140.00mm^2,标准抗拉强度为 1860.00MPa,弹模为1.95×10^5MPa,线膨胀系数 1.2×10^5,泊松比 0.30,重度为 78.50kN/m^3,具有高强低松弛的特点。钢绞线参数的取值与《预应力混凝土用钢绞线》(GB/T 5224—2003)中的规定值相一致。上述材料的各项参数的详细取值均在表 3.2.1 中有所体现。

材料计算参数 表 3.2.1

材 料	弹性模量(MPa)	泊松比	线膨胀系数	重度(kN/m^3)	抗压强度标准值(MPa)	抗拉强度标准值(MPa)
C50	34500	0.20	0.00001	26.00	50.00	—
C40	32500	0.20	0.00001	26.00	40.00	—
C30	30600	0.20	0.00001	26.00	30.00	—
钢板						
预应力钢束	195000	0.30	0.000012	78.50	—	1860.00

3.2.2 荷载

1)恒荷载

(1)结构自重:模型中混凝土重度取 25.00kN/m^3。

钢结构自重:$\gamma = 78.50$kN/m^3。

(2)二期恒载。

上层桥面荷载组成以及分布情况:铺装层厚度为 7.50cm,重度 23.00kN/m^3,铺装重 27.60kN/m;桥梁两侧人行道板以及栏杆重 12.20kN/m;桥梁两侧的防撞护栏重3.60kN/m;中间带处钢材防护重 2.00kN/m;检修车及轨道两侧重 1.00kN/m。上述二期恒载均作用在上层桥面,因此各类荷载之和为 42.80kN/m。

下层桥面荷载组成以及分布情况:轨道结构(钢轨、扣件、混凝土台,双线)59.20kN/m;

桥面防水 2.50kN/m；弱电电缆支架（过轨防护材料、通信光电缆、PIS 天线、轨旁电话等设施，双线）7.00kN/m；电缆支架（供电环网电缆，双侧）4.00kN/m；护栏及检修道（双侧）5.40kN/m。上述二期荷载均作用在下层桥面，各类荷载之和为 78.10kN/m。

2）可变荷载

（1）汽车荷载：计算荷载为公路—Ⅰ级。全桥按照四车道设计，将汽车荷载作用于桥梁之上时，全桥加载按照影响线最不利加载的方式进行计算分析。

（2）人群荷载：此时的计算要分两种情况进行计算：第一种是进行全桥计算时，荷载集度为 2.88kN/m^2；第二种是进行局部计算时，荷载集度取值为 4.00kN/m^2。

（3）温度荷载：设计温度最高为 +43.00℃，最低 1.80℃，计算合龙温度 13.00 ~ 25.00℃，钢筋钩温差按照 ±30.00℃考虑。

3.2.3　整体模型

利用 Midas Civil 2012 建立有限元模型，进行参数敏感性分析。主梁刚度选取主要依据两方面的原则：一是等效刚度代替实际工程中的桁架梁；二是根据移动荷载作用下主梁的竖向挠度来确定主梁刚度，从而选择合适的顶、底、腹板的厚度。在模型建立的过程中，因各个构件的用途及使用性能的不同，使用不同的结构单元对其进行模拟。该桥采用以下单元对结构构件进行模拟：

（1）主塔和主梁——梁单元。

（2）拉索——只受拉单元。

该桥的有限元基础模型节点共计 519 个，拉索单元共计 36 个，梁单元共计 468 个。模型中只设有一个固定支座。全桥有限元模型如图 3.2.1 所示。

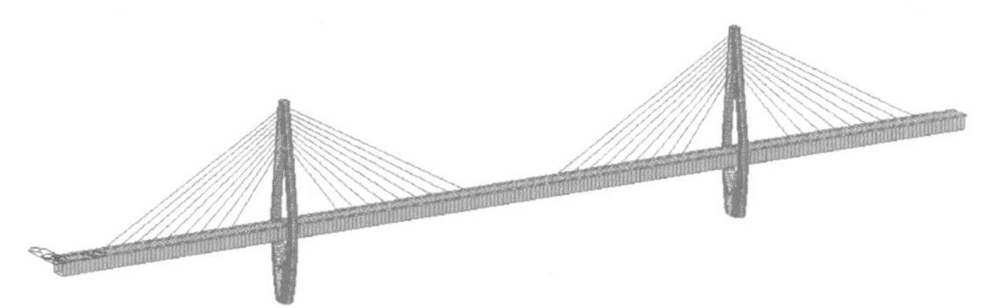

图 3.2.1　东水门大桥有限元模型

3.3　结构设计参数敏感性分析

斜拉桥的主要设计参数有塔跨比、主梁高跨比、无索区长度、索间距、主塔主梁刚度比等。结构设计参数影响着桥梁结构特点和受力性能，因此研究结构的设计参数尤其是其对结构受力方面的影响具有重大意义。此外，研究结构设计参数，直接影响桥梁结构的选型，从而影响到结构最佳的受力状态，因此可以从受力、经济等各个方面对结构进行优化。

3.3.1　塔高与主梁跨径比敏感性分析

东水门大桥主塔的实际高度为 102.00m，桥塔上部结构部分有一段无索区，在结构的有限元分析过程中，只需考虑有着拉索区段的主塔有效高度 H。在参数分析过程中，保持主梁跨径不变，以主塔的有效高度为变量。该桥的桥塔有效高度为 96.40m，主梁跨径为 445.00m，塔跨比为 1/4.62。参数分析中保持拉索的数量、面积等各项参数不变，通过增加或者减小塔底无索区的长度来改变拉索在索塔上的间距，塔底无索区长度的改变单位为±5.00m，最终达到改变主塔的有效高度。参数分析过程中，塔高和主梁跨径比值见表3.3.1。

桥塔高和主梁主跨径的比值 表3.3.1

编号	桥塔有效高度 H_i(m)	主梁主跨径 L_m(m)	有效塔高与主梁跨径之比(H_i/L_m)
1	101.40	445.00	1/4.39
2	96.40	445.00	1/4.62
3	91.40	445.00	1/4.87
4	86.40	445.00	1/5.15
5	81.40	445.00	1/5.45
6	76.40	445.00	1/5.82
7	71.40	445.00	1/6.23
8	66.40	445.00	1/6.70

根据通用规范确定该桥的活载为公路双向四车道，车道荷载为公路—I级，其均布荷载为$q=10.50$kN/m，集中力取为360.00kN。对该设计参数的研究过程中，选取的研究对象有：主梁跨中正弯矩的最大值，位于塔根处的主梁负弯矩的最小值（绝对值）、主梁跨中竖向挠度的最大值以及塔底弯矩的最值，通过对研究对象的计算分析，期望得到合理的塔跨比这一设计参数，使其趋于合理化。

为了使数据结果更加简单易懂，该桥选取与研究对象有关的无量纲参数进行分析，如下：

(1)主梁最大正弯矩M_1与均布荷载q及L_m的平方之比$M_1/(q \cdot L_m \cdot L_m)$。

(2)塔根处主梁最小负弯矩M_2与均布荷载q及L_m的平方之比$M_2/(q \cdot L_m \cdot L_m)$。

(3)主梁最大挠度f_1与L_m之比f_1/L_m。

(4)塔底弯矩M_3与均布荷载q及L_m的平方之比$M_3/(q \cdot L_m \cdot L_m)$。

现将改变结构参数的计算成果汇总于图3.3.1～图3.3.4中，计算结果皆是在恒、活载组合作用下引起的内力效应。

(1)主梁最大正弯矩M_1及均布荷载q及L_m的平方之比$M_1/(q \cdot L_m \cdot L_m)$

由图3.3.1可知：当索塔的有效高度逐渐增大即塔跨比变大，无量纲参数$M_1/(q \cdot L_m \cdot L_m)$逐渐减小，这说明塔跨比与主梁正弯矩的最值呈反比的关系。其原理是：索塔有效高度减小，拉索在主塔上的锚固高度降低，此时拉索与主梁之间的夹角减小，斜拉索对主梁的竖向作用大幅度减小，因此主梁在恒、活载组合作用下的响应包括正弯矩最值也会随之降低。

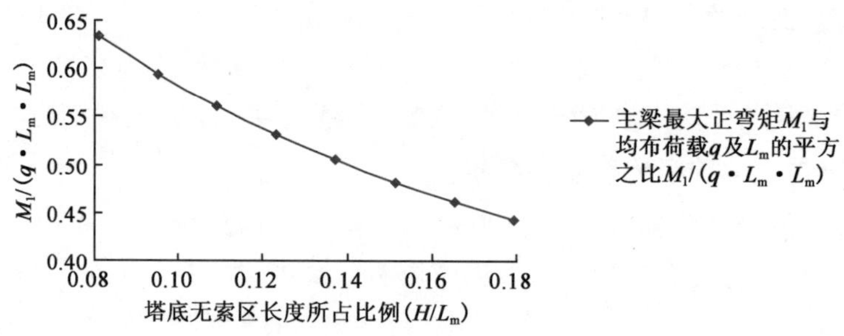

图3.3.1 塔跨比对主梁正弯矩最值的影响

(2)塔根处主梁最小负弯矩 M_2 与均布荷载 q 及 L_m 的平方之比 $M_2/(q \cdot L_m \cdot L_m)$

由图 3.3.2 可知:当索塔的有效高度逐渐增大即塔跨比变大,无量纲参数 $M_2/(q \cdot L_m \cdot L_m)$ 随之减小,说明塔跨比与主梁负弯矩的最值基本呈反比的关系。因为主塔的有效高度增大,拉索在主塔上的锚固点也会随之增大,拉索主梁的夹角也会增加,其对主梁的竖向作用会大幅增强,则塔根处支座对主梁的竖向支撑作用会大幅度减小,支座反力就会大大减小,因此主梁在恒、活载组合作用下引起的内力响应就会减小。

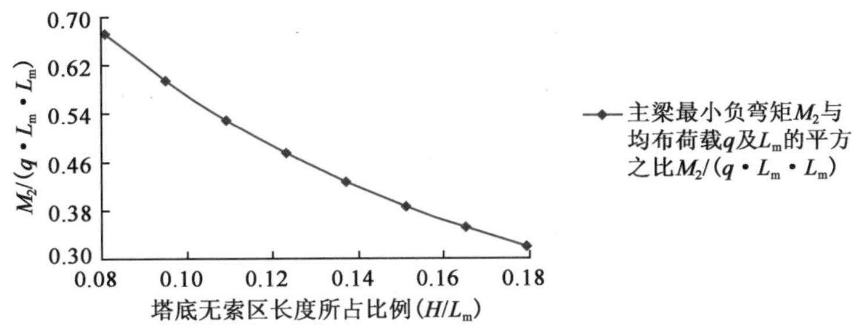

图 3.3.2　塔跨比对塔根处主梁负弯矩最值的影响

(3)主梁最大挠度 f_1 与 L_m 之比 f_1/L_m

由图 3.3.3 可知:当索塔的有效高度增大即该桥的塔跨比增大时,其无量纲参数 f_1/L_m 逐渐减小,这说明塔跨比与主梁跨中竖向挠度的最值呈反比关系。因为索塔的有效高度降低,拉索在其上的锚固位置降低,拉索与主梁的夹角降低,那么斜拉索对主梁的竖向作用会减弱,在同样的恒、活载组合作用下主梁就会产生较大的竖向挠度。

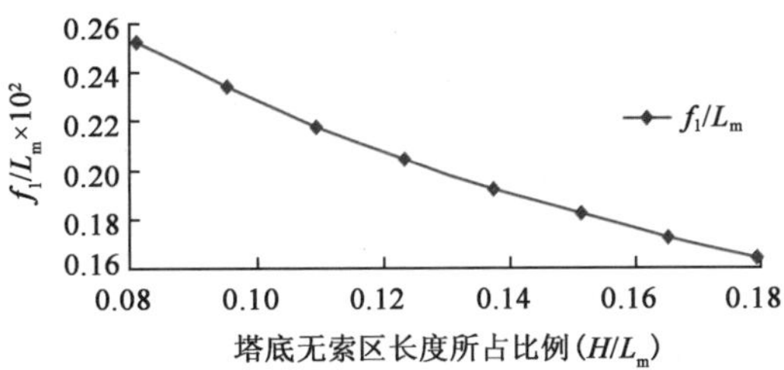

图 3.3.3　塔跨比对主梁竖向挠度最值的影响

(4)塔底弯矩 M_3 与均布荷载 q 及 L_m 的平方之比 $M_3/(q \cdot L_m \cdot L_m)$

由图 3.3.4 可知:当索塔的有效高度增大即该桥的塔跨比增大时,其无量纲参数 $M_3/(q \cdot L_m \cdot L_m)$ 逐渐减小,这说明塔跨比与塔底弯矩 M_3 最值呈反比关系。因为索塔的有效高度降低,拉索在其上的锚固位置降低,作用在主梁上的恒、活载组合作用则会通过拉索进一步传递至索塔,因拉索与主塔的夹角增大,拉索传递至索塔的内力就会大幅度减小,因此索塔底部的弯矩 M_3 减小。

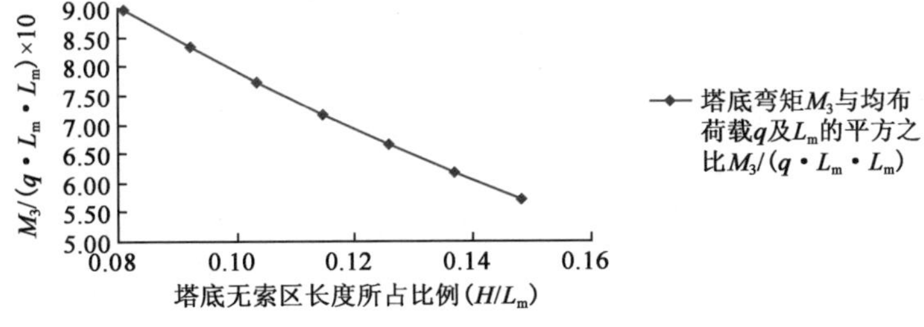

图 3.3.4　塔跨比对塔底弯矩的影响

综上所述,结构的塔跨比对结构的各无量纲参数产生非常明显的影响,因此对这一结构设计参数的研究非常有意义。

3.3.2 主梁高度与跨径比敏感性分析

斜拉桥的主梁高度与其跨径的比值称为主梁高跨比。主梁高跨比对结构的影响不可忽略,它在一定程度上表征整个桥梁结构的刚性或者柔性程度。高跨比越大,表明主梁的抗弯惯性矩越大,主梁的抗弯刚度就越大,主梁的刚度也就越大;反之,则表明主梁越柔。

桥梁高跨比以主梁的高度为变量,该模型主梁基本高度为12.00m,在此基础上以±1.00m变化,保持其他结构参数不变,对模型进行计算分析。主梁高跨比数据变化见表3.3.2。

主梁高跨比 表3.3.2

编号	主梁高度 h(m)	主跨 L_m(m)	主梁高跨比 h/L_m
1	10.00	445.00	1/44.50
2	11.00	445.00	1/40.45
3	12.00	445.00	1/37.08
4	13.00	445.00	1/34.23
5	14.00	445.00	1/31.79

现将结构参数的计算成果汇总于图3.3.5~图3.3.8中,计算结果皆是在恒、活载组合作用下引起的内力效应。

(1)主梁最大正弯矩 M_1 与均布荷载 q 及 L_m 的平方之比 $M_1/(q \cdot L_m \cdot L_m)$

由图3.3.5可知:当主梁的高度增加即主梁高跨比变大时,无量纲参数 $M_1/(q \cdot L_m \cdot L_m)$ 也呈增大的趋势,这说明主梁高跨比与主梁正弯矩的最值增长趋势基本一致。根据材料力学知识,$I = bh^3/12$(抗弯惯性矩与主梁高度 h 的三次方成正比),当主梁高度增加时,其抗弯惯性矩就会大幅增加,主梁和拉索分担的内力与两者的刚度具有很大的相关性,在总内力效应不变的情况下,主梁承担的内力较之其高度较小时就会大幅增加,从而与图中所表现出来的情况比较吻合。

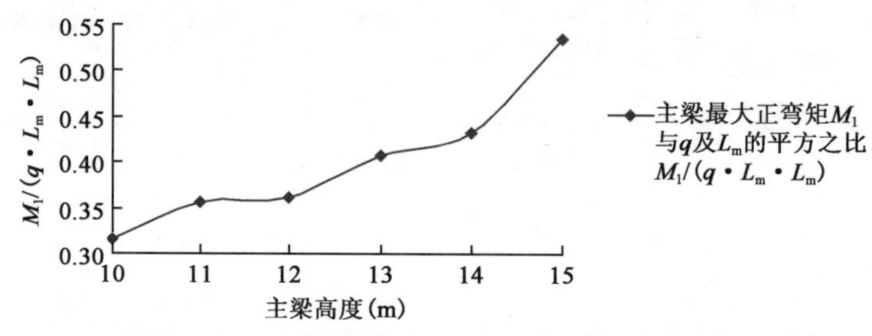

图3.3.5 主梁高跨比调整对主梁正弯矩最值的影响

(2)塔根处主梁最小负弯矩 M_2 与均布荷载 q 及 L_m 的平方之比 $M_2/(q \cdot L_m \cdot L_m)$

由图3.3.6可知:主梁高度增加即主梁高跨比变大时,无量纲参数 $M_2/(q \cdot L_m \cdot L_m)$ 先减小后增大;塔根处主梁负弯矩在主梁高度为11.00m时取得最小值(绝对值),此处对应的比值 h/L_m 为1/40.45。

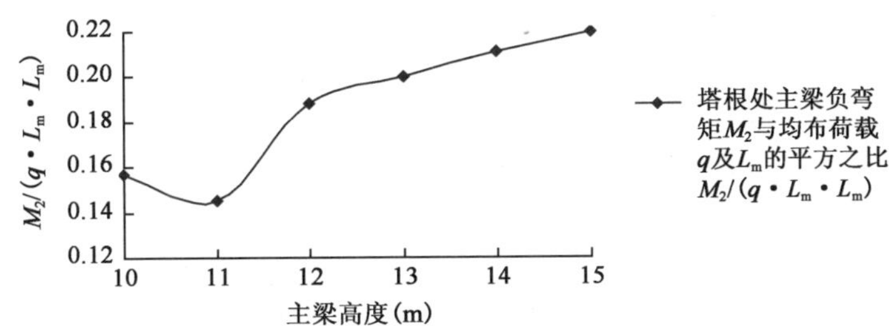

图 3.3.6　主梁高跨比调整对支座处主梁负弯矩最值的影响

(3)主梁最大挠度f_1与L_m之比f_1/L_m

由图3.3.7可知:主梁高度增加即主梁高跨比增加时,无量纲参数f_1/L_m整体上呈减小的趋势。当主梁高度为12.00m,竖向挠度f_1虽没有达到最小值;但是当主梁高度过大,比如达到14.00或者15.00m时,主梁承担的总内力效应会过大,此时主梁和拉索就不能根据自身的刚度等其他因素充分发挥自身的效用,就会造成材料强度不能充分发挥以及浪费。因此,比较合理的主梁高度为12.00m,此处对应的比值h/L_m为1/37.08。

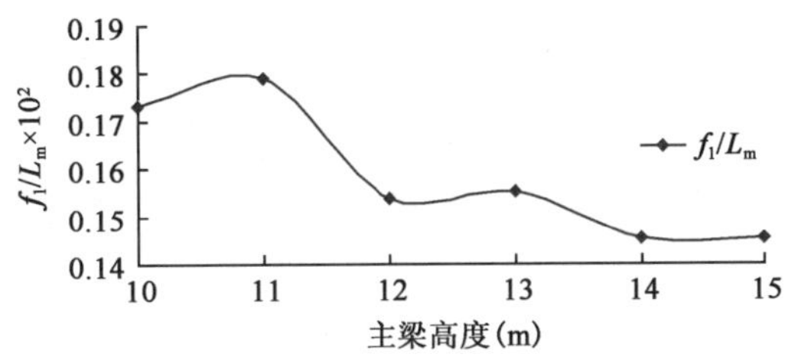

图 3.3.7　主梁高跨比调整对主梁竖向挠度最值的影响

(4)塔底弯矩M_3与均布荷载q及L_m的平方之比$M_3/(q \cdot L_m \cdot L_m)$

由图3.3.8可知:主梁高度增加即主梁高跨比增加时,无量纲参数$M_3/(q \cdot L_m \cdot L_m)$出现起伏变化的情况。但是可以从图中看到,该参数在12.00m处取得最小值,此处对应的比值h/L_m为1/37.08。

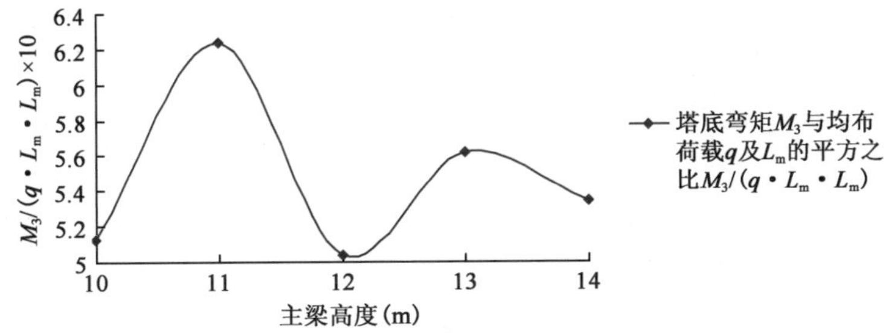

图 3.3.8　主梁高跨比调整对塔底弯矩的影响

综上,我们可以得出桥梁结构主梁高度为12.00m时,主梁的竖向挠度以及塔底弯矩均可以取得实际意义上的最小值,此处对应的比值h/L_m为1/37.08;主梁高度为11.00m时,塔根处主梁负弯矩的最值取得最小值,此处对应的比值h/L_m为1/40.45。

3.3.3　主梁无索区段长度敏感性分析

主梁无索区段一般包括塔根处主梁无索区和主梁中跨无索区。本书研究两者对结构力学性能的影响,通过计算分析得出合理的无索区长度。

1)塔根处主梁无索区长度

塔根无索区长度对斜拉桥的整体受力性能的影响非常显著。塔根处主梁受到支座竖向反力的作用，使得主梁在此处产生较大的负弯矩。因此塔根处主梁上的拉索密集程度对主梁的负弯矩能够产生非常重要的影响。

塔根处的无索区的长度为54.50m，在主梁上两根拉索之间的间距为16.00m，因此在调整塔根处无索区长度时，以±16.00m为基本单位。塔根无索区长度不同的取值情况见表3.3.3。

塔根无索区长度不同取值　　表3.3.3

编号	塔根无索区长度 L_u(m)	主梁主跨径 L_m(m)	L_u/L_m
1	2.50	445.00	0.01
2	18.50	445.00	0.04
3	34.50	445.00	0.08
4	50.50	445.00	0.11
5	58.50	445.00	0.13
6	74.50	445.00	0.17
7	90.50	445.00	0.20
8	104.50	445.00	0.23
9	118.50	445.00	0.27
10	134.50	445.00	0.30
11	150.50	445.00	0.34
12	182.50	445.00	0.41

(1)主梁最大正弯矩 M_1 与均布荷载 q 及 L_m 的平方之比 $M_1/(q \cdot L_m \cdot L_m)$

由图3.3.9可知：塔根无索区长度增大，无量纲参数 $M_1/(q \cdot L_m \cdot L_m)$ 不断减小，主梁正弯矩的最值不断减小。因为塔根无索区范围变大，则拉索主要向跨中集中，对主梁中跨的吊撑作用逐渐增大，同样的恒、活载组合作用下对主梁产生效应就会减小，减小的部分则是通过拉索传递至索塔承担。

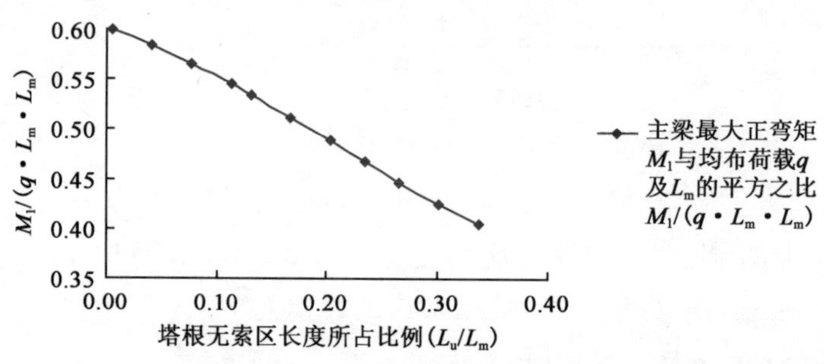

图3.3.9　塔根无索区长度调整对主梁正弯矩最值的影响

(2)塔根处主梁最小负弯矩 M_2 与均布荷载 q 及 L_m 的平方之比 $M_2/(q \cdot L_m \cdot L_m)$

由图3.3.10可知：塔根无索区范围不断增大，无量纲参数 $M_2/(q \cdot L_m \cdot L_m)$ 先减小后增加，塔根处主梁负弯矩最小值出现在距离主塔50.50m处，此处对应的比值 L_u/L_m 为0.11。

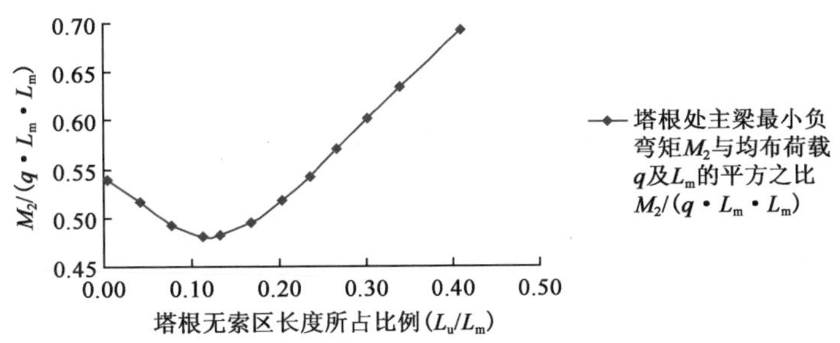

图 3.3.10 塔根无索区长度调整对塔根处主梁负弯矩最值的影响

(3)主梁最大挠度 f_1 与 L_m 之比 f_1/L_m

由图 3.3.11 可知：无量纲参数 f_1/L_m 在 118.50m 处取得最小值，对应比值 L_u/L_m 为 0.27。虽然出现了最小值，但是这一结果却是不可取的。因为此时拉索在主梁上的安排将会非常集中，这种结果不合理，因此不予采取。

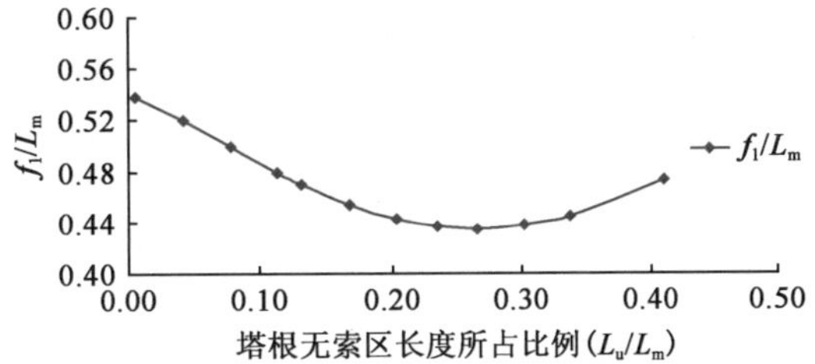

图 3.3.11 塔根无索区长度调整对主梁竖向挠度最值的影响

(4)塔底弯矩 M_3 与均布荷载 q 及 L_m 的平方之比 $M_3/(q \cdot L_m \cdot L_m)$

由图 3.3.12 可知：随着变量的增加，无量纲参数不断减小，即塔底弯矩 M_3 不断变小。随着塔根无索区长度范围的扩大，拉索在主梁上的分布更为集中，拉索因为过度集中分布，导致不能获得与其刚度相适应的内力效应值，因此最终塔底弯矩的值也会越来越小。

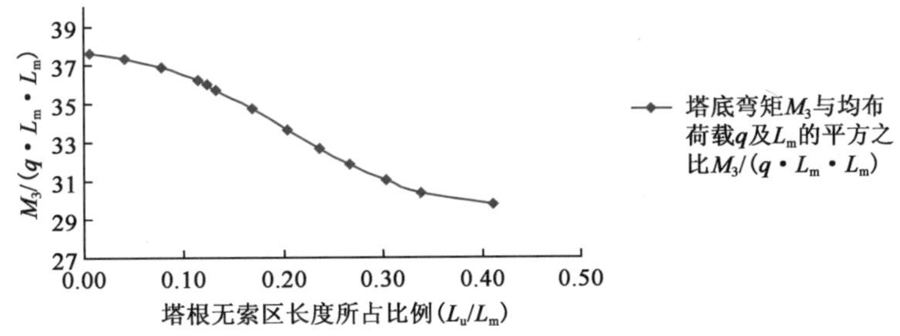

图 3.3.12 塔根无索区长度调整对塔底弯矩的影响

综上分析，得出以下结论：在塔根无索区做出上述长度变化的范围内，主梁的多项内力以及位移效应值也都随之发生变化。塔根处主梁负弯矩的最值出现在其长度为50.50m处，对应的 L_u/L_m 比值为 0.11。

2)主梁中跨无索区段长度分析

中跨无索区的基础长度为 80.00m，在主梁上两根拉索之间的间距为 16.00m。中跨无索区长度不同的取值情况见表 3.3.4。

(1)主梁最大正弯矩 M_1 与均布荷载 q 及 L_m 的平方之比 $M_1/(q \cdot L_m \cdot L_m)$

由图 3.3.13 可知：随着无索区长度的增加，无量纲参数 $M_1/(q \cdot L_m \cdot L_m)$ 随之变大，即主梁正弯矩的最值越来越大。在总内力效应不变的情况下，随着无索区段的增大，拉索在中跨分布也会变得相对集中，拉索分担的效应值变小，主梁分担的就会大幅增加。

中跨无索区长度不同取值　　表 3.3.4

编号	中跨无索区长度 L_a(m)	主梁主跨径 L_m(m)	L_a/L_m
1	0.00	445.00	0.00
2	48.00	445.00	0.11
3	80.00	445.00	0.18
4	90.00	445.00	0.20
5	108.00	445.00	0.24
6	134.00	445.00	0.30
7	176.00	445.00	0.40
8	224.00	445.00	0.50
9	272.00	445.00	0.61
10	312.00	445.00	0.70

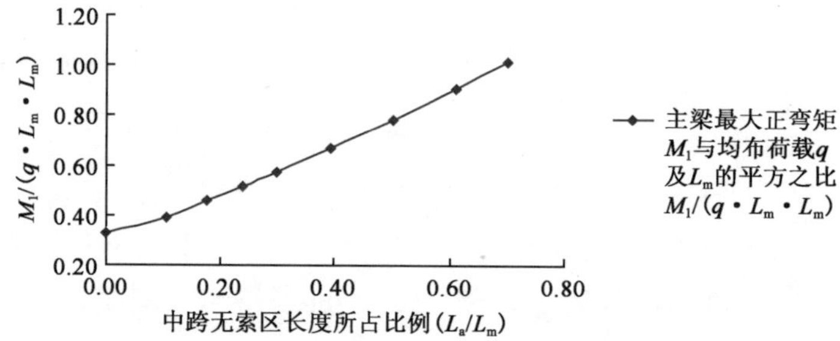

图 3.3.13　中跨无索区长度调整对主梁正弯矩最值的影响

(2)塔根处主梁最小负弯矩 M_2 与均布荷载 q 及 L_m 的平方之比 $M_2/(q \cdot L_m \cdot L_m)$

由图 3.3.14 可知：无索区长度增加，无量纲参数 $M_2/(q \cdot L_m \cdot L_m)$出现先减小而后增大的趋势，在中跨无索区长度为 224.00m 即其所占的比例 L_a/L_m 为 0.50 时出现在了最小值，但是此时的结果却是不合理的，因为此时拉索在主梁上的分布非常集中，拉索不能物尽其用，导致材料的浪费。

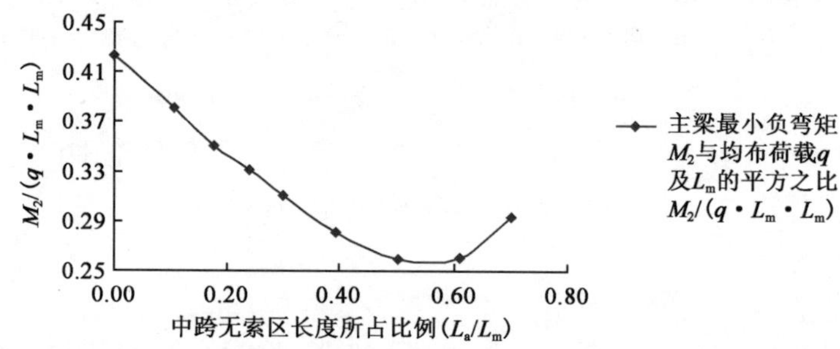

图 3.3.14　中跨无索区长度调整对支座处主梁负弯矩最值的影响

(3)主梁最大挠度 f_1 与 L_m 之比 f_1/L_m

由图 3.3.15 可知：无索区长度增加，无量纲参数 f_1/L_m 先减小后增大，表明主梁的竖向挠度最大值在中跨无索区长度为 90.00m 处取得最小值，此时对应的比例 L_a/L_m 为 0.20。

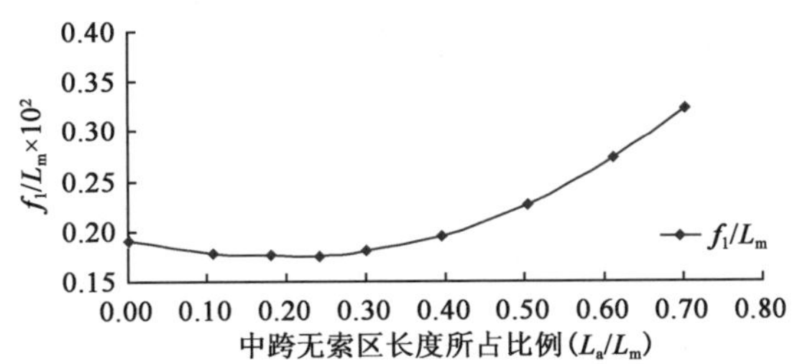

图 3.3.15 中跨无索区长度调整对主梁竖向挠度最值的影响

(4)塔底弯矩 M_3 与均布荷载 q 及 L_m 的平方之比 $M_3/(q \cdot L_m \cdot L_m)$

由图 3.3.16 可知:无索区长度增加,无量纲参数 $M_3/(q \cdot L_m \cdot L_m)$ 不断减小,即塔底弯矩 M_3 不断减小。随中跨无索区范围的不断增大,拉索越来越向塔根处的拉索集中,主梁承担的内力效应值不断加大,导致索塔获得的内力效应减小。

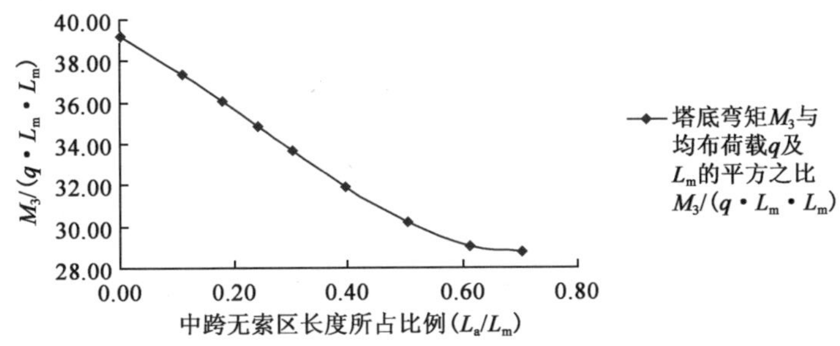

图 3.3.16 中跨无索区长度调整对塔底弯矩的影响

综上分析可以得出:中跨无索区范围的调整,对主梁以及索塔受力有影响。该范围长度的调整尤其是对主梁的挠度以及跨中弯矩的影响最具有代表性。在中跨无索区长度为 90.00m处即 L_a/L_m 为 0.20 时,主梁的挠度达到最小值,可将其作为该桥的最优中跨无索区比例值。

3.3.4 梁塔刚度比敏感性分析

斜拉桥的主要构件梁、索、塔三者之间紧密相关,三者刚度比能够决定桥梁在恒活载组合作用下产生的内力效应值的分配比例。弹性模量是结构刚度的重要指标。本书主要是保证索塔材料的各参数保持不变,通过改变主梁材料的弹性模量进而调整两者之间的刚度比。

建立该桥的有限元模型,本桥主梁弹性模量的基础值为 2.060×10^5 MPa,在此基础上,对其进行 ±5.00% 的增减,具体参数数值的变化见表 3.3.5。

梁塔刚度比不同取值 表 3.3.5

主梁弹性模量变化(%)	主梁弹性模量数值(MPa)	梁塔刚度比(%)
减少 10.00	1.854×10^5	10.00
减少 5.00	1.957×10^5	5.00
不变	2.060×10^5	0.00
增加 5.00	2.163×10^5	5.00
增加 10.00	2.266×10^5	10.00

(1)主梁最大正弯矩 M_1 与均布荷载 q 及 L_m 的平方之比 $M_1/(q \cdot L_m \cdot L_m)$

由图 3.3.17 可知:梁塔刚度之比增大,无量纲参数 $M_1/(q \cdot L_m \cdot L_m)$ 也不断变大,即主梁跨中正弯矩 M_1 随之变大。这说明主梁相对主塔的刚度不断增大的过程中,主梁分担的内力效应值也在相应地增大,主塔分担的不断减小。

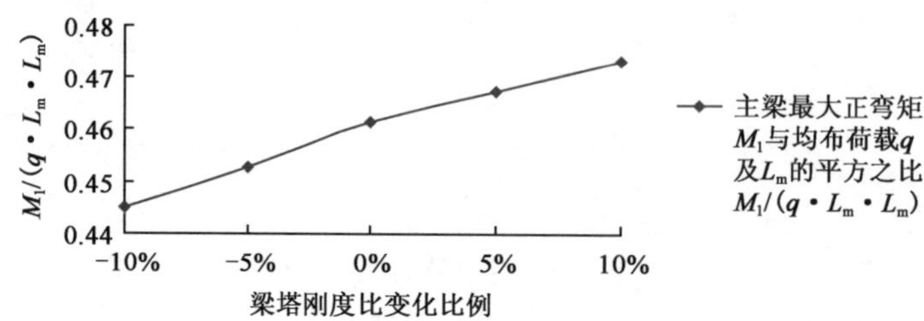

图 3.3.17 梁塔相对刚度比调整对主梁正弯矩最值的影响

(2)塔根处主梁最小负弯矩 M_2 与均布荷载 q 及 L_m 的平方之比 $M_2/(q \cdot L_m \cdot L_m)$

由图 3.3.18 可知:两者刚度比变大时,无量纲参数 $M_2/(q \cdot L_m \cdot L_m)$ 也不断增大,即主梁负弯矩 M_2 也随之增加。这说明主梁相对主塔的刚度不断增大的过程中,主梁分担的内力效应值也在相应地增大,主塔分担的不断减小。

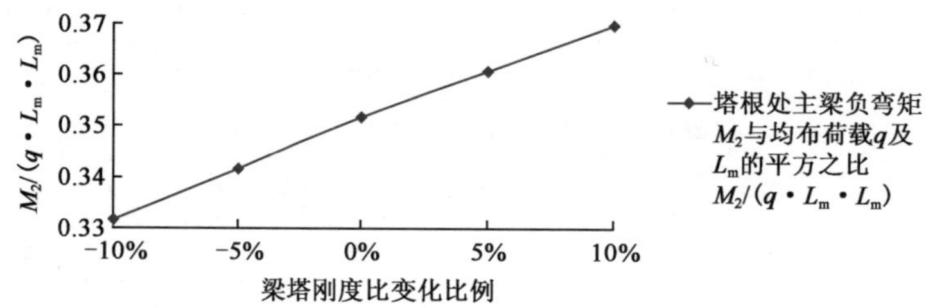

图 3.3.18 梁塔相对刚度比调整对支座处主梁负弯矩最值的影响

(3)主梁最大挠度 f_1 与 L_m 之比 f_1/L_m

由图 3.3.19 可知:两者刚度比增大,无量纲参数 f_1/L_m 不断减小,即主梁竖向挠度 f_1 不断减小。这说明主梁刚度在梁塔总刚度中的比重增加,其内力效应不变的情况下,引起的主梁竖向挠度就会相应地减小。

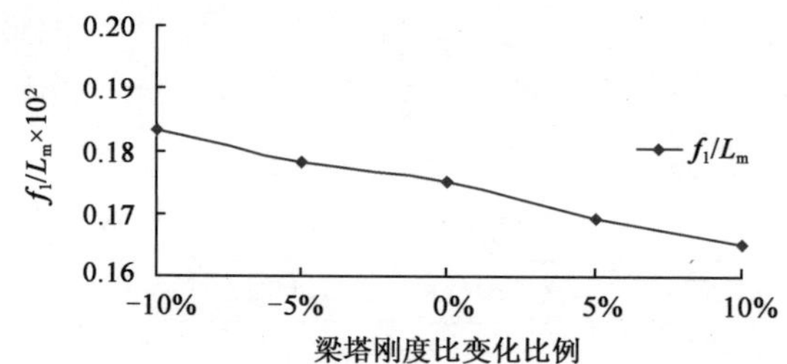

图 3.3.19 梁塔相对刚度比调整对主梁竖向挠度的影响

(4)塔底弯矩 M_3 与均布荷载 q 及 L_m 的平方之比 $M_3/(q \cdot L_m \cdot L_m)$

由图 3.3.20 可知:两者刚度比增大,无量纲参数 $M_3/(q \cdot L_m \cdot L_m)$ 不断减小,即主塔塔底弯矩 M_3 不断减小。

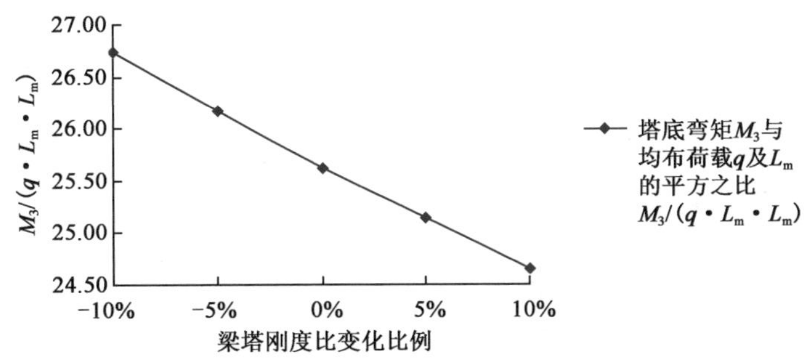

图 3.3.20 梁塔相对刚度比调整对塔底弯矩的影响

综上所述:通过对梁塔相对刚度比的研究分析,结构无量纲参数也发生了明显的变化,主梁的正、负弯矩均随之增大,主梁的竖向挠度和塔底弯矩减小。这说明:在主梁和索塔刚度比例调整的过程中,结构的刚度越大,其分担的内力效应会增大,引起的结构位移效应会减小;反之,内力效应减小,位移会增加。

3.4 部分斜拉桥静力及动力响应要求

由于大跨径公轨复合交通部分斜拉桥的特殊性,其内力及位移(变形)既要满足公路荷载及轨道荷载作用下的安全性要求,又要满足公路荷载及轨道荷载作用下走行性和舒适性的要求。本章结合公轨复合交通部分斜拉桥的受力特点以及行车舒适性,提出公轨复合交通部分斜拉桥的内力及位移要求,供同类型桥梁的设计参考。

3.4.1 相关规范的要求

1)《公路钢筋混凝土及预应力混凝土桥涵设计规范》(JTG D62—2004)

内力要满足持久状况承载能力极限状态和持久状况正常使用极限状态的要求。

第 6.5.3 条,钢筋混凝土和预应力混凝土受弯构件的长期挠度值,在消除结构自重产生的长期挠度后,梁式桥主梁的最大挠度处不应超过计算跨径的 1/600,梁式桥主梁的悬臂端不应超过悬臂长度的 1/300。

2)《地铁设计规范》(GB 50157—2003)

第 9.1.5 条,钢筋混凝土与预应力混凝土梁式桥跨结构在列车静活载作用下,跨度 $L \leq 30$m,其竖向挠度不应超过 $L/2000$;跨度 $L > 30$m,其竖向挠度不应超过 $L/1500$。

第 9.1.8 条,高架结构墩顶弹性水平位移应满足下列规定:

顺桥方向

$$\Delta \leq 5\sqrt{L}$$

横桥方向

$$\Delta \leq 4\sqrt{L}$$

其中,L 为桥梁跨度。当为不等跨时采用相邻跨中的较小跨度。当 $L < 25$m 时,L 按 25m 计。

第 9.3.1 节,钢筋混凝土、预应力混凝土和钢结构,应按容许应力法设计。

第 9.4.8 节,预应力混凝土梁的后期徐变拱度或挠度,应严格控制。线路铺设后,徐变拱度或挠度不宜大于 15mm。

3)《城市桥梁设计规范》(CJJ 11—2011)

桥梁结构的内力、截面强度、挠度、裂缝跨度计算值及允许值应符合《公路钢筋混凝土及预应力混凝土桥涵设计规范》(JTG D62—2004)的规定。

4)《城市道路与轨道交通合建桥梁设计规范(送审稿)》

第3.0.16节,同时承受轨道和道路荷载作用的结构,应按承载能力极限状态和正常使用极限状态进行设计,并同时满足构造和工艺方面的要求。

第3.0.19节,桥梁设计应满足强度、稳定性、刚度、耐久性及运营期内基础沉降控制要求,满足列车安全运行和平稳性要求。

第5.1.1条,对于共梁共墩的梁式结构,其主梁在设计静荷载(汽车与列车荷载)作用下挠度与跨度之比(挠跨比)不应超过表3.4.1规定的容许值。

挠跨比容许值 表3.4.1

跨度L(m)	挠跨比	跨度L(m)	挠跨比
$L \leqslant 30$	1/2000	$80 < L \leqslant 100$	1/1200
$30 < L \leqslant 80$	1/1500		

第5.1.2条,在汽车和列车静活载(不计冲击力)作用下,有砟轨道梁端支座处的单端竖向转角不应大于5‰,无砟轨道不应大于3‰。大跨度桥梁梁端支座处竖向转角,要根据其梁端向外延伸的悬臂长度大小,通过梁轨相互作用计算,分析其对钢轨及钢轨扣件的上拔力的影响,以确定其合适的竖向转角容许限值。

第5.1.4条,对大跨径桥梁(跨径大于100m)和新型结构桥梁,其竖向挠跨比合理限值应结合车桥耦合振动分析列车过桥走行性结果进行确定。列车过桥运行的平稳性和安全性应满足以下要求:

轮重减载率

$$\frac{\Delta P}{\overline{P}} \leqslant 0.6$$

脱轨系数

$$\frac{Q}{P} \leqslant 0.8$$

车体竖向振动加速度

$$a_z \leqslant 0.13g$$

车体横向振动加速度

$$a_y \leqslant 0.10g$$

斯佩林指标

$$W \leqslant 2.75$$

式中:ΔP——轮对中单侧车轮轮重减载量;

$\overline{P}$——轮对左右轮平均轮重;

Q——作用单侧车轮上的横向力;

a_z——车体竖向振动加速度;

a_y——车体横向振动加速度;

W——斯佩林指标。

5)《公路斜拉桥设计细则》(JTG/T D65-01—2007)

第4.4.1条,主梁在车道荷载(不计冲击力)作用下的最大竖向挠度:

(1)混凝土梁主跨应不大于 $l/500$(l 为主跨跨径,当为不对称的独塔斜拉桥时,为较大侧的跨径)。

(2)钢梁、钢组合梁和混合梁在主孔采用钢梁时应不大于 $l/400$。

第6.2.7条,斜拉桥主要构件强度验算:

(1)混凝土主梁、混凝土索塔截面强度的验算,应符合现行《公路钢筋混凝土及预应力混凝土桥涵设计规范》(JTG D62—2004)的要求。

(2)钢主梁、钢索塔截面强大的验算,应符合现行《公路钢结构桥梁设计规范》(JTG D64—2015)及现行《钢结构设计规范》(GB 50017—2003)的要求。

6)《铁路桥涵设计基本规范》(TB 10002.1—2005)

第5.1.2条,梁式桥跨结构由于列车竖向静活载所引起的竖向挠度不应超过表3.4.2中规定的容许值(表中的 L 为简支梁或连续梁检算的跨度)。计算钢梁的挠度时不考虑平联及桥面系共同作用的影响。

梁式桥跨结构竖向挠度容许值　　表3.4.2

桥跨结构		挠跨比
简支钢桁梁		1/900
连续钢桁梁	边跨	1/900
	中跨	1/750
简支钢板梁		1/900
简支钢筋混凝土和预应力混凝土梁		1/800
连续钢筋混凝土和预应力混凝土梁	边跨	1/800
	中跨	1/700

7)《铁路桥涵钢筋混凝土和预应力混凝土结构设计规范》(TB 10002.3—2005)

第4.1.2条,静活载(不计列车竖向动力作用)所引起的最大竖向挠度应符合下列规定:

(1)对于简支梁不应超过跨度的1/800。

(2)对于连续梁边跨不应超过跨度的1/800,中间跨不应超过跨度的1/700。

第5.1.1条,钢筋混凝土结构应按容许应力法设计。

第6.1.5条,预应力混凝土桥涵结构应按规定检算其强度、抗裂性、应力、裂缝宽度及变形。

3.4.2 车桥耦合振动分析

本项目的研究分报告六对公轨复合交通部分斜拉桥的桥梁+轻轨车辆+公路汽车三者之间的动力相互作用进行了深入研究,分别开展了轻轨车辆+桥梁耦合动力计算;汽车+桥梁耦合动力计算;轻轨车辆+汽车+桥梁耦合动力计算,并对桥上轻轨列车及汽车运行安全性、舒适性作出评估。得出如下主要结论:

(1)轻轨车辆+桥梁耦合动力计算表明:在各种不同工况下,轻轨车最大脱轨系数、最大轮重减载率分别为0.41、0.37,可满足轻轨车运行安全性要求。轻轨车竖、横向最大斯佩林指标分别为2.53、2.22。按相关评价方法,竖向乘坐舒适度达"良好"标准,横向舒适度达"优良"标准。

(2)汽车+桥梁耦合动力计算表明:在各种不同工况下,汽车车辆均能很好满足乘坐舒适度的要求。

(3)轻轨车辆+汽车+桥梁耦合动力计算表明:在各种不同工况下,轻轨车最大脱轨系数、最大轮重减载率分别为0.46、0.40,可满足轻轨车运行安全性要求。轻轨车竖、横向最大斯佩林指标分别为2.63、2.28。按相关评价方法,竖向乘坐舒适度达"良好"标准,横向舒适度达"优良"标准。轻轨车、汽车运行也能满足ISO舒适度指标要求。

3.4.3 内力及位移要求

公轨复合交通部分斜拉桥内力及位移(变形)既要满足公路荷载及轨道荷载作用下的安全性要求,又要满足公路荷载及轨道荷载作用下走行性和舒适性的要求。公轨复合交通部分斜拉桥内力及位移(变形)要求如下:

1)内力要求

同时承受轨道和道路荷载作用的公轨复合交通部分斜拉桥,应满足承载能力极限状态和正常使用极限状态的要求,并同时满足构造和工艺方面的要求。

2)位移要求

竖向挠跨比合理限值应结合车桥耦合振动分析列车过桥走行性结果进行确定。列车过桥运行的平稳性和安全性应满足以下要求:

轮重减载率

$$\frac{\Delta P}{\overline{P}} \leqslant 0.6$$

脱轨系数

$$\frac{Q}{P} \leqslant 0.8$$

车体竖向振动加速度

$$a_z \leqslant 0.13g$$

车体横向振动加速度

$$a_y \leqslant 0.10g$$

斯佩林指标

$$W \leqslant 2.75$$

式中:ΔP——轮对中单侧车轮轮重减载量;

$\overline{P}$——轮对左右轮平均轮重;

Q——作用单侧车轮上的横向力;

a_z——车体竖向振动加速度;

a_y——车体横向振动加速度;

W——斯佩林指标。

3.5　部分斜拉桥合理受力体系的参数范围

本章研究了塔高与跨径比、主梁高跨比、无索区长度、索间距等参数对结构的影响，总结出整体结构的受力特性与合理受力体系。

(1)通过对主塔高度与主梁跨径比值的研究分析得出：桥梁塔跨比不断增加，各无量纲参数不断减小，即主梁正弯矩最值、负弯矩、竖向挠度以及塔底弯矩均随之减小。在主塔高度增加的过程中，拉索与主梁的水平夹角增大，拉索的竖向支撑作用更加明显，其分担内力越大，相当于主梁刚度减小，所分配到的内力减小，从而引起的内力及位移效应就会减小。

(2)通过对主梁高跨比的研究分析，可得出：桥梁结构在主梁高度为12.00m时，主梁的竖向挠度以及塔底弯矩均可以取得最小值，此时对应的比值h/L_m为1/37.08；主梁高度为11.00m时，塔根处主梁负弯矩取得最小值，此处对应的比值h/L_m为1/40.45。因此，该桥主梁高跨比宜控制在1/40.45～1/37.08范围内。

(3)塔根支座处无索区长度对结构内力及位移影响比较明显，尤其是支座处主梁的负弯矩。挠度的最小值出现在塔根无索区长度为118.50m处，比值L_u/L_m为0.27，此时拉索在主梁上的分布比较集中，此时拉索的分布就不合理，因此不予考虑。塔根处主梁负弯矩的最值出现在其长度为50.50m处，对应的L_u/L_m比值为0.11，该桥的实际无索区长度为54.50m，两者接近。

(4)主梁中跨无索区长度对主梁最大正弯矩及挠度产生很大影响。在中跨无索区长度为90.00m处即L_a/L_m为0.20时，主梁的挠度达到最小值，可以将其作为该桥的最优中跨无索区比例值。

(5)通过梁塔相对刚度比的研究表明：结构的刚度越大，其分担的内力效应会增大，引起的结构位移效应会减小。因此对该参数的研究非常具有必要性。

(6)公轨复合交通部分斜拉桥的内力应满足承载能力极限状态和正常使用极限状态的要求，位移应根据车桥耦合振动分析列车过桥走行性结果进行确定。

4 单索面部分斜拉桥板桁组合体系传力机理

4.1 主要研究内容

板桁组合结构是由桥面板和桁架共同受力的结构,因为结构具有较好的综合高效性能而成为大多桥梁的选择,所以在目前的桥梁结构中得到越来越广泛的应用。

20 世纪 60 年代,板桁组合结构的发展才开始。德国在 1962 年建造了世界上第一座钢板桁组合结构的公路桥梁 Fu1datal 桥,它是(79.2m + 91.2m + 107.8m + 143.2m + 107.8m + 91.2m + 79.2m)七跨上承式板桁结合连续梁桥。此后,在欧洲及日本等国家的地区在多种桥梁形式中均采用钢板桁组合结构梁,比如加浪特桥(荷兰)、KleveEmmerich 桥(德国)、岩黑岛大桥(日本)和柜石岛大桥(日本),主梁均采用板桁组合结构,我国在 1997 年建成的青马大桥也是板桁组合结构形式的主梁,是公铁两用悬索桥。

然而,钢桁架与正交异性钢板相结合的结构是一种新型结构,应用较少,研究这种新结构的理论还不成熟,各国规范对此也涉及不多,对其受力特性的了解还不全面。重庆东水门长江大桥和千厮门嘉陵江大桥是单索面部分斜拉桥的形式,结构相同,均采用该形式的主梁,全桥采用半漂浮体系,桁架梁构造复杂,各构件应力分布规律不明确,在斜拉索水平分力作用下,桥面板、中纵梁及桁架之间顺桥向应力的分布规律等都是设计应当高度重视的关键问题。板桁组合结构全钢桥作为一种新结构,在斜拉索的作用下,各构件的应力分布特征、索力的传递、其值在各构件的分配特点等都难以确定。同时,随着板桁结合结构斜拉桥的数量增多,掌握结构各构件的受力性能十分必要。

为此,开展了如下工作:

(1)分析研究两片桁与三片桁的受力特点,总结其合理受力体系。

(2)建立施工节段有限元模型,分别对上层桥面板、横梁、上弦杆等构件的传力机理,索力的传递角度,下层桥面板、轨道梁、下弦杆等构件的传力机理展开研究,并为实桥试验的测点布置提供理论依据。

(3)开展实桥架设过程的试验研究,选取 7、8、9 号拉索节段,对桥梁架设过程中构件传力机理进行试验研究,并与有限元模拟计算结果进行对比分析。

4.2 板桁结合桥面板精细化有限元数值分析

选取东水门长江大桥桁架的三个节段,运用有限元软件 Midas FEA 建立模型,进行有限元分析计算。

4.2.1 有限元模型

根据桥梁结构实际尺寸建立模型,模型有三个节段,总长 64m,钢板均选用板单元模拟,Midas FEA 中板单元为 4 节点塑性大应变单元,单元的每个节点均有六个自由度。采用共节点的方法建立钢构件的连接,模型比例采用1:1。模型根据全长划分网格播种尺寸0.1m,建立模型时主要进行相应处理的是板单元共节点,共节点后单元之间连成整体,上层桥面、桁架、下层桥面的各构件均采用共节点,共划分节点339123个,单元349355个。模型如图4.2.1所示。

数值模拟中用到的材料与实桥所用材料相同,其材料特性如表4.2.1所示。

模型材料　　表4.2.1

材　料	弹性模量(MPa)	密度(kg/m^3)
Q345qd	2.06×10^5	7698
Q370qe	2.06×10^5	7698
Q420qe	2.06×10^5	7698

4.2.2 边界条件及荷载工况

1)边界条件

为了有限元模拟数据与实桥试验数据具有可比性,边界条件按实际桥梁情况模拟,边界约束按悬臂设置。边界约束如表4.2.2所示。

边界约束　　表4.2.2

节　点	Dx	Dy	Dz	Rx	Ry	Rz
上层桥面端点	1	1	1	1	1	1
下层桥面端点	1	1	0	1	1	1

模型中边界约束如图4.2.2所示。

图4.2.1　模型轴测图

图4.2.2　模型边界约束

2)荷载工况

本计算是对测试试验的仿真分析,计算结果与实测互相验证和补充,根据现场实际施工流程、现场实际临时荷载以及架桥机及初始张拉索力的情况,确定荷载工况如表4.2.3所示。

荷载工况　　表4.2.3

工　况	描　述
1	7号索张拉完,8号拉索未拉,架桥机在9号索所在截段
2	安装9号后截断,8号拉索拉完,架桥机在9号索所在截段
3	8号索拉完,9号索未拉,架桥机移至9号索后阶段
4	9号索拉完,架桥机在9号索后下阶段

模型中，依次施加了7号拉索的索力、8号拉索的索力、9号拉索的索力以及架桥机四个脚点的压力。索力情况如表4.2.4所示。

第7号、8号、9号索张拉后索力测试结果 表4.2.4

张拉时间 \ 实测值	7号索实测值(kN)	8号索实测值(kN)	9号索实测值(kN)
7号索张拉之后	7392.9	—	—
8号索张拉之后	7930.7	7182.1	—
9号索张拉之后	8123.3	7445.3	7016.6

架桥机重量：前支点2×675kN，后支点2×225kN。

结构工况取8号、9号索张拉前后，构件拼装及荷载工况如图4.2.3～图4.2.6所示。

图4.2.3 模型工况1

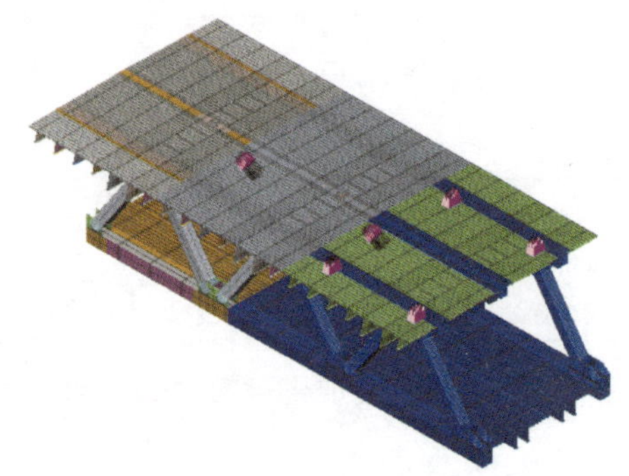

图4.2.4 模型工况2

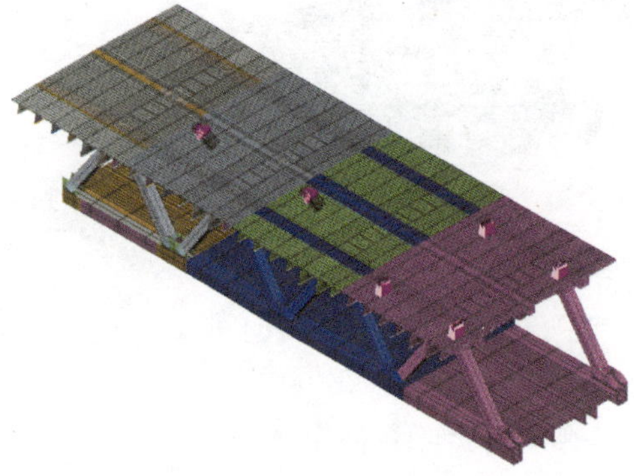

图4.2.5 模型工况3

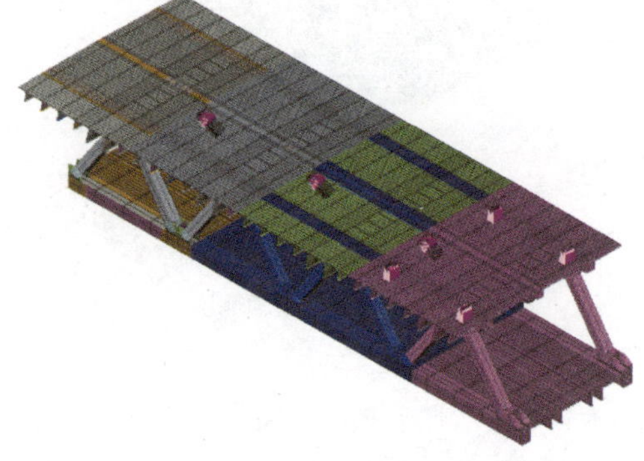

图4.2.6 模型工况4

4.2.3 上层构件的计算结果分析

本书主要关注索力的水平向分布，因此，主要计算分析构件的水平向应力。

1)桥面板的应力分析

(1)桥面板的应力分布

工况1～工况4桥面板的顺桥向Sxx应力分布如图4.2.7～图4.2.10所示。

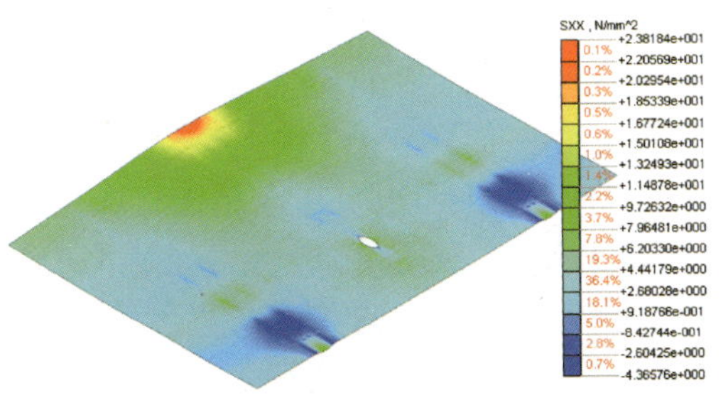

图 4.2.7 工况 1 桥面板的 Sxx 应力云图

图 4.2.8 工况 2 桥面板的 Sxx 应力云图

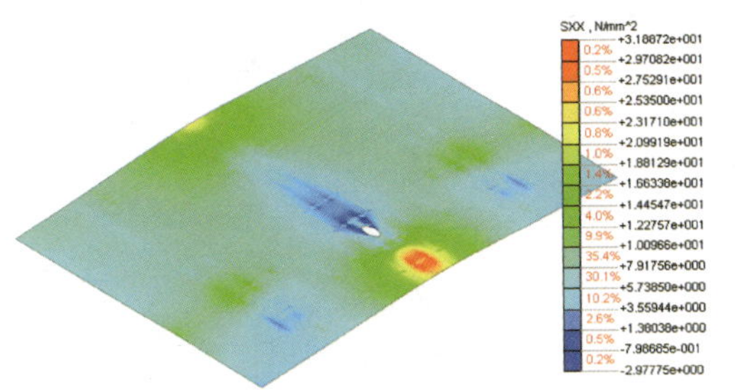

图 4.2.9 工况 3 桥面板的 Sxx 应力云图

图 4.2.10 工况 4 桥面板的 Sxx 应力云图

为了便于分析索力的传递，取 8 号拉索张拉后减去 8 号拉索张拉前的应力值，单独分析拉索荷载的影响。列出 8 号拉索顺桥向距离为 -3 ~6m 的应力，Sxx 的应力变化如图 4.2.11、图 4.2.12所示（以 8 号拉索的索孔中心为原点，以横桥向为 X 轴，8 号—7 号方向为正，8 号—9 号方向为负，应力值为 Y 轴，应力拉为正，压为负）。

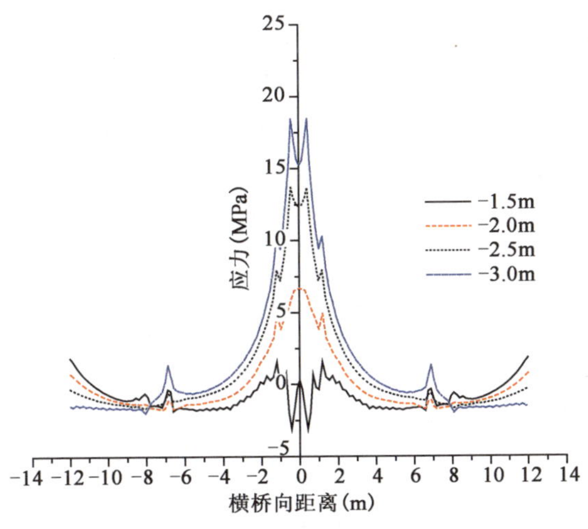

图 4.2.11 8 号索力下的桥面板应力分布 1

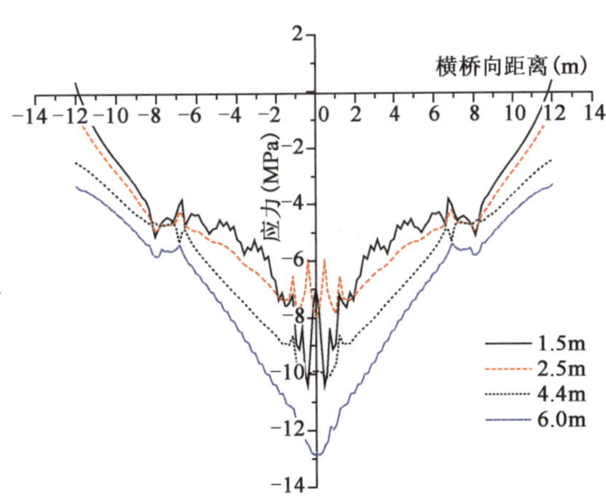

图 4.2.12 8 号索力下的桥面板应力分布 2

从图 4.2.11、图 4.2.12 可以看出，8 号拉索作用下，应力在顺桥向，分布逐渐均匀，拉索索孔后面的位置，桥面均为受拉，距索孔约 3m 处，中纵梁的应力值高达 18.5MPa，以此为中心，应力沿横桥向逐渐减小，纵桥向逐渐减小，距索孔 -1.5m 的位置时，应力值分布较均匀，拉索产生的应力集中消失。拉索索孔前面的位置，桥面均为受压，应力值随距离的增加而增大 1.5m 时中纵梁受压应力较大，应力值向两边逐渐减小，2.5m 位置处中纵梁应力值有所下降，应力分布趋于均匀，而 4.4m 和 6m 应力值已经受前根索的影响，中纵梁应力值较大。

为了进一步分析应力的分布情况，取 9 号拉索张拉前后的相对应力，上层桥面板在拉索作用下的应力值。列出 9 号拉索顺桥向距离为 1.5～22m 的应力，Sxx 的应力分布如图 4.2.13、图 4.2.14 所示（以 8 号拉索的索孔中心为原点，以横桥向为 X 轴，8 号—7 号方向为正，8 号—9 号方向为负，应力值为 Y 轴，应力拉为正，压为负）。

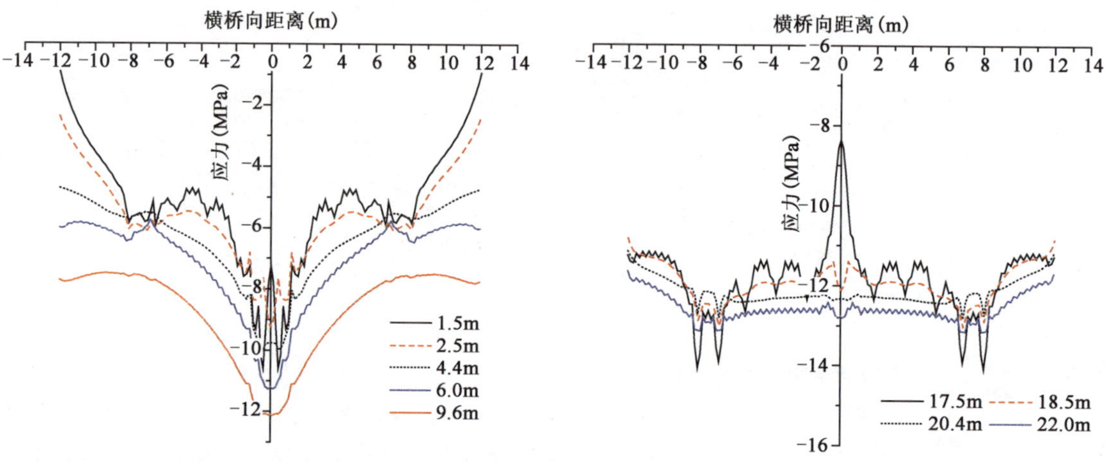

图 4.2.13　9 号索力下的桥面板应力分布 1

图 4.2.14　9 号索力下的桥面板应力分布 2

从图 4.2.11～图 4.2.14 可以看出，8 号拉索和 9 号拉索的应力分布趋势及应力值吻合，9 号拉索作用下桥面板的应力值普遍增大，从结构所受的荷载分析可知其原因是拉索的竖向分力给结构一个附加弯矩，使桥面板的应力在拉索竖向分力的作用下，应力值随距离逐渐增大。桥面板距索孔约 13m 的位置处是前根索（8 号拉索）应力集中的位置，同样可以看到桥面板与中纵梁应力的差值逐渐减小，可以说明应力分布趋于均匀。9 号拉索作用跨过 8 号拉索后，应力分布均匀，在 17.5m 处受 8 号拉索在中纵梁应力集中的影响，分布局部减小，之后应力值分布均匀，而且随距离的增加应力值小幅增大。

（2）应力的传递角度

索力通过锚箱向前向两边分布，在桥面板上可以看到，应力由拉索产生的应力集中中心向四周扩散，为分析其应力扩散角度，取 8 号拉索张拉后减去 8 号拉索张拉前的应力差值为 0 的点，结果显示，节点在桥面板上与 X 轴呈 47°的夹角左右对称分布，形状如图 4.2.15 所示（以 8 号拉索的索孔中心为原点，以横桥向为 X 轴，8 号—9 号方向为正，8 号—7 号方向为负，应力值为 Y 轴，应力拉为正，压为负）。

从图 4.2.15 可以看出，拉索的索力在中心 2m 左右的范围内，距索孔中心约 1.7m，开始传递，向两侧纵向距离增加，幅值较小，横桥向 2m 以外，距离越大，传递向后扩散，扩散角与 X 呈 47°，直至上弦杆，弦杆处索力水平扩散传力。

（3）应力沿顺桥向的分布

应力沿顺桥向的分布，由于结构的对称性，分析其一半，根据上层桥面的构造，分别从桥梁中纵梁中心位置，距离中心位置 3.6m 处的中桥面板等四个位置提取 Sxx 应力。8 号索力作用下 Sxx 应力沿顺桥向分布如图 4.2.16 所示(以 8 号拉索的索孔中心为原点,以顺桥向为 X 轴,8 号—7 号方向为正,8 号—9 号方向为负,Sxx 应力值为 Y 轴,应力拉为正,压为负)。

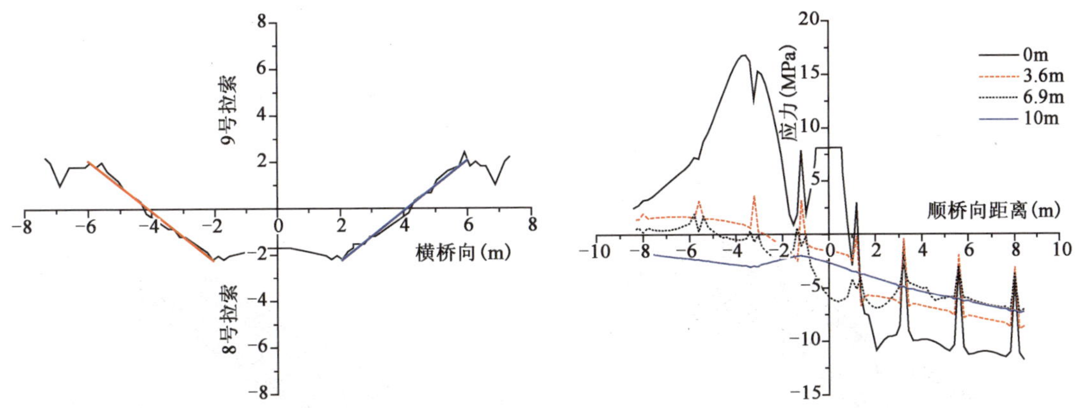

图 4.2.15　索力在桥面板的传递角度

图 4.2.16　桥面板 8 号索力下顺桥向 Sxx 应力分布

从图 4.2.16 中可以看出,8 号索力的作用下,拉索前为压应力,拉索后为拉应力,中纵梁中心位置的顺桥向应力在距离索孔约 3m 的位置处应力最大,向后逐渐减小。受横梁的影响,在横梁位置应力值较小,桥面板的应力值在横梁位置可减小约 10.0MPa。桥面板中间距中 3.6m 和距中 6.9m,应力变化幅度减小,应力值随拉索距离的增加而增加,受横梁影响在拉索之后拉应力局部增加,拉索前压应力局部减小,应力值在横梁位置减小约 5.5MPa。在弦杆之外,桥面板受压应力变化平缓,不受横梁影响,其应力值较小,但随正方向距离的增加,应力值线性增大。

9 号索力作用下 Sxx 应力分布如图 4.2.17 所示(以 8 号拉索的索孔中心为原点,以顺桥向为 X 轴,8 号—7 号方向为正,8 号—9 号方向为负,Sxx 应力值为 Y 轴,应力拉为正,压为负)。

从图 4.2.17 中可以看出,9 号索力的作用下,桥面板受压,中纵梁中心应力值分布均匀,在 8 号索索孔处受拉索的影响,出现拉应力,其值较小,范围仅在中纵梁处,受横梁影响较大,桥面板处应力值在 11.0 ~ 13.8MPa 之间,而在横梁处,应力值在 4.0 ~ 6.9MPa 之间。

桥面板中间距中 3.6m 和距中 6.9m,应力变化幅度小,受横梁影响在拉索之后拉应力局部减小,应力值在横梁位置减小约 6.6MPa,受拉索影响,此处应力分布复杂,变化不一,在弦杆之外,桥面板受压应力变化平缓,不受横梁影响,其应力值较小,但随正方向距离的增加,应力值线性增大。

2)横梁的应力分析

8 号索作用的锚箱横梁横桥向弯曲应力云图如图 4.2.18 ~ 图 4.2.21 所示。

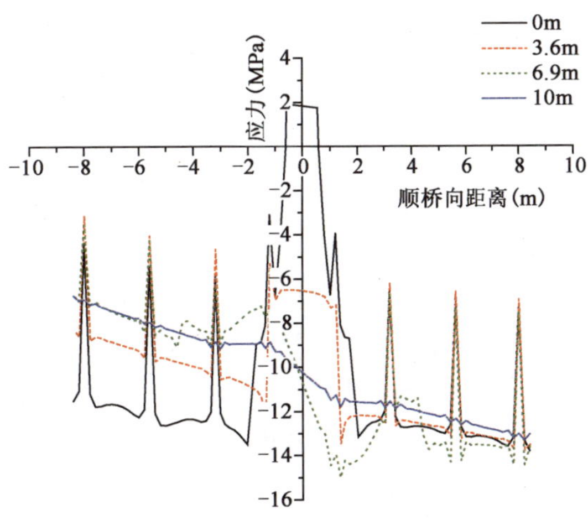

图 4.2.17　桥面板 9 号索力下顺桥向 Sxx 应力分布

从以上应力云图可以看出上层结构构件横梁的应力分布，最大拉应力值在拉索力的位置，横梁的应力分布沿竖向逐渐降低、分布均匀，这说明桥面板、横梁的传力良好。在横梁与桥面板及加劲肋结合的位置，桥面板和加劲肋的应力在横梁位置有局部范围的减小，因为横梁起到内力重分布的作用，使得应力横向均匀分布，从以上应力云图可以看到，8 号拉索张拉之前，拉索横梁锚箱的最大拉应力为 13.11MPa，在锚箱前板的底部，最大压应力为 14.78MPa，在横梁与上弦杆底面相交的位置，横梁卷曲应力较小，分布较均匀。

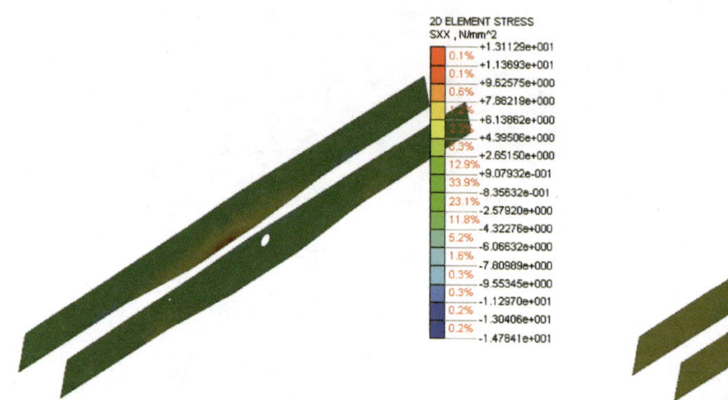

图 4.2.18　工况 1 锚箱横梁弯曲应力云图

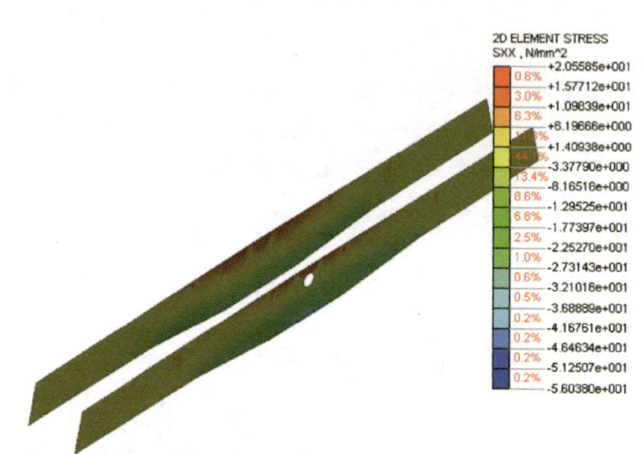

图 4.2.19　工况 2 锚箱横梁弯曲应力云图

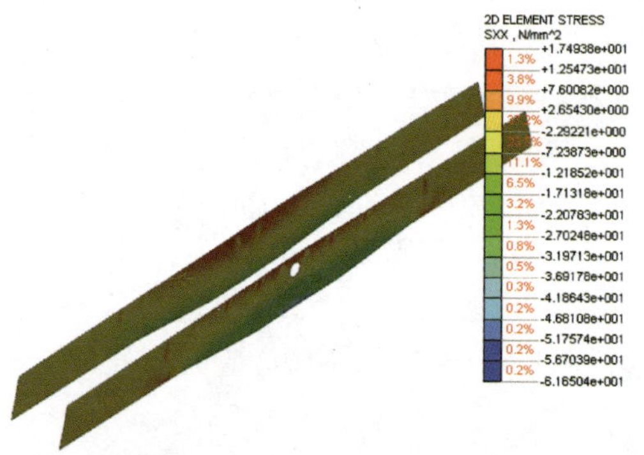

图 4.2.20　工况 3 锚箱横梁弯曲应力云图

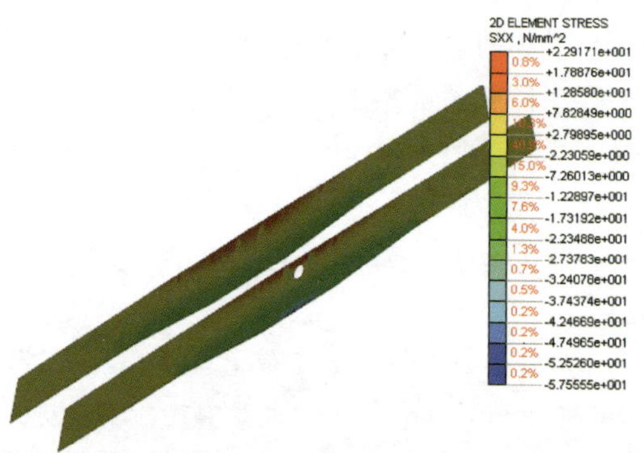

图 4.2.21　工况 4 锚箱横梁弯曲应力云图

8 号拉索张拉之后，锚箱的最大拉应力为 20.42MPa，在横梁与中纵梁顶面相交处，锚箱的最大压应力为 60.46MPa，在锚箱横梁中间下部，横梁卷曲应力由上向下，从拉应力逐渐变为压应力。9 号拉索张拉之前，拉索横梁锚箱的最大拉应力为 17.58MPa，在锚箱前板的底部，最大压应力为 61.95MPa，在横梁与上弦杆底面相交的位置，横梁卷曲应力较小，分布较均匀；9 号拉索张拉之后，锚箱的最大拉应力为 23.85MPa，在横梁与中纵梁顶面相交处，锚箱的最大压应力为 60.02MPa，在锚箱横梁中间下部，横梁卷曲应力由上向下，从正应力逐渐变为负应力，横梁卷曲应力较复杂。

3）中纵梁的应力分析

工况 1 中纵梁的纵桥向应力云图如图 4.2.22 所示，工况 2 中纵梁的纵桥向应力云图如图 4.2.23 所示。

8 号拉索张拉之前中纵梁顶面和底面受拉，应力分布较均匀，侧面则为上下面连接和应力过渡区。8 号拉索张拉之后中纵梁基本受压，顶面拉索前受压，拉索后受拉，底面中间部分受拉，其值较小。由于拉索和构件的重力作用，中纵梁受应力状态较复杂，应力值也较大，有应力集中。

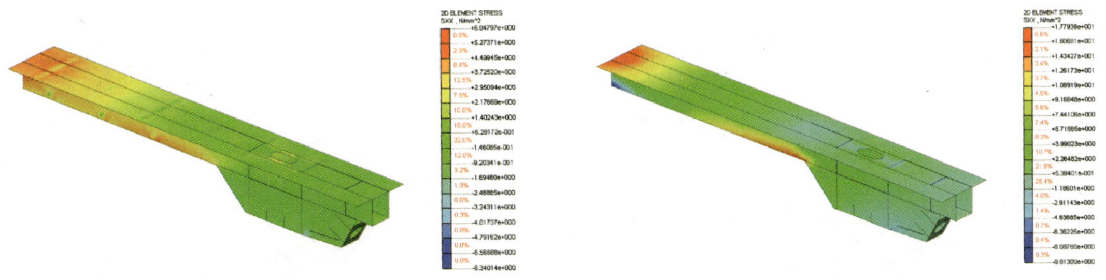

图 4.2.22 工况 1 中纵梁的 Sxx 应力云图　　图 4.2.23 工况 2 中纵梁的 Sxx 应力云图

工况 3 中纵梁的纵桥向应力云图如图 4.2.24 所示，工况 4 中纵梁的纵桥向应力云图如图 4.2.25 所示。

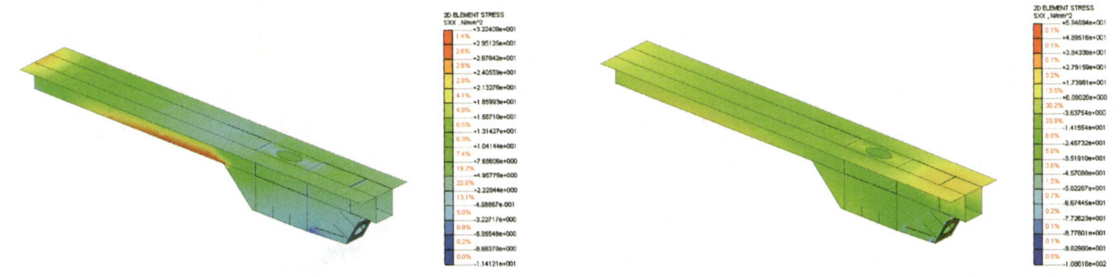

图 4.2.24 工况 3 中纵梁的 Sxx 应力云图　　图 4.2.25 工况 4 中纵梁的 Sxx 应力云图

9 号拉索张拉之前，中纵梁的顶面受压，底面受拉，最大拉应力值为 32.2MPa，最大压应力值为 11.41MPa，在顶面。9 号拉索张拉之后，中纵梁应力主要受压应力，最大压应力值为 100.01MPa，在锚板上，中纵梁的应力值大多在 14.16 MPa。

4）上弦杆的应力分析

上弦杆在各个工况下的应力分布云图如图 4.2.26～图 4.2.29 所示。

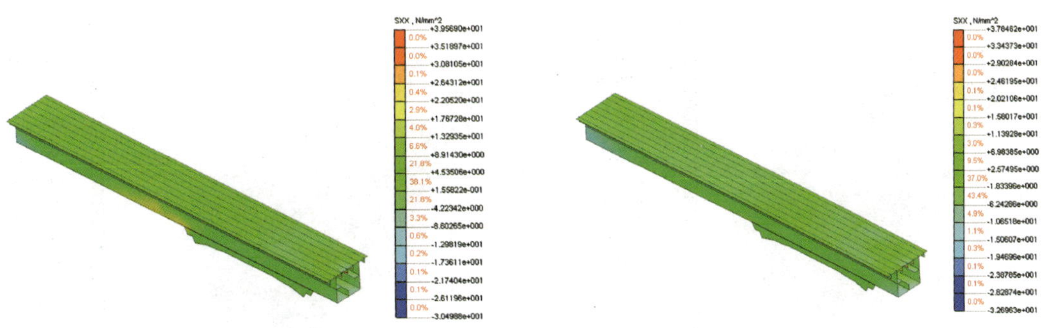

图 4.2.26 工况 1 上弦杆的 Sxx 应力云图　　图 4.2.27 工况 2 上弦杆的 Sxx 应力云图

8 号拉索张拉前上弦杆顶面、底面均受拉，应力分布均匀。拉应力最大为 39.99MPa，在上弦杆底面节点处。8 号拉索张拉之后上弦杆基本处于无应力状态，顶面应力值很小。9 号索张拉前上弦杆受拉，顶面应力分布较均匀，底面在节点处应力值较大，有 21.5MPa 应力集中，节点后局部受压。在 9 号索张拉之后，构件受压，压应力最大 19.9MPa，在 7 号索的节点后外侧，8 号索节点位置，基本处于无应力状态。

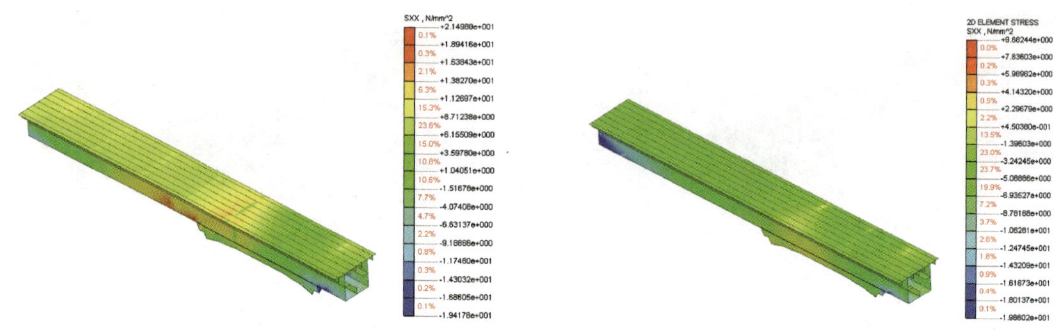

图 4.2.28　工况 3 上弦杆的 Sxx 应力云图　　图 4.2.29　工况 4 的 Sxx 应力云图

应力的变化说明，下弦杆响应拉索的作用需要一定的传递距离，但最终能够很好地传递和承担索力。

5）节点的应力分析

节点在各个工况下的应力分布云图如图 4.2.30 ~ 图 4.2.33 所示。

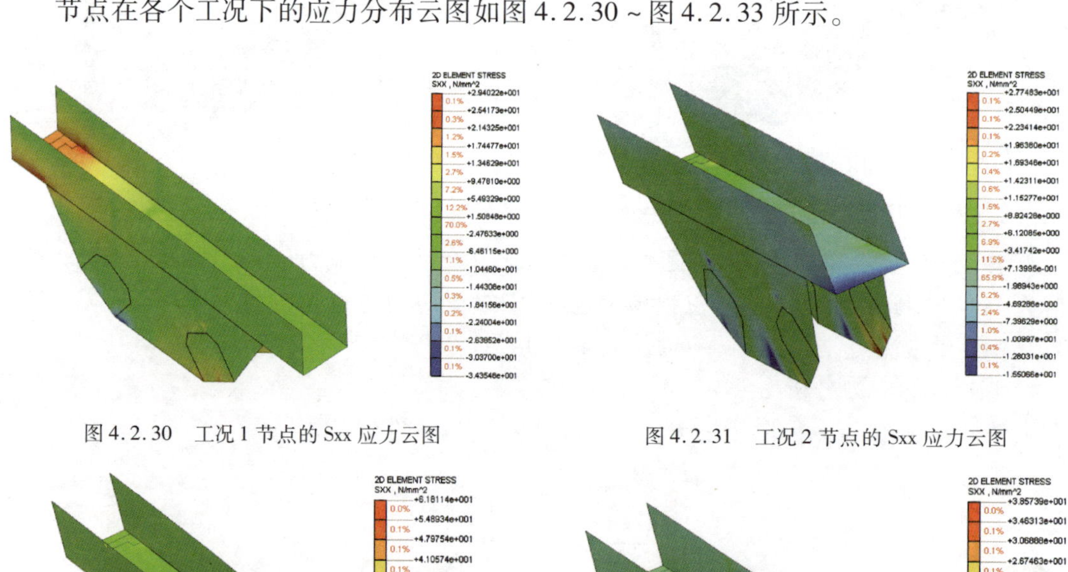

图 4.2.30　工况 1 节点的 Sxx 应力云图　　图 4.2.31　工况 2 节点的 Sxx 应力云图

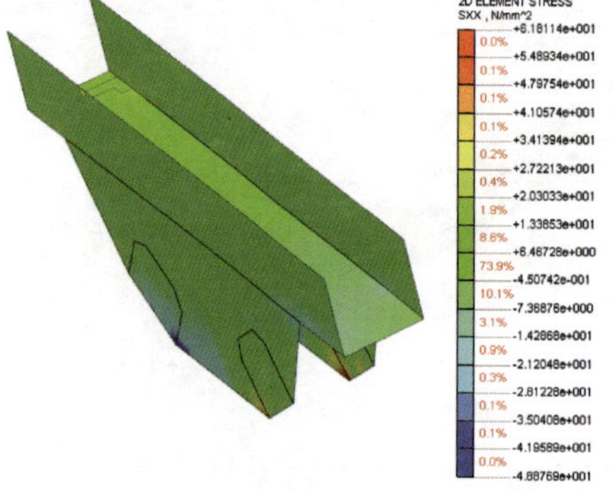

图 4.2.32　工况 3 节点的 Sxx 应力云图

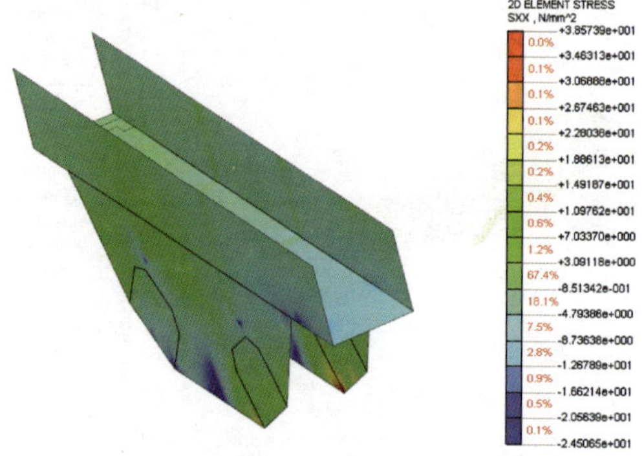

图 4.2.33　工况 4 节点的 Sxx 应力云图

节点上应力分布复杂，构件的厚度是两块螺栓连接板厚度的和，构件的应力值从受压34.4MPa到受拉29.4MPa，8号索张拉后，应力值有所减小，最大值在两弦杆连接的中间，最大拉应力在内侧的连接处。9号索张拉之后，受压最大应力值24.5MPa，受拉最大应力值38.6MPa，最大压应力在弦杆连接的中间，可能是由于构件厚度变化引起的应力集中。

4.2.4 构件的应力分配

有限元计算中通过对上层结构各构件的Sxx应力叠加，计算拉索水平力在各构件的分配情况，由于拉索的水平分力是向索塔的，所以计算向索塔方向与拉索有不同的距离的力。8号索力下，各个构件的水平力如表4.2.5所示。

上层构件8号索力下的水平力分配　　表4.2.5

距8号索孔中心的距离(m)	截　面	桥　面　板	加　劲　肋	中　纵　梁	弦　　杆
1.5	轴力(kN)	-2240.87	-1042.90	-2137.96	-250.36
	占轴力的比例(%)	39.51	18.39	37.69	4.41
3	轴力(kN)	-2495.05	-1264.80	-3461.36	-1624.06
	占轴力的比例(%)	28.21	14.30	39.13	18.36
4.4	轴力(kN)	-2846.02	-1368.13	-3199.31	-1955.05
	占轴力的比例(%)	30.38	14.60	34.15	20.87
5.2	轴力(kN)	-3040.11	-1410.51	-2983.47	-2035.38
	占轴力的比例(%)	32.10	14.90	31.51	21.49
6	轴力(kN)	-3596.27	-1471.75	-2677.72	-1847.42
	占轴力的比例(%)	37.49	15.34	27.91	19.26
9.6	轴力(kN)	-4426.04	-1588.96	-1647.33	-1250.88
	占轴力的比例(%)	49.66	17.83	18.48	14.03
11	轴力(kN)	-4841.00	-1547.83	-1236.43	-1062.89
	占轴力的比例(%)	55.72	17.82	14.23	12.23
12.1	轴力(kN)	-4984.48	-1400.70	-960.31	-863.71
	占轴力的比例(%)	60.72	17.06	11.70	10.52

从图4.2.34可以看出8号拉索在上层桥面结构各构件水平力的分配情况。结构通过设置横桥向的锚箱、横梁等构件进行横向传递，结构的索力在桥面板的分配比例为28.21%~60.72%，为承担水平力最大的构件，其水平力随距离的增大不断增加，而所占的比例先减小后增大，在3m的位置桥面板的比例较小，而在此处由于中纵梁上应力集中，中纵梁的比例最大达到39.13%，中纵梁的水平力仍然呈逐渐增大的趋势，而水平力的比例逐渐减小，承担11.70%~39.13%的水平力，这说明水平力由中纵梁横向分布传递给桥面板。

桥面板的纵向加劲肋，承担14.30%~18.39%水平力，分配比例较稳定。桥面板受力分配比例与加劲肋的分配比例变化趋势相同，变化幅度较小，分担水平力的比例与横梁的位置有关，横梁使各构件的水平力均匀分散。

上弦杆的分配比例在1.5m时较小为4.41%，说明索力传递需要一定的距离，随距离的增加其分配比例先增大后减小,在5.2m时较大为21.49%。拉索索力沿顺桥向往前传递,各构件承担索力随距离的增加而增加,其分配比例在一定的范围内。

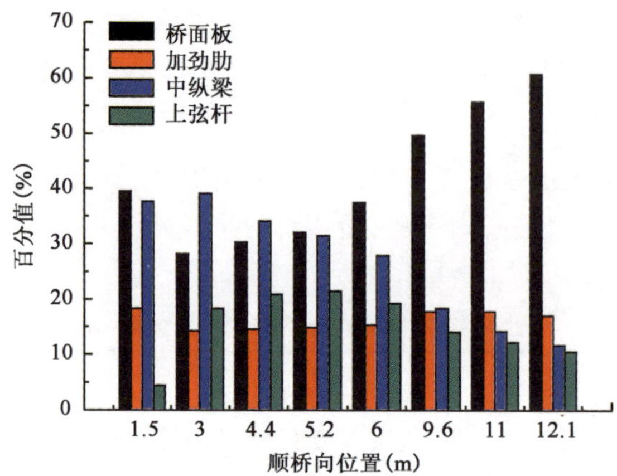

图4.2.34　上层构件8号索力下的水平力分配比例

9号索力下断面上各个构件的顺桥向力和分配比例如表4.2.6所示。

上层构件9号索力下的水平力分配　　表4.2.6

距9号索孔中心的距离(m)	截　面	桥面板	加劲肋	中纵梁	弦　杆
4.4	轴力(kN)	-2948.19	-1394.97	-2364.1	-2410.79
	占轴力的比例(%)	32.33	15.3	25.93	26.44
6	轴力(kN)	-3248.13	-1507.71	-1935.05	-2517.76
	占轴力的比例(%)	35.27	16.37	21.01	27.34
11	轴力(kN)	-4157.91	-1651.22	-1200.46	-1909.33
	占轴力的比例(%)	46.62	18.51	13.46	21.41
12.1	轴力(kN)	-4298.97	-1664.87	-961.23	-1397.02
	占轴力的比例(%)	51.66	20.01	11.55	16.79
17.5	轴力(kN)	-5231.6	-1993.51	-1021.96	-1467.57
	占轴力的比例(%)	53.85	20.52	10.52	15.11
19	轴力(kN)	-5345.42	-2226.06	-1506.88	-3743.24
	占轴力的比例(%)	41.69	17.36	11.75	29.19
20.4	轴力(kN)	-5375.15	-2299.98	-1655.87	-4294.06
	占轴力的比例(%)	39.45	16.88	12.15	31.52
21.2	轴力(kN)	-5454.76	-2327.8	-1674.43	-4553.25
	占轴力的比例(%)	38.93	16.61	11.95	32.5
22	轴力(kN)	-5772.3	-2364.69	-1699.66	-4336.29
	占轴力的比例(%)	40.73	16.68	11.99	30.6
25.6	轴力(kN)	-5893.73	-2429.01	-1777.47	-3725.63
	占轴力的比例(%)	42.63	17.57	12.86	26.95

从图 4.2.35 可以看出 9 号拉索在上层桥面结构各构件水平力的分配情况。分析距离来看,9 号拉索和 8 号拉索的分配比例在相同的距离较吻合,索力在桥面板从 3m 到 17.5m 其分配比例逐渐增加,而 17.5m 后桥面板的分配比例趋于稳定,约占 40%,整个节段分配比例的范围在 28.21% ~60.72%,为承担水平力最大的构件,所占的比例先减小后增大再减小最后趋于稳定。

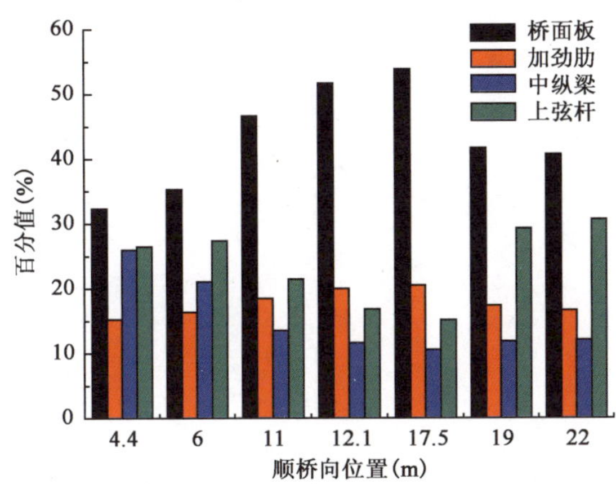

图 4.2.35　上层构件 9 号索力下的水平力分配比例

桥面板的纵向加劲肋,承担 14.30% ~20.52%,分配比例较稳定,变化幅度较小,最后其分配比例约 17%。

中纵梁的比例最大达到 39.13%,中纵梁的水平力仍然呈逐渐增大的趋势,而水平力的比例逐渐减小,在 12% 左右不再有大幅的变化。

上弦杆的分配比例结合两个拉索的分配情况来看,分配比例先增大后减小再增大是波浪变化的。在约 6m、22m 等位置时,比例较大,最高达 32.5%,这些位置是上层节段的中间位置;而在节点的位置,分配比例较小,最小为 10.52%。

从以上各构件承担的水平分力的分析来看,上层结构各构件受力此消彼长,结合 4.2.3.2节对横梁的分析,各构件的受力和分配比例还受到横梁应力重分布的影响,以上结果的位置均避开横梁的位置,消去横梁的影响来分析其分配比例。在横梁的位置构件的应力分布均匀,其分配比例不作为主要分析的结果。

4.2.5　索力的水平分力分析

为了分析索力的水平分力在上层桥面结构的分布和传递,除去索力的竖向分力产生附加弯矩的影响,在 4.1 节模型的基础上,建立新的模型。约束条件不变,加载情况变为:9 号拉索的索力除去竖向分力,只加载水平向分力。计算模型如图 4.2.36 所示(桥面板分析位置如图 4.2.36 所示框线)。

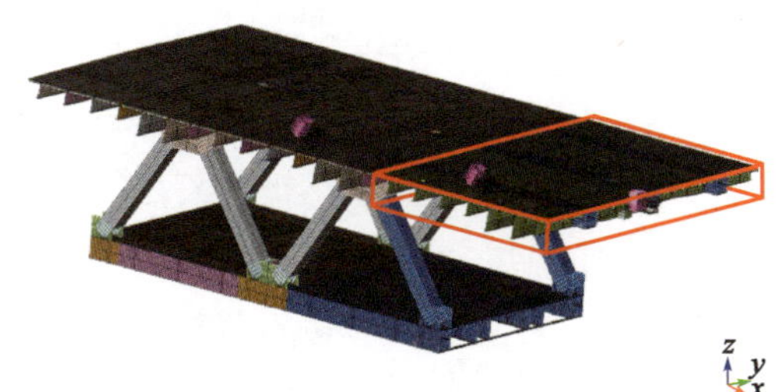

图 4.2.36　计算模型图

提取结果分析拉索的水平向分力的分布和传递,得到桥面板的应力在不同的纵向距离的横向分布如图 4.2.37 和图 4.2.38 所示。

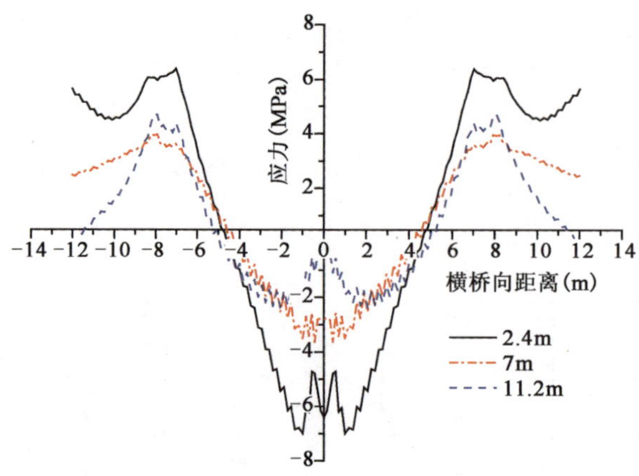

图 4.2.37　水平分力作用下的桥面板应力分布

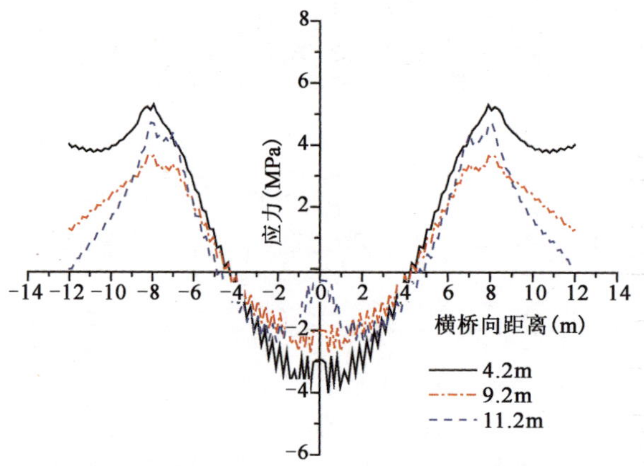

图 4.2.38　水平分力作用下的桥面板应力分布

从以上两个图可以看出,桥面板的应力在中纵梁横桥向两边约 4m 的范围内受压,4m 外更远的距离受拉,说明水平力主要作用在桥面板中纵梁 4m 以内的范围,应力值随着与拉索距离的增大而减小,说明索力的水平分力向前传递,逐渐减小。在 11.2m 处(弦杆结点附近),中纵梁的应力接近 0MPa,说明拉索的水平分力,在本节段由各构件承担传递,在节点处有小部分可以通过节点顺利向下传递,而桥面板一直承担一定的应力值,其值逐渐减小。

4.3　实桥测试试验

测试试验主要针对对结构进行应变测试和温度测试,由于桥梁施工情况复杂,所以,选取既能够反映结构受力情况,又为桥梁实际条件所许可的梁段。所以选取从 7 号拉索到 8 号拉索间的截断进行测试,截断长 16m,上层桥面结构和下层桥面结构布设传感器,测试 7 号拉索张拉之后至 9 号拉索张拉之后施工过程的应变和温度,三个节段桁架,张拉 8 号、9 号两根拉索,实桥测试点区域布设及 7 号、8 号、9 号(从左到右拉)如图 4.3.1 所示。

试验测试主要有以下试验内容:

(1)在上下桥面板布设传感器,测量上下桥面板的顺桥向应力分布特点,研究斜拉索的索力在上下桥面板产生的应力分布规律。

(2)分别针对上下组合桥面板,在钢桥面板、小纵梁(或轨道梁)、主桁弦杆布设顺桥向传感器,测量斜拉索水平分力在各构件间的应力分布大小和规律。

(3)在桁架节点上布设传感器,测量节点处的关键受力部位的应力大小。

(4)将上述测量结果进行分析,明确斜拉索的索力在各构件间的应力分布大小和规律。

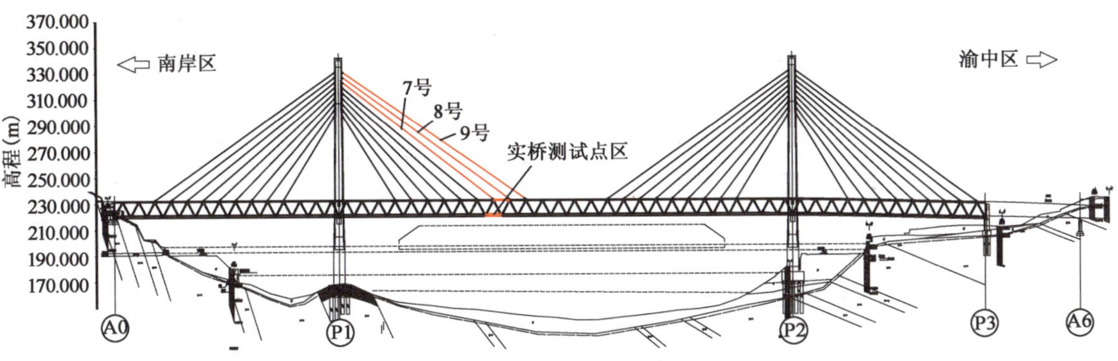

图4.3.1 实桥测点的布设区域

4.3.1 试验概况

试验测试使用JCT-S-02型振弦式表面应变计主要是用于测试结构表面的应变、应力的传感器,如图4.3.2所示。

a)JCT-S-02型振弦式表面应变计

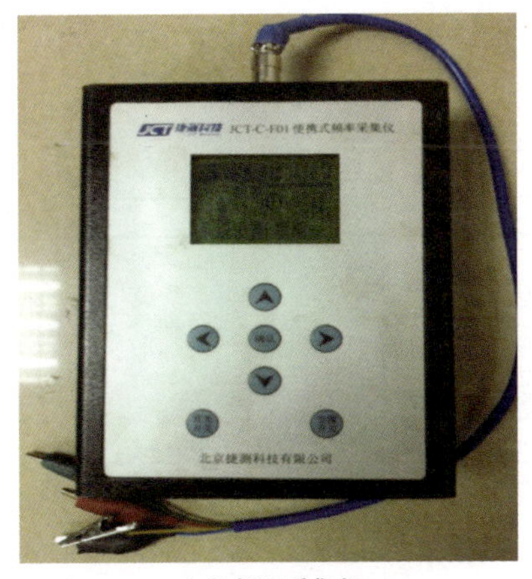

b)应变计采集仪

图4.3.2 应变测试及采集仪器

由于桥面板的对称性,传感器主要布置在1/2桥面板上,桥面板、加劲肋、中纵梁、上弦杆、拉索横梁均设置了测点,位置如图4.3.3~图4.3.5所示。其中TB代表上桥面板的传感器,TL为上桥面板加劲肋的传感器,TZ为中纵梁的传感器,TX为上弦杆上的传感器,HL为拉索横梁的传感器。下桥面板、加劲肋、轨道梁、下弦杆、桁架节点处均设置了测点,位置如图4.3.6、图4.3.7所示。LB为下桥面板的传感器,LL为下桥面板加劲肋的传感器,LG为下桥面轨道梁的传感器,LX为下弦杆的传感器,JD为节点处布置的传感器。

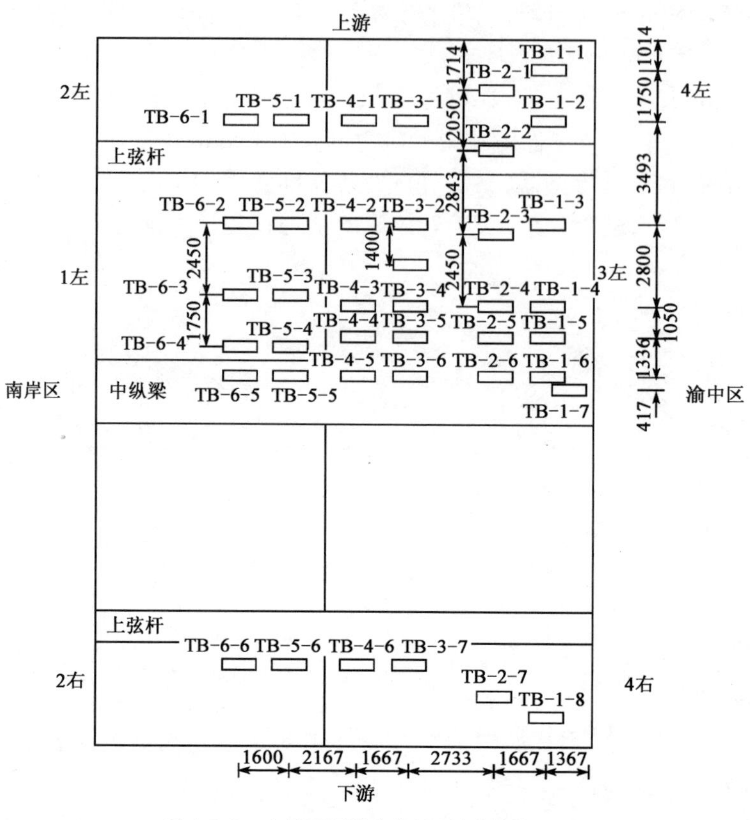

图 4.3.3　上桥面板测点位置(尺寸单位:mm)

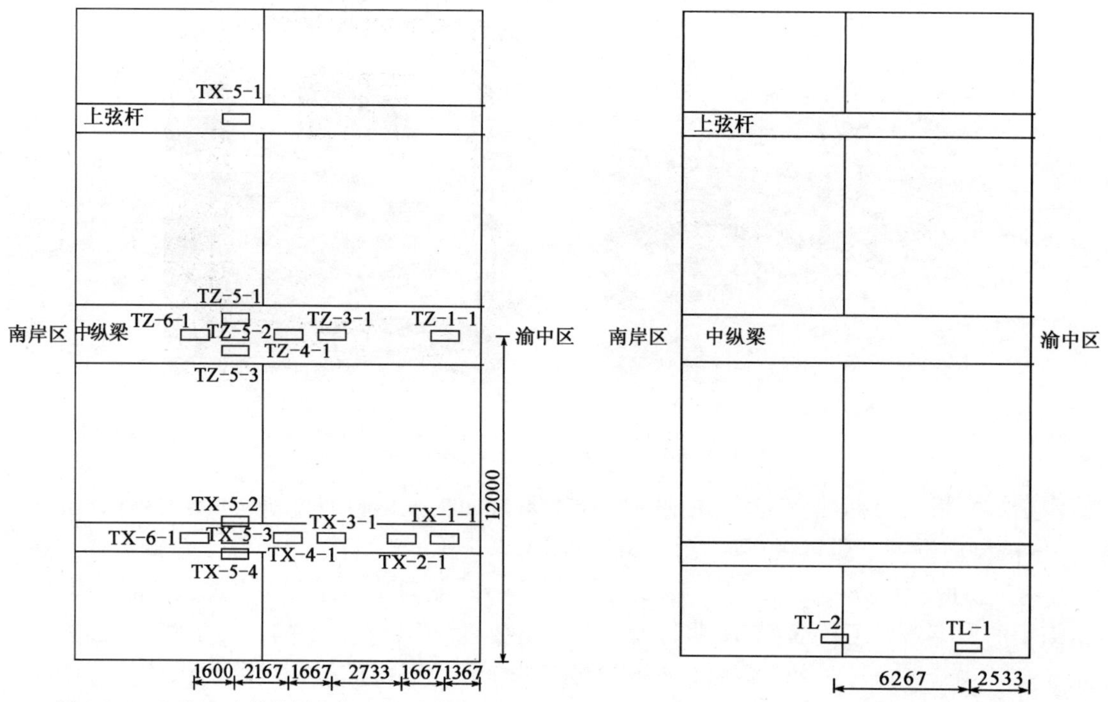

图 4.3.4　上弦杆、中纵梁测点位置(尺寸单位:mm)

图 4.3.5　上桥面加劲肋测点位置(尺寸单位:mm)

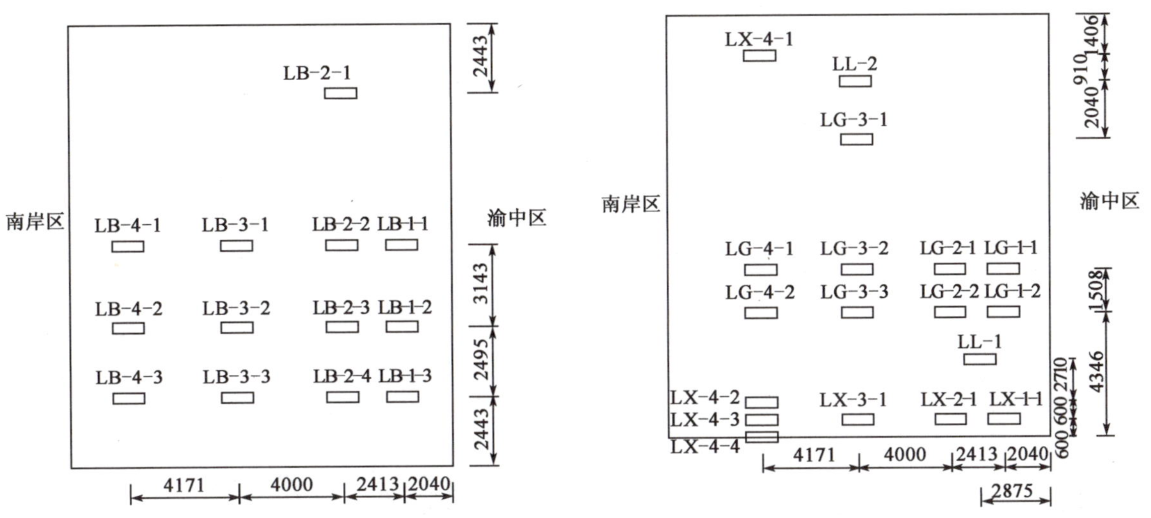

图 4.3.6　下桥面板测点位置(尺寸单位:mm)

图 4.3.7　轨道梁、下弦杆及加劲肋测点位置(尺寸单位:mm)

应变计的安装采用焊接,在节段拼装前,进行传感器安装,如图 4.3.8 所示。

图 4.3.8　各构件传感器安装

测量的施工荷载工况如表4.3.1所示。

试验测量工况 表4.3.1

工况	描述
1	截断安装焊接完,7号索拉完,8号索未拉,架桥机移至8号索后阶段
2	截断安装焊接完,7号索拉完,8号索拉完,架桥机在8号索后阶段
3	截断安装完毕,8号索拉完,9号索未拉,架桥机移至9号索后阶段
4	截断安装完毕,8号索拉完,9号索拉完,架桥机在9号索后下阶段

为了重点分析索力作用下,构件的应力分布和受力特性,所以采集各个荷载工况时尽量避免温度所产生的影响,采集时间一般在早上,数据采集如图4.3.9所示。

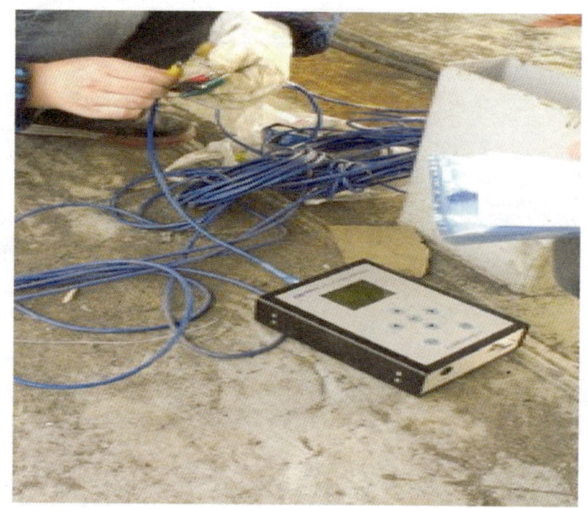

图4.3.9 传感器汇总测量

4.3.2 试验结果

对试验测试得到的数据进行归纳,经过实际测量,得到传感器在各个荷载工况下的值如表4.3.2所示。

传感器测量的温度和频率值 表4.3.2

编号	参数		工况1		工况2		工况3		工况4	
	标定系数 $K(\mu\varepsilon/\mathrm{Hz}^2)$	温度修正系数 K_t $(\mu\varepsilon/℃)$	频率 f_3 (Hz)	温度 T_3 (℃)	频率 f_4 (Hz)	温度 T_4 (℃)	频率 f_5 (Hz)	温度 T_5 (℃)	频率 f_6 (Hz)	温度 T_6 (℃)
TB-1-3	1.25×10^{-3}	0.2	2239.68	6.43	2239.04	8.56	2240.15	15.75	2232.68	18.25
TB-1-4	1.25×10^{-3}	0.2	2147.99	6.18	2149.76	8.25	—	—	—	—
TB-1-5	1.25×10^{-3}	0.2	2136.29	6.87	2139.45	8.43	2142.1	17.43	2130.49	23.12
TB-1-6	1.25×10^{-3}	0.2	1954.12	7	1966.8	8.31	1981.49	16.06	1967.82	20.5
TB-1-8	1.25×10^{-3}	0.2	2087.81	7.18	2085.37	8.87	2124.71	18.12	2117.23	19.31
TB-2-3	1.25×10^{-3}	0.2	2265.37	6.43	2262.8	8.37	2297.61	16.56	2289.24	19
TB-2-4	1.25×10^{-3}	0.2	2366.92	6.56	2366.35	8.31	2394.29	15.68	2384.56	22.37

续上表

编号	参数		工况 1		工况 2		工况 3		工况 4	
	标定系数 $K(\mu\varepsilon/Hz^2)$	温度修正系数 K_t ($\mu\varepsilon$/℃)	频率 f_3 (Hz)	温度 T_3 (℃)	频率 f_4 (Hz)	温度 T_4 (℃)	频率 f_5 (Hz)	温度 T_5 (℃)	频率 f_6 (Hz)	温度 T_6 (℃)
TB-2-5	1.25×10^{-3}	0.2	2599.2	6.56	2598.92	8.25	2620.31	15.87	2611.58	21.87
TB-2-7	1.25×10^{-3}	0.2	1914.3	7.25	1912.25	8.56	1942.05	19.81	1934.93	20.87
TB-3-3	1.25×10^{-3}	0.2	—	—	—	—	728.77	17	700.87	21.68
TB-3-4	1.25×10^{-3}	0.2	—	—	—	—	2084.74	18.37	2073.71	23
TB-3-5	1.25×10^{-3}	0.2	2083.07	6.37	2077.29	8.12	1906.53	19.93	1892.94	22.62
TB-3-6	1.25×10^{-3}	0.2	2139.93	6.62	2128.56	8.18	2148.9	16.18	2139.61	14.31
TB-3-7	1.25×10^{-3}	0.2	2252.46	8.06	2249.48	8.37	2259.33	19.5	2251.41	21.37
TB-4-2	1.25×10^{-3}	0.2	2188.92	5.93	2184.43	8.31	2187.14	20.81	2175.83	23.25
TB-4-3	1.25×10^{-3}	0.2	2320.06	6.37	2314.26	8.37	2321.87	17.87	2311.01	23.62
TB-4-4	1.25×10^{-3}	0.2	2082.27	6.25	2074.1	8.18	2081.48	19	2067.88	23.62
TB-4-5	1.25×10^{-3}	0.2	2042.57	6.12	2032.85	8.18	2055.11	17.06	2043.14	20.12
TB-4-6	1.25×10^{-3}	0.2	2098.97	8.68	2093.35	8.43	2105.55	19.87	2095.54	21.87
TB-5-1	1.25×10^{-3}	0.2	2391.22	6.62	2386.21	8.18	2397.55	15.18	2386.51	20.87
TB-5-2	1.25×10^{-3}	0.2	2253.64	6.12	2246.96	8.37	2253.39	19.56	2242.87	22.06
TB-5-3	1.25×10^{-3}	0.2	2615.66	6.31	2609.4	8.25	—	—	—	—
TB-5-4	1.25×10^{-3}	0.2	2428.21	6.37	2421.25	8.25	2430.98	18.56	2420.48	23.37
TB-5-5	1.25×10^{-3}	0.2	2085.25	6.31	2074.97	8.25	2091.45	17.31	2081.85	20.56
TB-5-6	1.25×10^{-3}	0.2	1986.42	8.31	1981.45	8.18	—	—	—	—
TB-6-1	1.25×10^{-3}	0.2	2364.37	7.37	2359.98	8.31	2373.88	16	2364	21.68
TB-6-2	1.25×10^{-3}	0.2	2283.24	6.43	2277.55	8.43	2282.95	19.62	2271.69	21.43
TB-6-3	1.25×10^{-3}	0.2	2386.92	6.43	2380.13	8.25	2392.42	17.18	2382.33	23.25
TB-6-4	1.25×10^{-3}	0.2	1170.15	6.43	1153.75	8.25	759.7	17.56	721.19	23.62
TB-6-5	1.25×10^{-3}	0.2	2177.18	6.25	2166.66	8.18	2173.75	16.25	2163.02	20.12
TB-6-6	1.25×10^{-3}	0.2	2312.11	8.37	2306.95	8.25	2312.2	20.5	2301.16	19.87
LB-1-1	1.25×10^{-3}	0.2	2033.76	6.68	2035.94	8.93	2036.97	14.31	2041.87	17
LB-1-2	1.25×10^{-3}	0.2	2293.96	6.31	2296.18	8.75	2297.71	13.68	2302.67	15.87
LB-1-3	1.25×10^{-3}	0.2	2222.51	6.43	2226.5	8.87	2209.7	13.62	2216.44	15.5
LB-2-1	1.25×10^{-3}	0.2	2119.08	6.87	2122.42	8.75	2099.43	15	2106.85	17.25
LB-2-2	1.25×10^{-3}	0.2	1947.74	6.68	1949.39	8.75	1943.48	14.25	1949.42	16.43
LB-2-4	1.25×10^{-3}	0.2	1453.03	6.8	1458.19	8.75	1455.66	13.75	1464.52	15.56
LB-3-1	1.25×10^{-3}	0.2	1838.12	6.31	1840.4	8.75	1831.16	14.31	1835.51	16.62
LB-3-2	1.25×10^{-3}	0.2	2084.93	6.31	2086.05	8.56	2074.02	13.75	2079.42	15.05
LB-3-3	1.25×10^{-3}	0.2	2271.61	6.25	2273.77	8.56	2255.53	13.81	2260.27	15.62
LB-4-1	1.25×10^{-3}	0.2	2046.05	6.37	2046.34	8.75	2038.09	14.37	2040.98	16.25

续上表

编号	参数		工况 1		工况 2		工况 3		工况 4	
	标定系数 $K(\mu\varepsilon/Hz^2)$	温度修正系数 K_t $(\mu\varepsilon/℃)$	频率 f_3 (Hz)	温度 T_3 (℃)	频率 f_4 (Hz)	温度 T_4 (℃)	频率 f_5 (Hz)	温度 T_5 (℃)	频率 f_6 (Hz)	温度 T_6 (℃)
LB-4-2	1.25×10^{-3}	0.2	2454.66	6.18	2454.85	8.5	2437.2	13.56	2440.73	15.12
LB-4-3	1.25×10^{-3}	0.2	2248.92	6.31	2248.98	8.62	2264.77	13.68	2268.63	15.12
TX-1-1	1.25×10^{-3}	0.2	—	—	—	—	1225.34	14.18	1223.2	16
TX-2-1	1.25×10^{-3}	0.2	2317.4	6.31	2316	8.81	2298.56	13.56	2296.38	15.25
TX-3-1	1.25×10^{-3}	0.2	2296.95	6.68	2291.97	8.56	2293.91	13.31	2286.54	15.31
TX-4-1	1.25×10^{-3}	0.2	2324.83	7	2315.23	8.5	2313.39	14.25	2301.98	15.93
TX-5-1	1.25×10^{-3}	0.2	2121.77	6.37	2111.38	8.43	2132.91	14.43	2118.6	16.37
TX-5-3	1.25×10^{-3}	0.2	—	—	—	—	2224.87	15.81	2210.54	17.93
TX-5-4	1.25×10^{-3}	0.2	2228.32	6.75	2219.13	8.62	2127.83	16.43	2113.33	16.62
TX-6-1	1.25×10^{-3}	0.2	2287.24	7.18	2277.97	8.62	2281.27	15.12	2267.7	16.12
TZ-3-1	1.25×10^{-3}	0.2	2143.03	6.37	2124.32	8.31	2126.74	13.06	2121.73	14.93
TZ-4-1	1.25×10^{-3}	0.2	2204.39	6.25	2180.03	8.43	2164.95	14.31	2156.06	16.06
TZ-5-2	1.25×10^{-3}	0.2	1678.67	6.43	1655.63	8.5	1653.45	14.68	1640.05	16.12
TZ-6-1	1.25×10^{-3}	0.2	2315.12	6.56	2299.53	8.56	2310.25	14.75	2298.83	16.37
TZ-5-1	1.25×10^{-3}	0.2	1917.47	6	1898.36	8.31	1913.91	15.43	1902.27	17.43
TZ-5-3	1.25×10^{-3}	0.2	2140.34	6.81	2126.37	8.25	2134.36	14.93	2122.81	17.06
LG-1-2	1.25×10^{-3}	0.2	2036.61	6.56	2037.54	8.87	2029.64	13.37	2031.9	15.12
LG-2-2	1.25×10^{-3}	0.2	1895.44	6.62	1898.82	8.75	1870.18	13.25	1878.73	15.06
LG-3-2	1.25×10^{-3}	0.2	2382.63	6.37	2386.15	8.68	2376.76	13.25	2383.44	15
LG-3-3	1.25×10^{-3}	0.2	2358.27	6.37	2361.99	8.8	—	—	—	—
LG-4-1	1.25×10^{-3}	0.2	—	—	—	—	2433.51	13.25	2433.07	14.81
LG-4-2	1.25×10^{-3}	0.2	2576.51	6.25	2579.98	8.68	2560.11	13.06	2568.19	14.56
LG-3-1	1.25×10^{-3}	0.2	2241.94	6.62	2245.48	8.81	—	—	—	—
LX-1-1	1.25×10^{-3}	0.2	2242.27	6.93	2245.06	8.93	2203.73	13.75	2212.02	15.25
LX-2-1	1.25×10^{-3}	0.2	2153.2	6.62	2156.53	8.68	2113.87	13.68	2124.67	15.25
LX-3-1	1.25×10^{-3}	0.2	2057.13	6.56	2065.9	8.75	2033.87	13.68	2046.2	15.25
LX-4-3	1.25×10^{-3}	0.2	2024.68	6.56	2035.45	8.75	2004.52	13.37	2019.05	14.93
LX-4-1	1.25×10^{-3}	0.2	1846.02	6.81	1853.41	8.81	1819.38	14.12	1838.41	15.5
LX-4-2	1.25×10^{-3}	0.2	2095.49	6.37	2101.75	8.56	2074.44	12.62	2089.93	14.31
LX-4-4	1.25×10^{-3}	0.2	—	—	—	—	1950.88	14.18	1959.86	15.62
TL-2	1.25×10^{-3}	0.2	—	—	—	—	2251.23	16.87	2239.99	17.5
LL-1	1.25×10^{-3}	0.2	2323.58	6.43	2326.88	8.87	2317.25	13.68	2321.44	15.5
LL-2	1.25×10^{-3}	0.2	—	—	—	—	2241.98	15.31	2247.72	17.12
JD-1	1.25×10^{-3}	0.2	2049.26	7.31	2046.16	8.56	2042.94	14.87	2037.28	16.12
JD-3	1.25×10^{-3}	0.2	1878.44	6.93	1873.62	8.68	1894.75	14.75	1888.39	16.18
JD-4	1.25×10^{-3}	0.2	2037.92	7.18	2039.39	8.75	—	—	—	—

计算[运用公式：$\varepsilon = k(f_i^2 - f_0^2) + K_T(T_i - T_0)$]各构件传感器的应力应变，汇总如表4.3.3所示。

传感器实测应力应变 表4.3.3

编号	位置（m）	工况2—工况1		工况4—工况3	
		应变(με)	应力(MPa)	应变(με)	应力(MPa)
TB-1-3	5.74	-3.58	-0.75	-41.77	-8.77
TB-1-4	2.94	9.51	2	—	—
TB-1-5	1.89	16.89	3.55	-62.01	-13.02
TB-1-6	0.56	62.15	13.05	-67.48	-14.17
TB-1-8	-10.99	-12.73	-2.67	-39.66	-8.33
TB-2-3	5.39	-14.55	-3.05	-47.99	-10.08
TB-2-4	2.94	-3.37	-0.71	-58.12	-12.21
TB-2-5	1.89	-1.82	-0.38	-57.09	-11.99
TB-2-7	-10.29	-9.81	-2.06	-34.51	-7.25
TB-3-3	4.34	—	—	-49.86	-10.47
TB-3-4	1.89	—	—	-57.33	-12.04
TB-3-5	2.94	-30.06	-6.31	-64.54	-13.55
TB-3-6	0.56	-60.67	-12.74	-49.8	-10.46
TB-3-7	-9.24	-16.77	-3.52	-44.66	-9.38
TB-4-2	5.74	-24.55	-5.15	-61.68	-12.95
TB-4-3	2.94	-33.6	-7.06	-62.89	-13.21
TB-4-4	1.89	-42.45	-8.91	-70.54	-14.81
TB-4-5	0.56	-49.52	-10.4	-61.32	-12.88
TB-4-6	-9.24	-29.45	-6.18	-52.57	-11.04
TB-5-1	9.24	-29.92	-6.28	-66.02	-13.86
TB-5-2	5.74	-37.58	-7.89	-59.13	-12.42
TB-5-3	3.29	-40.89	-8.59	—	—
TB-5-4	1.54	-42.19	-8.86	-63.68	-13.37
TB-5-5	0.56	-53.46	-11.23	-50.08	-10.52
TB-5-6	-9.24	-24.65	-5.18	—	—
TB-6-1	9.24	-25.92	-5.44	-58.51	-12.29
TB-6-2	5.74	-32.44	-6.81	-64.11	-13.46
TB-6-3	3.29	-40.46	-8.5	-60.22	-12.65
TB-6-4	1.54	-47.64	-10	-71.29	-14.97
TB-6-5	0.56	-57.12	-12	-58.17	-12.22
TB-6-6	-9.24	-29.79	-6.26	-63.66	-13.37
LB-1-1	1.2	11.09	2.33	24.98	5.25

续上表

编号	位置（m）	工况2—工况1		工况4—工况3	
		应变(με)	应力(MPa)	应变(με)	应力(MPa)
LB-1-2	-1.94	12.74	2.67	28.52	5.99
LB-1-3	-4.44	22.19	4.66	37.29	7.83
LB-2-1	4.44	17.71	3.72	39.01	8.19
LB-2-2	1.2	8.04	1.69	28.9	6.07
LB-2-4	-4.44	18.78	3.94	32.34	6.79
LB-3-1	1.2	10.48	2.2	19.94	4.19
LB-3-2	-1.94	5.84	1.23	28.04	5.89
LB-3-3	-4.44	12.27	2.58	26.76	5.62
LB-4-1	1.2	1.48	0.31	14.74	3.09
LB-4-2	-1.94	1.17	0.24	21.52	4.52
LB-4-3	-4.44	0.34	0.07	21.87	4.59
TX-1-1	1.37	—	—	-6.55	-1.38
TX-2-1	3.03	-8.11	-1.7	-12.52	-2.63
TX-3-1	5.77	-28.57	-6	-42.2	-8.86
TX-4-1	7.44	-55.68	-11.69	-65.83	-13.82
TX-5-1	9.61	-54.98	-11.55	-76.05	-15.97
TX-5-3	9.61	—	—	-79.45	-16.68
TX-5-4	9.61	-51.09	-10.73	-76.87	-16.14
TX-6-1	11.21	-52.9	-11.11	-77.16	-16.2
TZ-3-1	5.77	-99.8	-20.96	-26.61	-5.59
TZ-4-1	7.44	-133.51	-28.04	-48.02	-10.08
TZ-5-2	9.61	-96.03	-20.17	-55.17	-11.58
TZ-6-1	11.21	-89.93	-18.88	-65.79	-13.82
TZ-5-1	9.61	-91.15	-19.14	-55.53	-11.66
TZ-5-3	9.61	-74.51	-15.65	-61.46	-12.91
LG-1-2	2.04	4.74	0.99	11.47	2.41
LG-2-2	4.45	16.03	3.37	40.07	8.41
LG-3-2	8.45	20.98	4.41	39.75	8.35
LG-3-3	8.45	21.95	4.61	—	—
LG-4-1	12.62	—	—	-2.68	-0.56
LG-4-2	12.62	22.37	4.7	51.8	10.88
LG-3-1	8.45	19.86	4.17	—	—
LX-1-1	2.04	15.65	3.29	45.76	9.61
LX-2-1	4.45	17.94	3.77	57.22	12.02
LX-3-1	8.45	45.2	9.49	62.88	13.21

续上表

编　　号	位　置　(m)	工况 2—工况 1		工况 4—工况 3	
		应变(με)	应力(MPa)	应变(με)	应力(MPa)
LX-4-3	12.62	54.66	11.48	73.08	15.35
LX-4-1	12.62	34.17	7.18	87.01	18.27
LX-4-2	12.62	32.84	6.9	80.63	16.93
LX-4-4	12.62	—	—	43.9	9.22
TL-2		—	—	-63.1	-13.25
LL-1		19.18	4.03	24.3	5.1
LL-2		—	—	32.21	6.76
JD-1		-15.87	-3.33	-28.87	-6.06
JD-3		-22.61	-4.75	-30.08	-6.32
JD-4		7.49	1.57	—	—

(1)上层桥面板的应力分布

上层桥面在 8 号索力下实际测得的顺桥向应力如图 4.3.10 所示。

9 号索力下实际测得的顺桥向应力如图 4.3.11 所示。

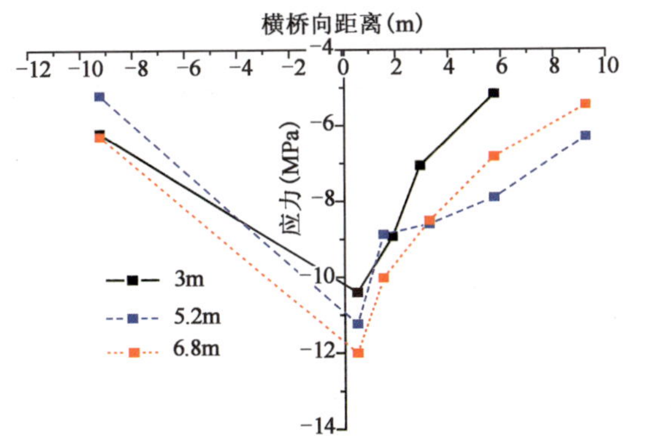

图 4.3.10　上层桥面板顺桥向应力分布

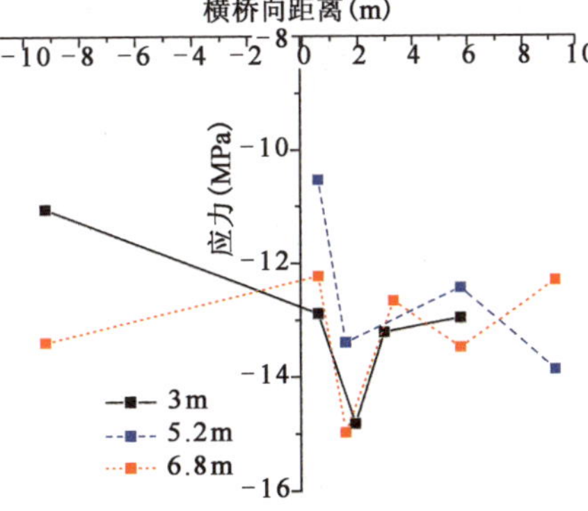

图 4.3.11　上层桥面板顺桥向应力分布

从图 4.3.10、图 4.3.11 可以看出,桥面板受压,受拉索的影响越靠近中纵梁,应力值增大,在 8 号拉索的作用下 -3 ~ 1.4m 的应力分布趋势大体相同,应力值有所减小。总体可以看出,中纵梁受索力较大。

9 号索作用下,应力的分布较均匀,趋势与 8 号索作用相同,证明应力的分布趋势可以说明桥面板的真实应力分布,应力值有所增加,增加幅度约 3MPa,而在 3 ~ 6.8m 的位置,应力值的分布较均匀,中纵梁和桥面板的应力值差不大,反而在桥面板中心偏 2m 处应力值局部增大,但总体可以看出应力值随距离的增加而增大。

桥梁纵向的应力由于受到拉索竖向分力的作用,产生附加弯矩,使应力值逐渐增大,但是其分布趋势是越来越均匀,可以看到索力能够有效地向两侧分布。

(2)上弦杆、中纵梁应力分布

拉索作用下上弦杆的顺桥向应力如图 4.3.12 所示。

中纵梁的顺桥向应力如图 4.3.13 所示。

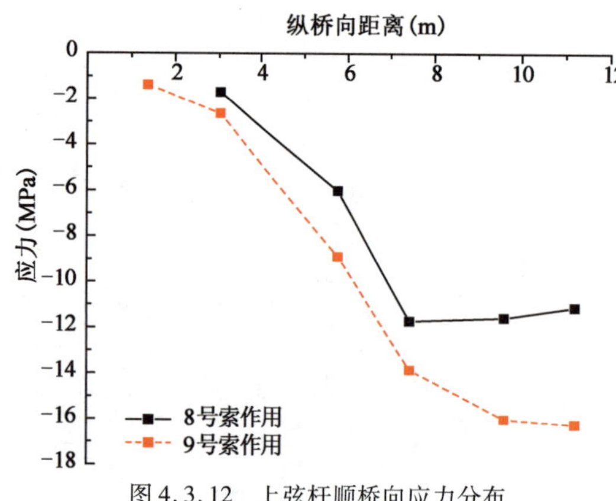

图 4.3.12　上弦杆顺桥向应力分布

注:以上桥面节点中心为原点;以顺桥向距离为 X 坐标(8 号—9 号方向为正);以顺桥向应力为 Y 坐标,应力拉为正,压为负

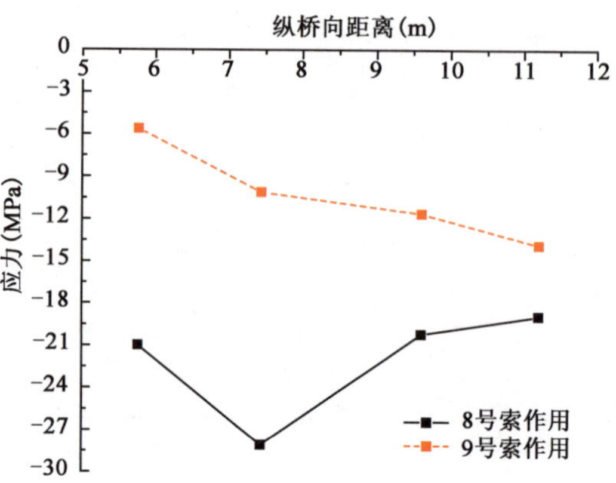

图 4.3.13　中纵梁顺桥向应力分布

注:以桥面中纵梁上 8 号拉索的索孔中心为原点;以顺桥向距离为 X 坐标(8 号—9 号方向为正);以顺桥向应力为 Y 坐标,应力拉为正,压为负

由图 4.3.12 可以看出,上弦杆受压,应力值随着距离的增加而增加,最后趋于平稳, 8 号与 9 号索作用下应力分布趋势相同。

由图 4.3.13 可以看出,8 号索作用下,中纵梁应力值较大,距离索孔 7.5m 处应力值高达 28MPa,之后逐渐降低。9 号索作用距测量节段较远,应力值分布较均匀,随距离的增加应力值有所增加但增幅较小。

(3)下层桥面板应力分布

下层桥面 8 号、9 号索作用下的顺桥向应力沿横向分布分别如图 4.3.14、图 4.3.15 所示。

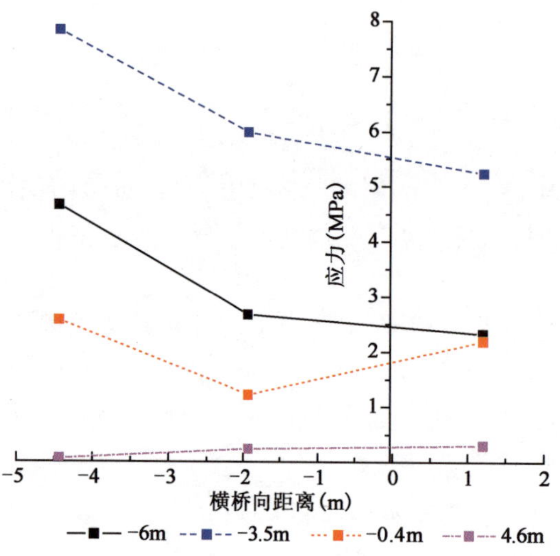

图 4.3.14　下桥面板 8 号索力的顺桥向应力分布

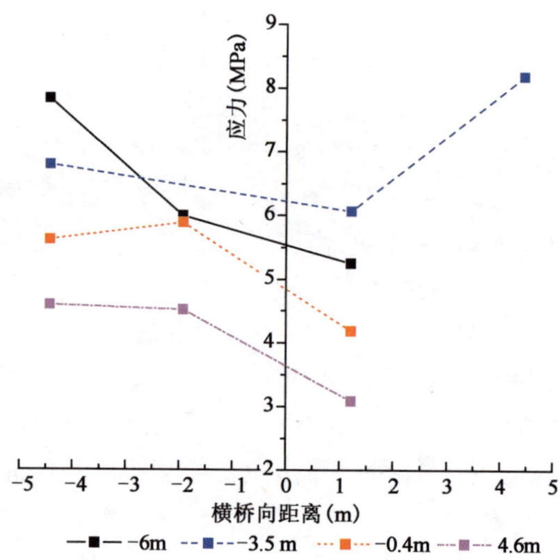

图 4.3.15　下桥面板 9 号索力的顺桥向应力分布

注:以桥面中心为原点;横桥向距离为 X 坐标;以顺桥向应力为 Y 坐标,应力拉为正,压为负

从以上两图可以看出,下层桥面板受拉,分析是由于拉索的初始拉力较小,而且结构受重力作用的影响。应力分布较均匀,从 -6m 到 -3.5m 应力值增加,从 -3.5m 到 4.6m 应力值逐渐减小, 4.6m 位置后应力值很小,其影响基本可以忽略,应力值分布为桥面中间应力值偏小。两拉索作用下应力变化趋势相似,随距离的增加先增大后减小,9 号索作用下的应力值有所增加,但分布较均匀。说明拉索的索力要通过腹弦杆,对下桥面板产生的影响较小,拉索力主要分布在上层结构的各构件。

(4)轨道梁、下弦杆的应力分布

轨道梁的顺桥向应力如图 4.3.16 所示。

下弦杆的顺桥向应力如图 4.3.17 所示。

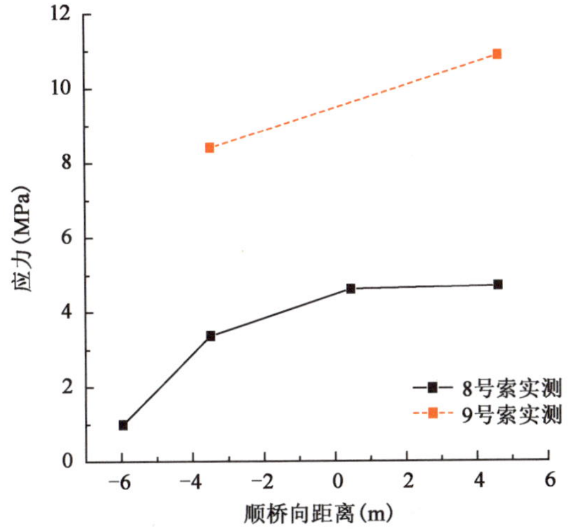

图 4.3.16 轨道梁的顺桥向应力分布

注:以上桥面节点中心为原点;顺桥向为 X 坐标(8 号—9 号方向为正);以顺桥向应力为 Y 坐标,应力拉为正,压为负

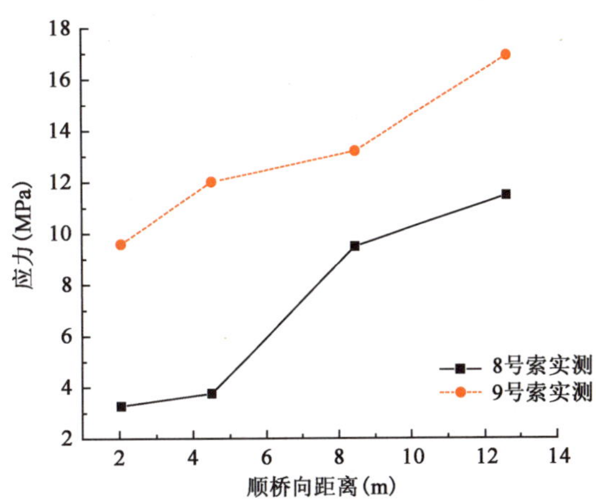

图 4.3.17 下弦杆的顺桥向应力

注:以上桥面节点中心为原点;顺桥向为 X 坐标(8 号—9 号方向为正);以顺桥向应力为 Y 坐标,应力拉为正,压为负

从图 4.3.17 可以看出,轨道梁受拉,应力值较小,随着距离的增加而增加,最后趋于平稳, 8 号与 9 号索作用下应力分布趋势相同,9 号索作用下应力值有所增加。应力变化与桥面板的应力变化一样,随距离的增加,在 4 ~ 8m 内,应力值增加较快,9 号拉索作用的应力值较大。下层构件中,由于下弦杆与腹弦杆相连,所以她的应力值较大,其他应力值变化较小。

从以上结果分析中可以看出,8 号拉索的作用和 9 号拉索的作用在相同的位置纵桥向应力分布形状基本相同,但数值上存在一定的规律性,而这种规律性表现为 9 号拉索作用下,构件的应力值增大,而实测的结果受实桥施工现场物体临时放置等因素引起,误差是不可避免的。但应力值基本反映结构的受力状态。

4.3.3 实测与模拟数据对比分析

本节将板桁结合各构件的试验结果和计算结果进行比较。在试验中,主要测量了 8 号拉索、9 号拉索张拉前后的各构件的数据,选取对应工况下的理论计算值比较,取各测点断面的各构件顺桥向应力分别进行比较(图 4.3.18 ~ 图 4.3.21)。

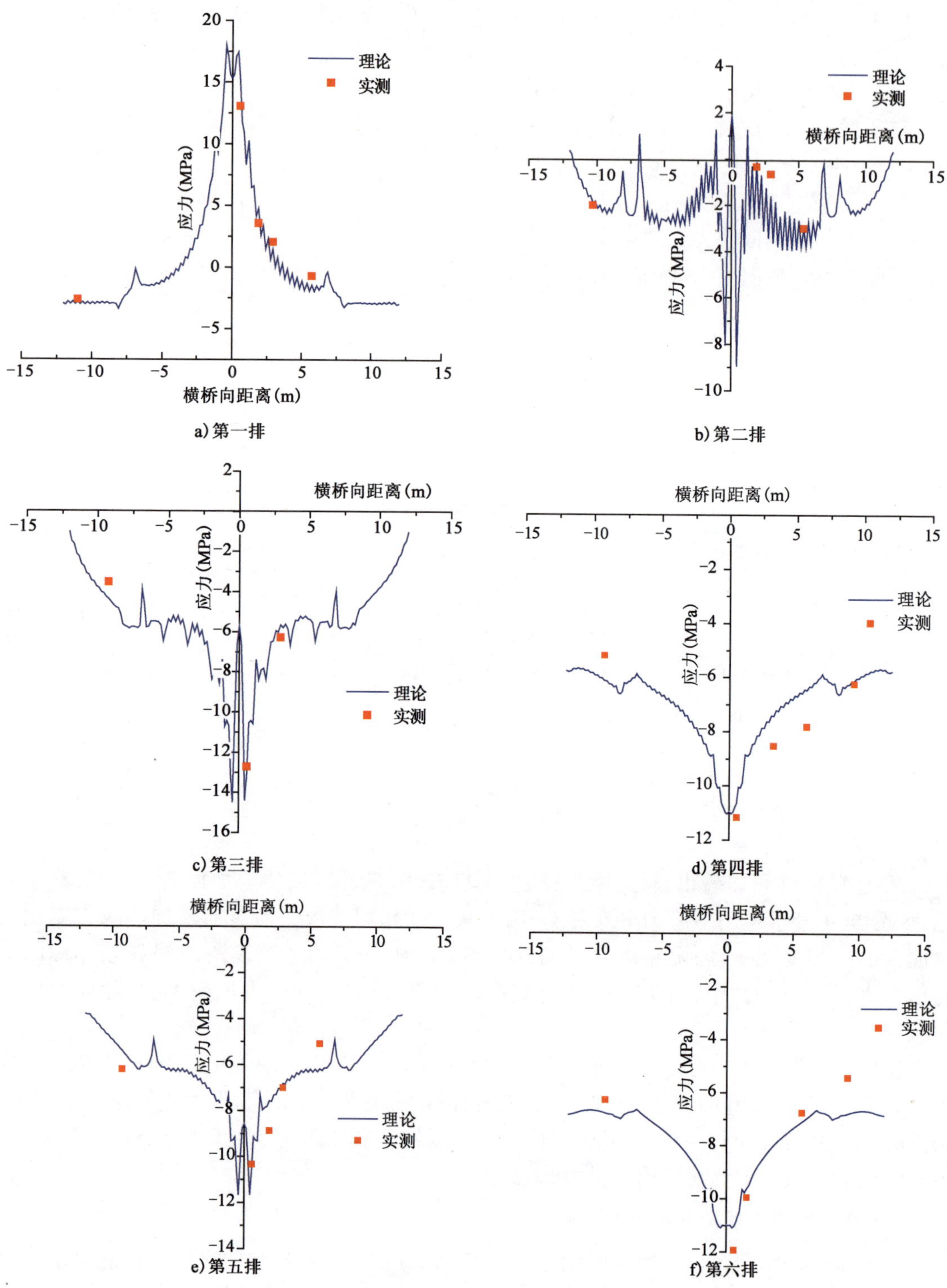

图 4.3.18　上层桥面板 8 号索力下的计算值与试验值应力比较

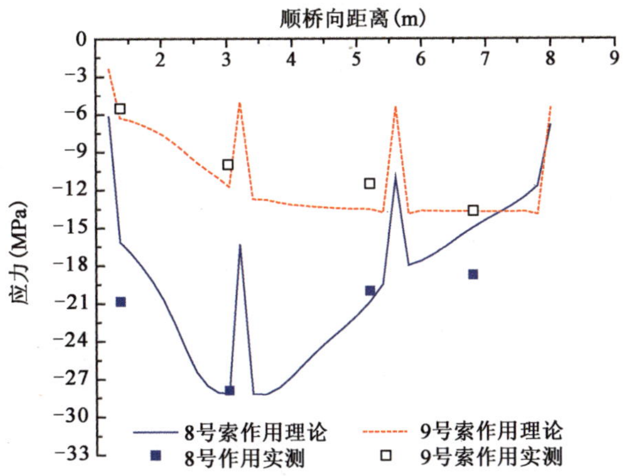

图4.3.19 中纵梁的计算值与试验值应力比较

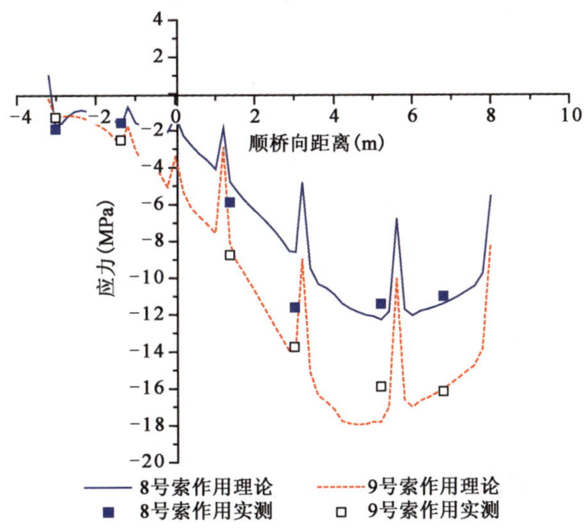

图4.3.20 上弦杆的计算值与试验值应力比较

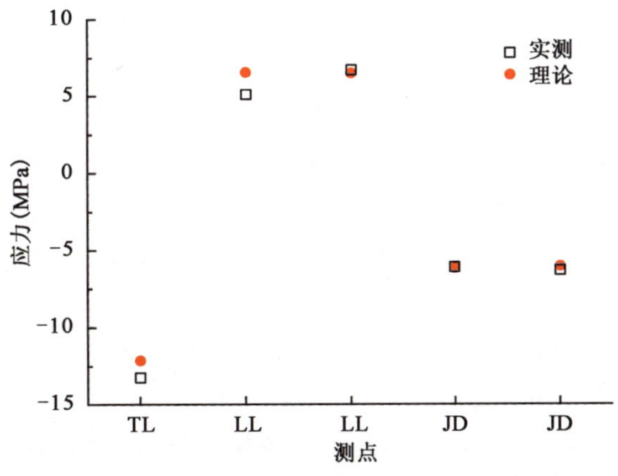

图4.3.21 节点9号索力下的计算值与试验值应力比较

对下层桥面应力值，进行实测结果和计算结果的比较，取各测点的应力进行比较，8 号索力作用下下层桥面板应力对比如图 4.3.22 ~ 图 4.3.24 所示。

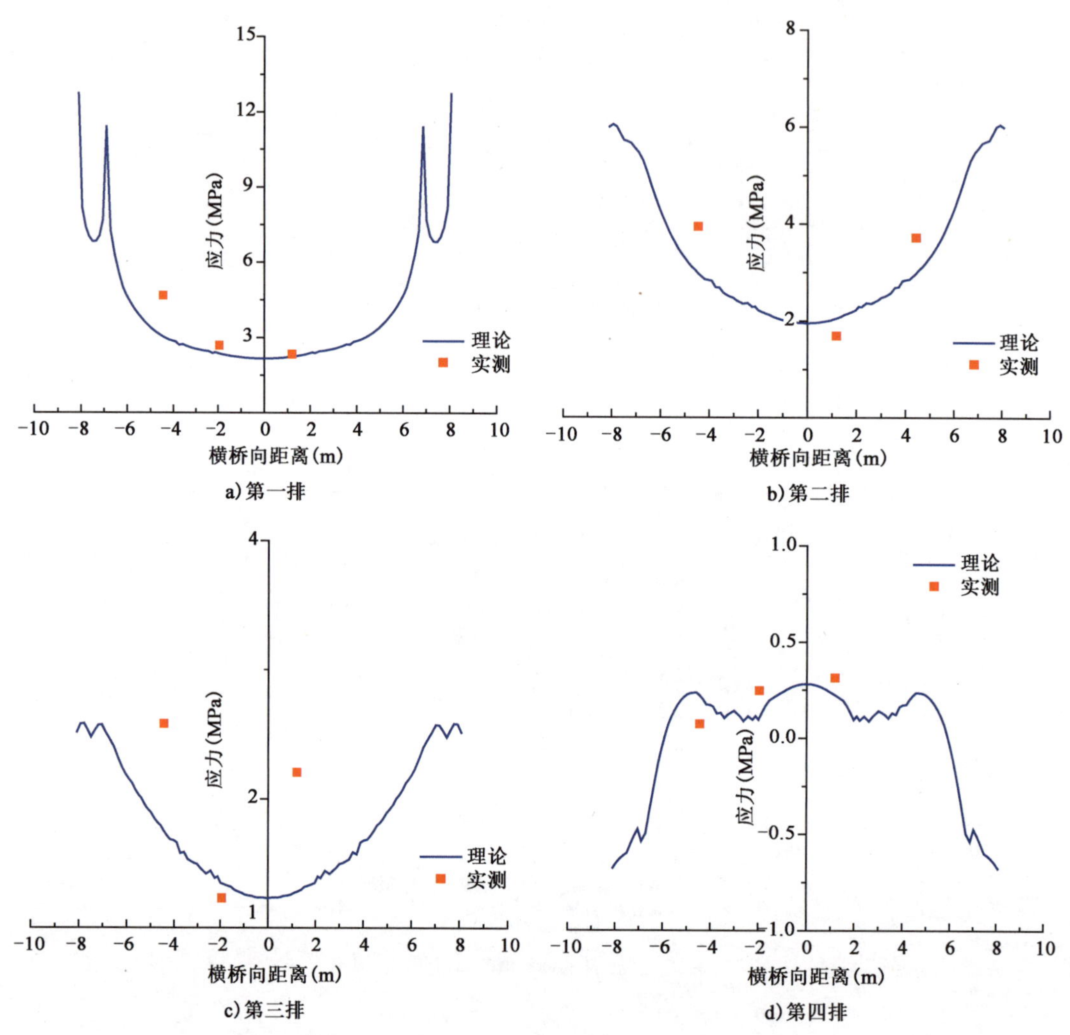

图 4.3.22　下层桥面板 8 号索力下的计算值与试验值应力比较

轨道梁和下弦杆应力对比如图 4.3.23、图 4.3.24 所示。

从图 4.3.22 ~ 图 4.3.24 中可以看出，试验结果和计算结果反映的 Sxx（顺桥向）应力分布规律基本相同，但数值上还是存在一定的差异，而这种差异可能是实测误差引起，比如仪器本身可能的原因和测量过程中采集、记录等产生，也可能是由于试验施工现场较复杂，上、下层桥面施工仪器、构件等物体临时放置，引起桥面板难以准确模拟的荷载。

试验结果和计算结果的对比结果，一方面验证了数值模拟理论的可靠性，另一方面，对于板桁结合结构在拉索的作用下，建立的有限元模型是具有足够的准确性的，模型处理中运用的简化和假定、边界和荷载工况的模拟等是合理、有效的。

应力(MPa)
顺桥向距离(m)
8号理论
8号实测
9号理论
9号实测

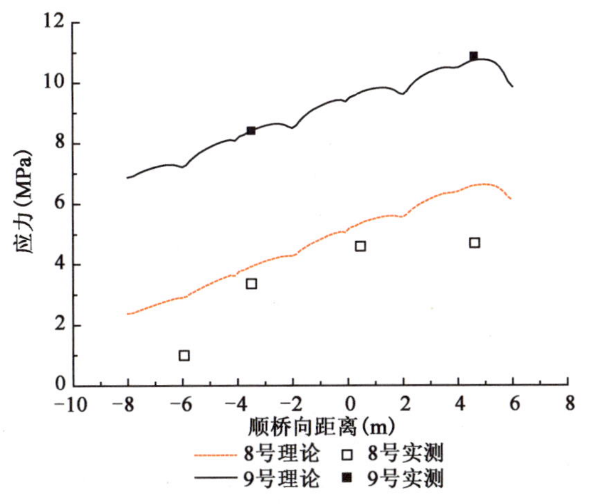

图 4.3.23 轨道梁的计算值与试验值应力比较

应力(MPa)
顺桥向距离(m)
8号理论
8号实测
9号理论
9号实测

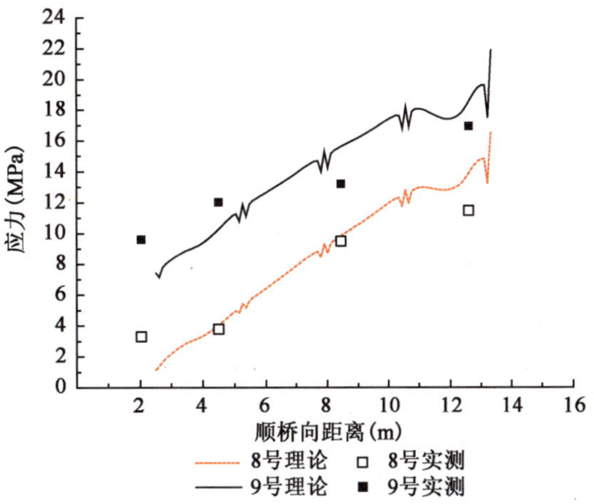

图 4.3.24 下弦杆的计算值与试验值应力比较

4.4 部分斜拉桥板桁组合体系传力机理

利用 Midas FEA 对重庆东水门长江大桥进行有限元分析，对不同荷载工况下结构的传力机理进行了详细的分析，并进行实桥架设过程中的试验研究后，得出部分斜拉桥板桁组合体系传力机理如下：

(1)试验结果和计算结果一方面验证了数值模拟理论的可靠性，另一方面，对于板桁结合结构在拉索的作用下建立的有限元模型，是具有足够的准确性的，模型处理中运用的简化和假定、边界和荷载工况的模拟等是合理、有效的。

(2)8 号拉索和 9 号拉索的应力分布趋势基本相同，但是在相同的位置 9 号拉索作用下应力值较大，由于斜拉索有竖向分力，竖向分力产生附加弯矩，使得应力值随距离的增大而增大。

(3)横梁对应力横向传递和分布的影响不可忽视，在横梁与桥面板及加劲肋结合的区域受力复杂。桥面板和加劲肋的应力在横梁处减小，因为横梁起到内力重分布的作用。

(4)靠近拉索处，拉索水平力在板桁组合体系中的分配比例为：桥面板约为 35%，上弦杆约为 25%，桥面板纵向加劲肋约为 25%，中纵梁约为 15%。

(5)远离拉索处，拉索水平力在板桁组合体系中的分配比例为：桥面板约为 40%，上弦杆约为 30%，桥面板纵向加劲肋约为 17%，中纵梁约为 13%。

(6)通过对东水门大桥主梁两片桁与三片桁的整体计算分析可知，两片桁断面和三片桁断面均能满足技术标准和规范的要求，两片桁钢材用量是三片桁钢材用量的 92%，并且现场拼装的杆件数量和节点数量要少，节省工期和造价，因此设计中采用了两片桁的断面形式。

5 超大吨位索力作用下索塔锚固区外置式钢锚箱结构传力机理

5.1 主要研究内容

5.1.1 索塔锚固区的特点

根据《重庆东水门长江大桥工程斜拉索塔上锚固钢锚箱方案设计图纸》,索塔锚固区的构造类似于外置式钢锚箱索塔锚固区。整个索塔锚固区由两个混凝土塔肢和一个钢锚箱组成。每个混凝土塔肢为单箱形混凝土塔柱,对比杭州湾大桥索塔锚固区则为U形混凝土柱。本索塔锚固区钢锚箱为非封闭式结构,钢锚箱焊接在两块侧拉板之间,对比杭州湾大桥,减少了顺桥向两侧的端板。钢锚箱与混凝土塔肢之间,采用剪力钉/键连接,同时布置塔肢间环向预应力,使钢与混凝土紧密连接在一起,剪力钉和界面摩擦共同作用承担斜拉索索力。钢锚箱采用竖向连续布置,节段之间采用高强螺栓连接,钢锚箱底部节段下方脱空。锚固区塔肢上设置环形预应力,由弯型预应力和U形预应力组成。

根据上述对东水门桥索塔锚固区构造的描述,可知本桥索塔锚固区具有鲜明的特点,其构造比较新颖。整体结构构造与外置式钢锚箱索塔锚固区最接近,相比后主要区别如下:

(1)东水门桥索塔锚固区的钢锚箱构造更加简化。根据对国内外相关桥梁的调研结果,外置式钢锚箱索塔锚固区和内置式钢锚箱索塔锚固区上的钢锚箱都为箱形封闭结构,即侧拉板的两侧端部分别布置端板,钢锚箱位于封闭箱体内部。东水门桥索塔锚固区的钢锚箱取消了端板,将钢锚箱直接焊接在平行的侧拉板之间。从结构传递角度考虑,钢锚箱的端板虽然不是斜拉索传力的主要部分,但还是有一小部分力传递至端板,最终传递至侧拉板上。取消端板后,斜拉索力全部直接由钢锚箱的抗剪焊缝传递至侧拉板上,使结构传力简洁,节省材料,但也使钢锚箱与侧拉板之间的焊缝承担比常规外置式钢锚箱索塔锚固区更多的剪力,对该位置焊缝的抗疲劳性能等需要进行分析,同时开口的钢锚箱长期经受外界环境的影响,环境腐蚀对结构的影响需要引起重视。

(2)东水门桥索塔锚固区塔肢采用单箱形构造。大多数外置式钢锚箱索塔锚固区的一侧混凝土结构多为U形混凝土塔柱,与钢锚箱一起形成封闭式结构,如杭州湾大桥和诺曼底大桥。重庆两江桥索塔锚固区的两侧为两个单箱封闭式塔肢结构,中间为钢锚箱结构,也有别于香港汀九桥两侧为钢锚箱结构,中间为单箱封闭式塔柱。两江桥索塔锚固区塔肢的内壁与钢锚箱侧拉板全部重合,大大增加了钢锚箱与混凝土塔肢界面剪力键的布置面积,有助于增加剪力钉/键布置数量,增强钢与混凝土的连接和受力性能。

(3)钢锚箱与混凝土塔肢在斜拉索的水平传力有所区别。外置式钢锚箱索塔锚固区,以杭州湾大桥为例,其混凝土承担的斜拉索水平力作用示意如图5.1.1a)所示,其横桥向侧壁既受拉又受弯,在不考虑预应力的情况下,混凝土承担斜拉索水平力后,对横桥向侧壁混凝土的受力非常不利。东水门桥索塔锚固区混凝土塔肢承担水平力作用示意如图5.1.1b)所示,其靠近钢锚箱侧拉板的混凝土壁受拉,且远端侧壁承担着较小的拉伸力和弯矩作用。在不考虑环向预应力作用时,从构造上分析,箱形塔肢具备承担相对较大的斜拉索水平力的承载能力。由于钢锚箱侧板与混凝土侧壁为全接触,因而水平力的分布关系较为复杂,需要深入研究。

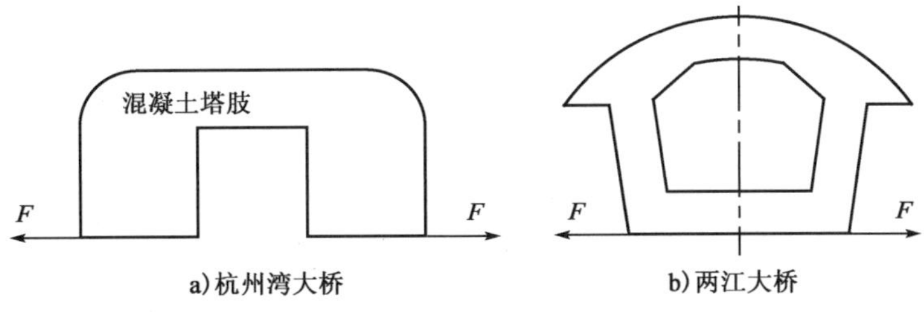

图5.1.1 混凝土塔肢承担水平力示意图

综上所述,东水门桥索塔锚固区的传力机理与外置式钢锚箱索塔锚固区有一致之处,但两者构造有较大差异,其局部传力和分配、结构应力及变形的分布都将有较大差异,并存在一定的不确定性。对于这种新颖的结构在国内是首次使用,有必要进行针对性的模型试验研究,以验证索塔锚固区的安全性和可靠性。

5.1.2 主要研究内容

鉴于索塔锚固区结构对桥梁的重要性和复杂性,因此对千厮门嘉陵江大桥和东水门长江大桥进行索塔锚固区精细仿真计算分析和试验研究,对斜拉桥索塔锚固区的应力大小、应力分布和应力流方向等局部应力状态进行分析和试验研究,这对了解索塔锚固区的受力特性、指导设计与施工具有很大的工程实用价值。

1)索塔锚固区单节段仿真分析

建立索塔锚固区单节段计算分析模型,并对斜拉索索力及其他荷载进行组合加载计算分析。分析单节段模型索塔结构受力关键部位应力峰值大小、应力流分布情况。

2)索塔锚固区多节段仿真分析

建立索塔锚固区多节段计算分析模型,并施加多节段斜拉索索力及其他荷载,对多节段索塔结构受力关键部位应力分布及变化趋势进行分析。

3)索塔锚固区剪力钉仿真分析

根据单、多节段分析结果,对模型中的钢混凝土结合面剪力钉的受力情况及分布进行分析。分析混凝土及钢锚箱各部分模型的应力峰值大小、应力流分布、结合面各剪力钉/键应力分布及结合面的相对位移,确定钢—混结合面的剪力传递模式,优化或验证剪力钉/键和钢—混结合结构设计。

4)确定单节段试验模型制作参数

根据单、多节段模型的对比分析结果,结合优化和实桥初步设计成果,确定单节段模型的实际制作参数,以使模型最大程度反映实桥索塔受力特征,进行试验模型制作,用于模型试验加载研究。同时根据计算结果,优化试验模型测点布置,确定试验加载分级,并确定试验过程重点观测及测量部位。

5)节段模型试验

试验采用1∶1的足尺模型进行试验研究。结合理论计算成果,对索塔锚固结构在设计索力作用下,各控制断面的应力、应变及变形的分布进行分析和实测,对斜拉索索力在锚固结构上的传力机理和钢—混组合结构的传力机理进行分析。根据试验实测结果与单节段理论计算结果,进行钢锚箱和索塔锚固区局部的强度、刚度和稳定性分析,评定或优化索塔锚固区局部设计。

5.2 索塔锚固区有限元数值模拟

5.2.1 单节段仿真计算分析

1)模型的建立

本次仿真计算分析采用大型有限元程序进行,对单节段索塔锚固区在斜拉索索力作用下的受力情况及应力分布进行分析。分析模型中混凝土采用体单元模拟,钢板采用壳单元模拟,预应力采用杆单元模拟,剪力钉采用剪切刚度等效的多段梁单元组合模拟。考虑到索塔锚固区的对称性,仅对横桥向的一半进行建模,在中纵截面上施加对称约束。本次分析选取顶上倒数第二个节段(第8节段)索塔锚固区。分析模型由91997个六面体体单元、9276个四边壳单元、862个梁及杆单元组成。分析模型如图5.2.1所示,分析模型钢—混凝土界面构造如图5.2.2所示。

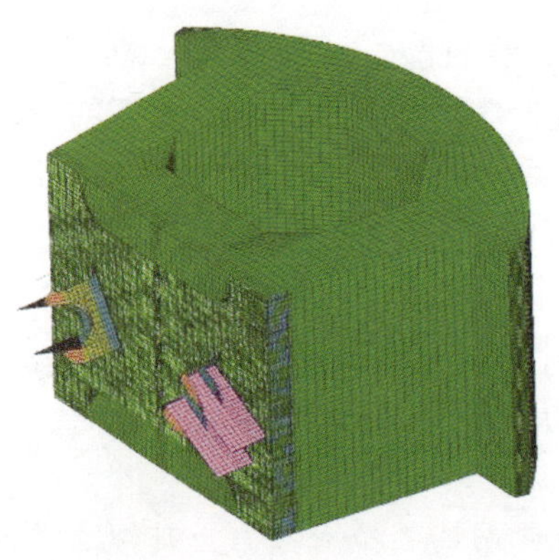

图5.2.1 索塔锚固区节段分析模型

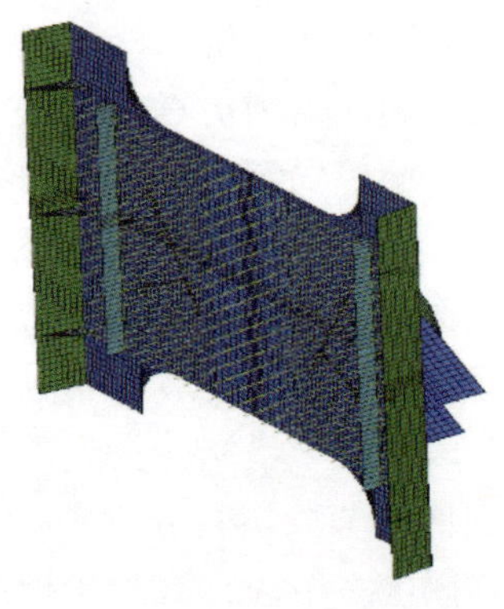

图5.2.2 分析模型混凝土侧钢结构构造

本次仿真计算分析采用接触非线性分析,计算时首先施加底部固结约束、界面接触关系和预应力,然后分级加载斜拉索索力。计算材料采用线弹性材料,各构件材料属性如下所示:

(1)C50混凝土:$E=3.45\times10^4$MPa,泊松比$\mu=0.167$。

(2)钢板:$E=2.1\times10^5$MPa,泊松比$\mu=0.3$。

(3)预应力钢绞线:$E=1.9\times10^5$MPa,泊松比$\mu=0.3$。

(4)剪力钉:$E=2.1\times10^5$MPa,泊松比$\mu=0.3$。

2)钢锚箱应力分析

索塔锚固区钢锚箱的Von Mises应力、剪应力、主拉应力和主压应力分布如图5.2.3~图5.2.6所示。仿真分析结果显示钢锚箱内部加劲板(N8)的内凹槽顶部存在明显的应力集中,最大 Von Mises 应力极值为 284.3MPa,超出设计应力许可值较多。除此应力集中外,钢锚箱其余位置 Von Mises 应力极值不超过 155MPa,满足规范要求。最大剪应力极值为 101.6MPa,最大主压应力为 160MPa。

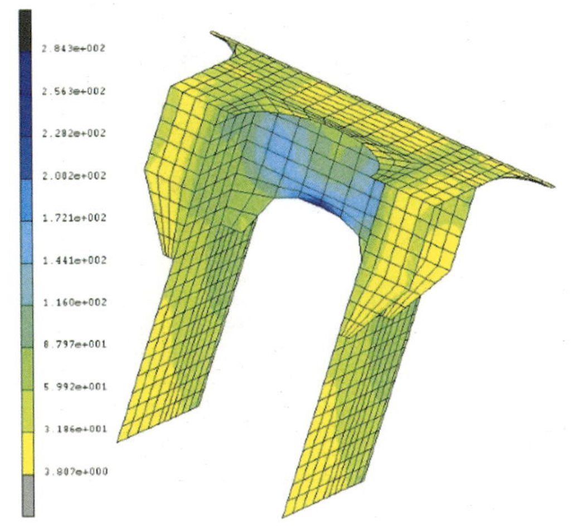

图 5.2.3 钢锚箱 Von Mises 应力分布

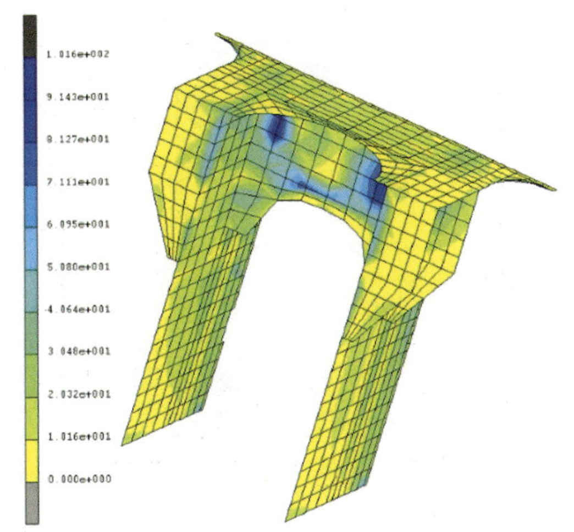

图 5.2.4 钢锚箱剪应力分布

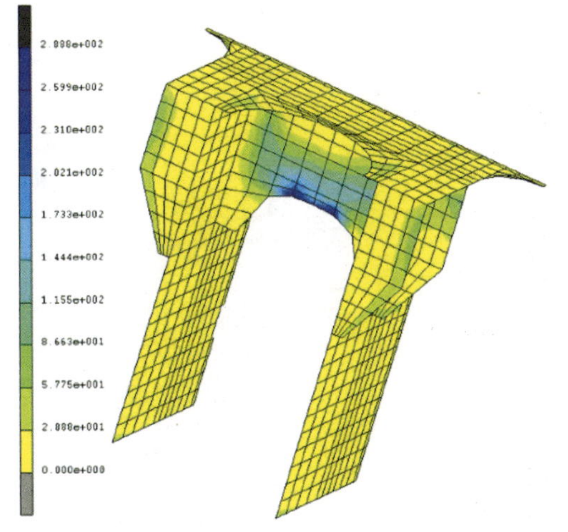

图 5.2.5 钢锚箱主拉应力分布

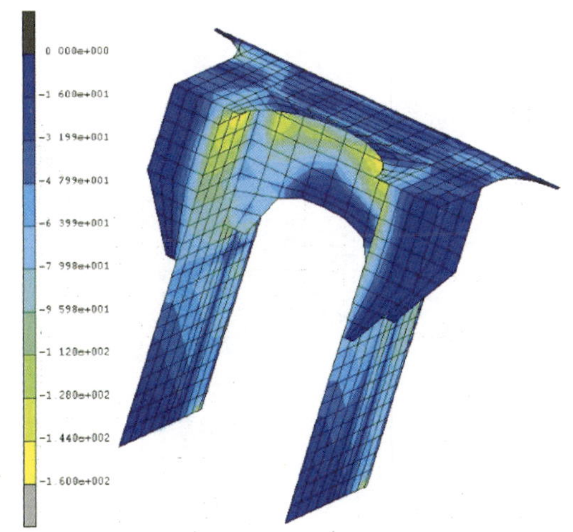

图 5.2.6 钢锚箱主压应力分布

钢锚箱锚垫板的 Von Mises 应力、剪应力、主拉应力和主压应力分布如图 5.2.7 ~ 图 5.2.10所示。由图可知,锚垫板最大 Von Mises 应力极值为 117.7MPa,最大剪应力为 39.3MPa,最大主拉应力为 55.7MPa,最大主压应力为 -114.8MPa,应力极值均满足规范要求。

钢锚箱侧拉板(N1)的 Von Mises 应力、剪应力、主拉应力和主压应力分布如图 5.2.11 ~ 图 5.2.14 所示。由图可知,侧拉板(N1)最大 Von Mises 应力极值为 101.2MPa,最大剪应力为 40.0MPa,最大主拉应力为 69.3MPa,最大主压应力为 -72.8MPa,应力极值均满足规范要求。

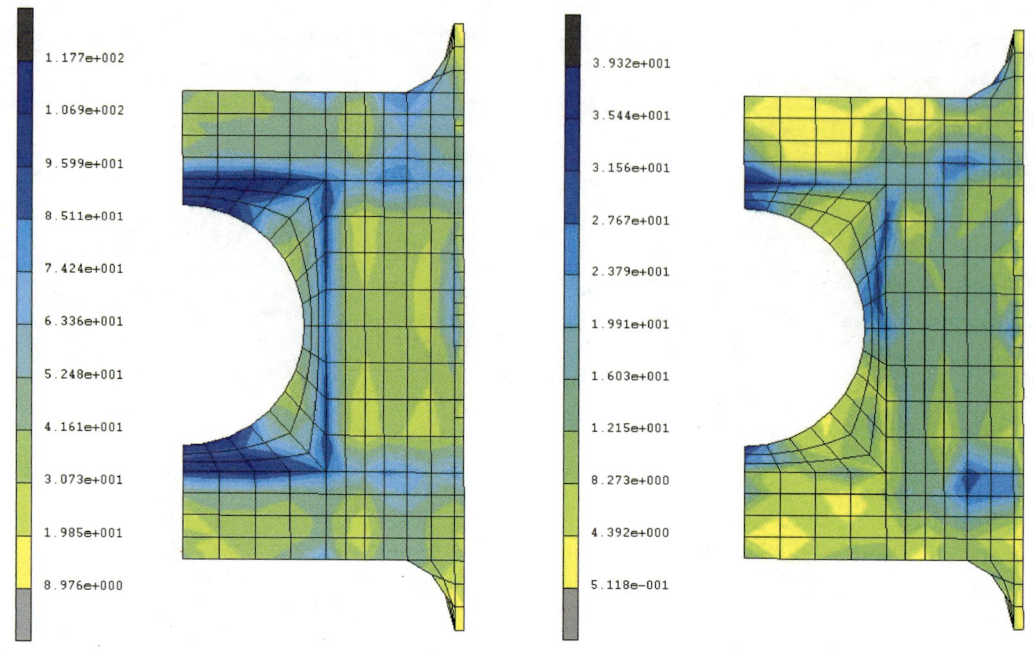

图 5.2.7　锚垫板 Von Mises 应力分布

图 5.2.8　锚垫板剪应力分布

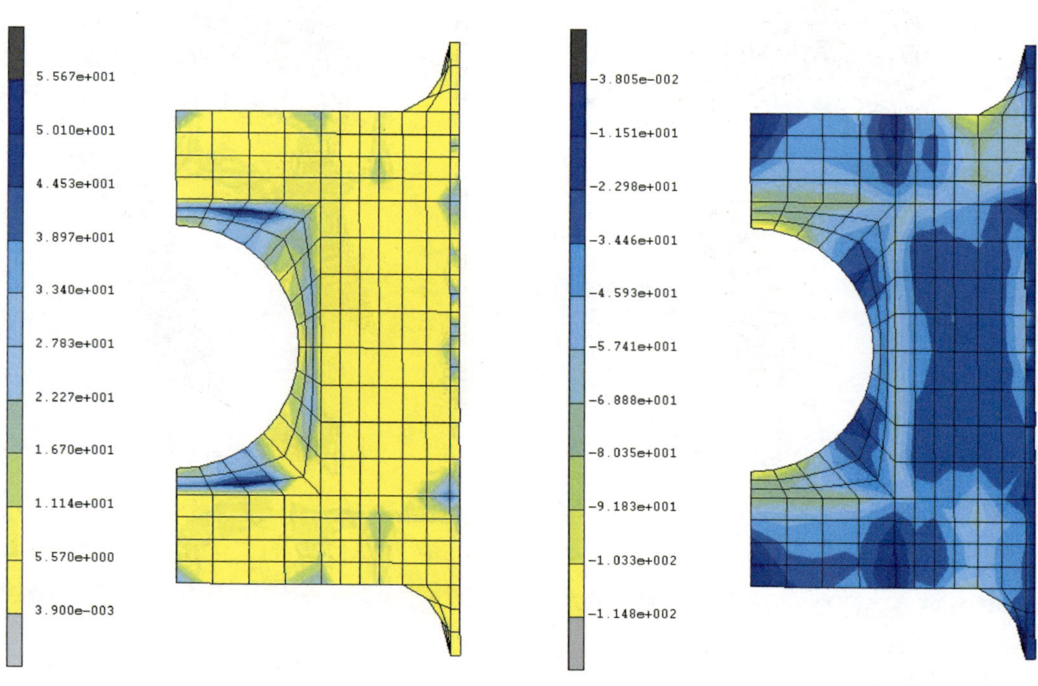

图 5.2.9　锚垫板主拉应力分布

图 5.2.10　锚垫板主压应力分布

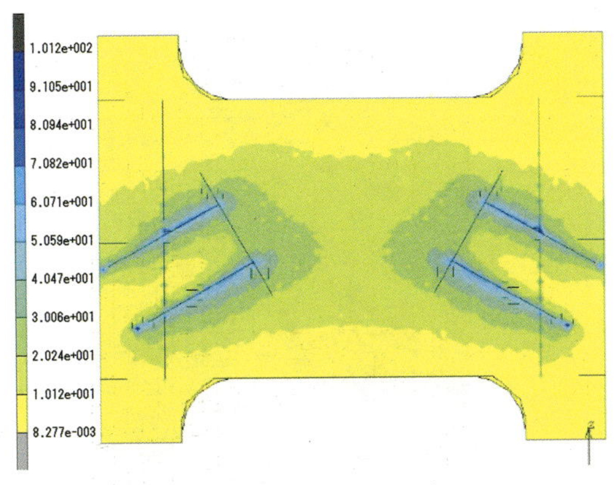

图 5.2.11 侧拉板(N1)Von Mises 应力分布

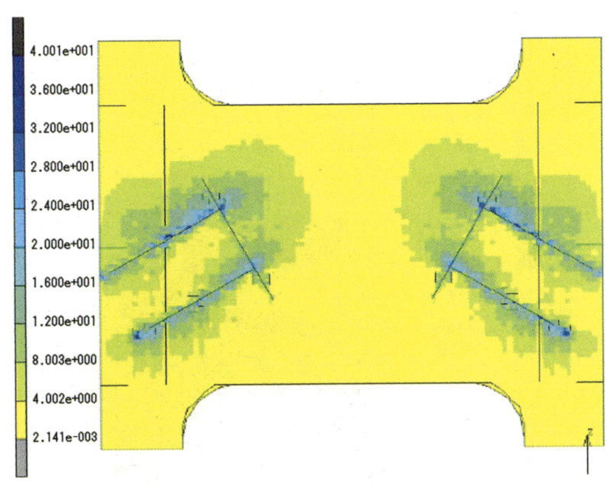

图 5.2.12 侧拉板(N1)剪应力分布

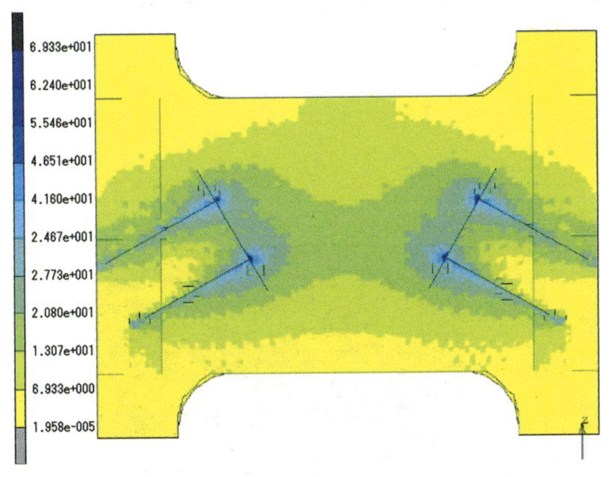

图 5.2.13 侧拉板(N1)主拉应力分布

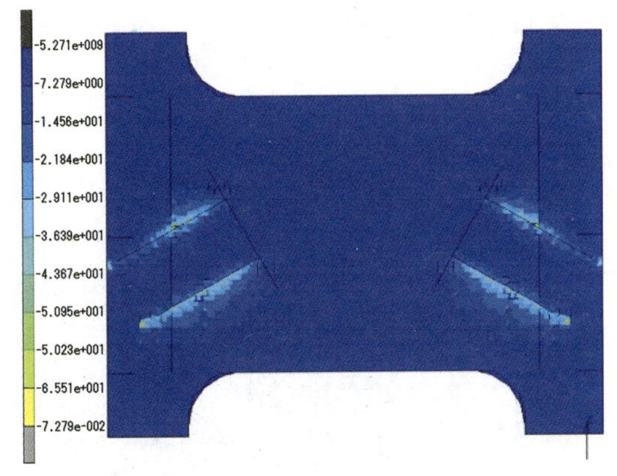

图 5.2.14 侧拉板(N1)主压应力分布

3)混凝土应力分析

混凝土内壁倒角处的主拉应力和主压应力分布如图 5.2.15、图 5.2.16 所示。由图可知,混凝土内壁倒角处的最大主拉应力极值为 1.43MPa,最大主压应力极值为 -6.318MPa,应力极值均满足规范要求。

混凝土外壁倒角处的主拉应力和主压应力分布如图 5.2.17、图 5.2.18 所示。由图可知,混凝土外壁倒角处的最大主拉应力极值为 1.11MPa,最大主压应力极值为 -5.06MPa,应力极值均满足规范要求。

混凝土内外壁倒角主拉应力随荷载变化关系如图 5.2.19 所示,图中横坐标荷载 0.2 表示施加预应力,荷载 0.4 表示施加预应力的基础上再施加 1/4 斜拉索力,依次类推。由图可知,内外壁倒角位置的主拉应力在预应力施加完成后,均达到最大,说明预应力的施加会引起内壁混凝土局部主拉应力集中。内壁倒角位置的主拉应力随着斜拉索索力的增加而缓慢减小,说明斜拉索索力作用,对该位置预应力作用效果有一定削弱作用。外壁倒角的应力几乎不受斜拉索索力的影响。

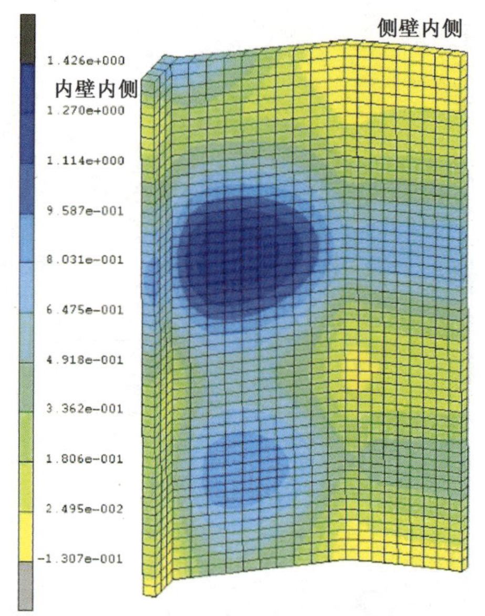

图 5.2.15　混凝土内壁倒角主拉应力分布

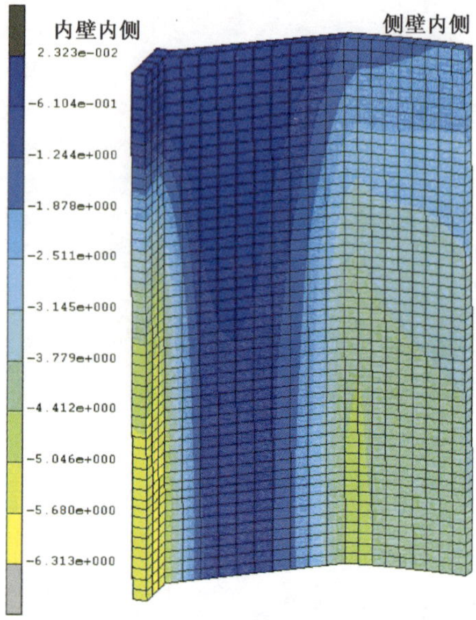

图 5.2.16　混凝土内壁倒角主压应力分布

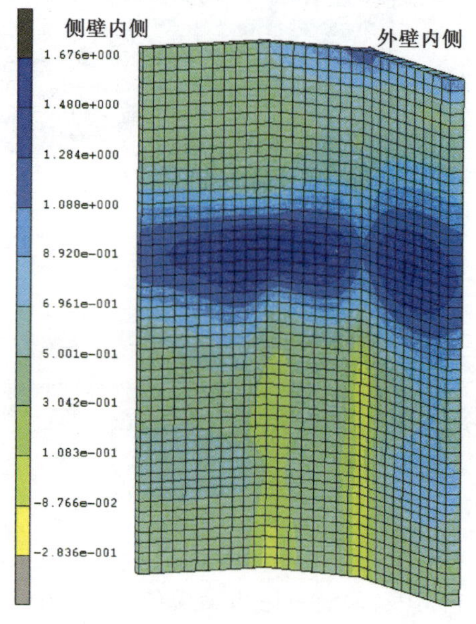

图 5.2.17　混凝土外壁倒角主拉应力分布

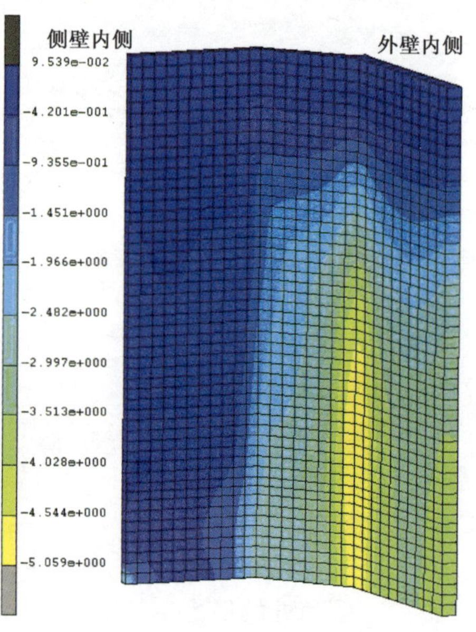

图 5.2.18　混凝土外壁倒角主压应力分布

混凝土内壁中截面的主拉应力、主压应力和剪应力分布如图 5.2.20 ~ 图 5.2.22 所示。由图可知,混凝土内壁中截面的最大主拉应力极值为 1.04MPa,位于靠侧拉板(N1)侧的斜拉索索力作用高度上。最大主压应力极值为 -2.35MPa,位于混凝土中截面远离侧拉板(N1)侧和顶部位置。最大剪应力极值为 0.99MPa,位于靠侧拉板(N1)侧的斜拉索索力作用高度上。混凝土内壁中截面极值均满足规范要求。

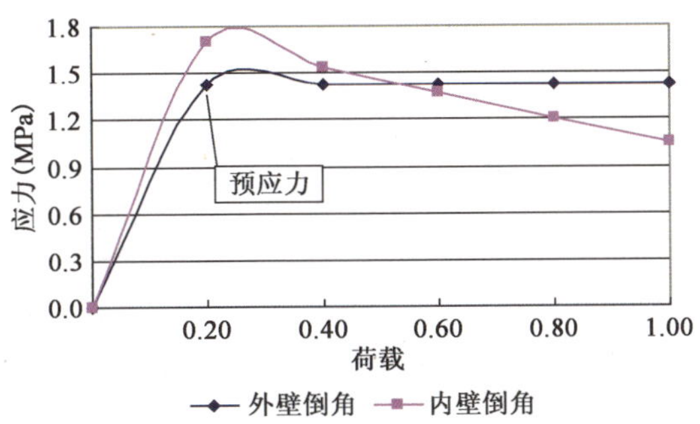

图 5.2.19 混凝土内外壁倒角主拉应力随荷载变化关系

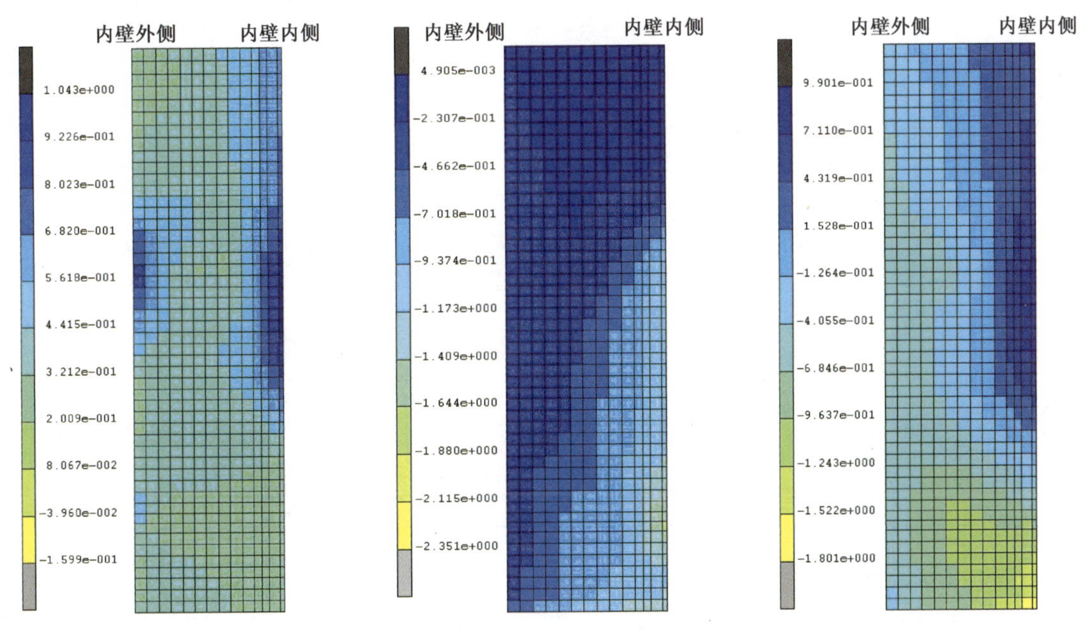

图 5.2.20 内壁中截面主拉应力　　图 5.2.21 内壁中截面主压应力　　图 5.2.22 内壁中截面剪应力

混凝土内壁中截面主拉应力和纵桥向应力随荷载变化关系如图 5.2.23 所示，图中横坐标荷载 0.2 表示施加预应力，荷载 0.4 表示施加预应力的基础上再施加 1/4 斜拉索力，依次类推。由图可知，当预应力作用下和斜拉索索力较小时，内壁中截面的主拉应力较小，当斜拉索索力超过加载索力的 0.5 倍时，主拉应力开始缓慢增加。而对纵桥向应力而言，在预应力作用下，中截面应力以受压为主，然后随着斜拉索索力的增加而增加，直至由受压变成受拉。

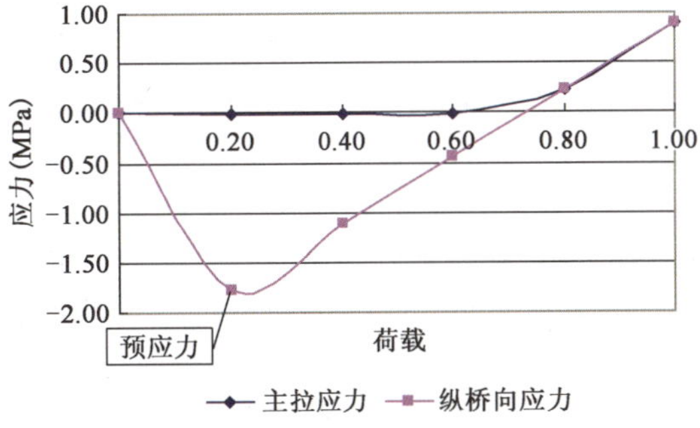

图 5.2.23 内壁中截面主拉应力和纵桥向应力随荷载变化关系

4)剪力钉受力分析

钢锚箱通过剪力钉将荷载传递至混凝土

塔壁，但由于钢锚箱的局部效应使得剪力钉的受力分布不一致。钢与混凝土界面上剪力钉的竖向剪力和横向剪力分布如图5.2.24、图5.2.25所示，图中旗帜高度及颜色表示所受剪力大小。处理后每排剪力钉所受剪力的分布如图5.2.26、图5.2.27所示，图中第一排剪力钉为节段模型最底部剪力钉，第十七排剪力钉则为节段模型顶部剪力钉。

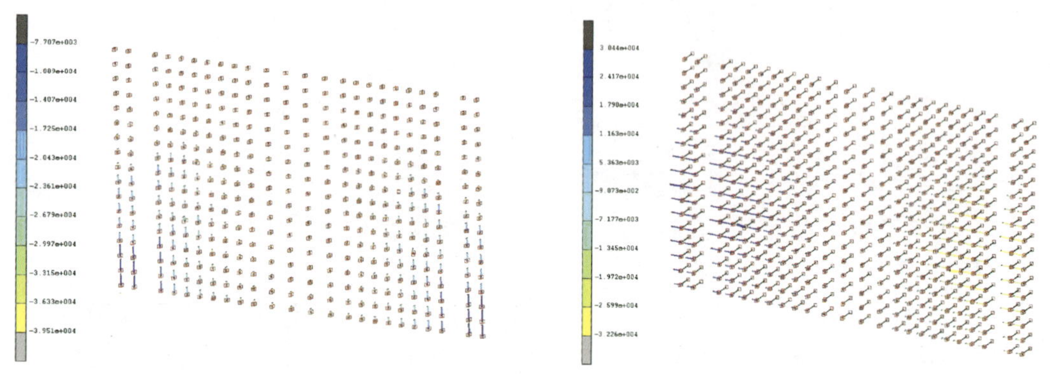

图5.2.24　剪力钉竖向剪力分布

图5.2.25　剪力钉横向剪力分布

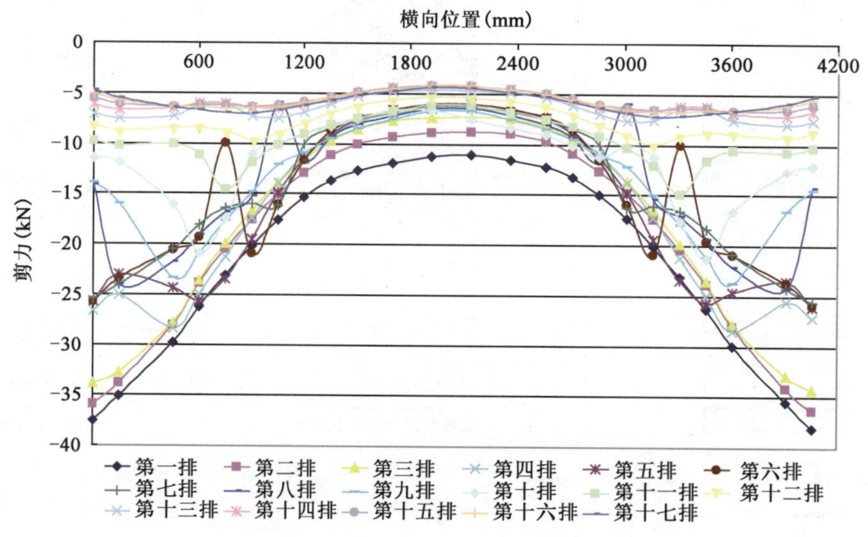

图5.2.26　钢混凝土界面剪力钉竖向剪力分布

综合图5.2.24～图5.2.27，首先分析剪力钉竖向剪力的分布，在同一节段上底部剪力钉受力要大于顶部剪力钉的受力，其原因是钢锚箱传递竖向力位于节段下方处，叠加效应使下方剪力钉受力较大。同一行上剪力钉竖向剪力大小的分布基本呈马鞍形分布，以顶部剪力钉尤为明显。同时位于钢锚箱高度位置的第四排到第九排剪力钉的受力与钢锚箱的构造布置有一定关系，在个别位置剪力钉的剪力大小变化规律起伏较大。剪力钉最大竖向剪力为39.51kN。

分析剪力钉的横向受力，剪力钉的横向剪力主要是传递斜拉索水平分力的作用引起的。因此在斜拉索锚头作用位置及外侧横向剪力较大，靠近索塔中间位置横向剪力较小。两侧横向剪力呈中心反对称分布，最大横向剪力为32.26kN。钢锚箱的第四排到第九排剪力钉的受力与钢锚箱的构造布置有一定关系，在个别位置剪力钉的剪力大小变化规律起伏较大。

仿真计算结果显示剪力钉所受剪力较不均匀,剪力钉所受剪力较小时,出现分布不均情况较为正常,当剪力钉所受剪力较大时,剪力分布会相对均匀。本索塔锚固区剪力钉平均剪力计算值接近2t,最大剪力计算值为4.3t,剪力钉受力合理,满足规范要求。

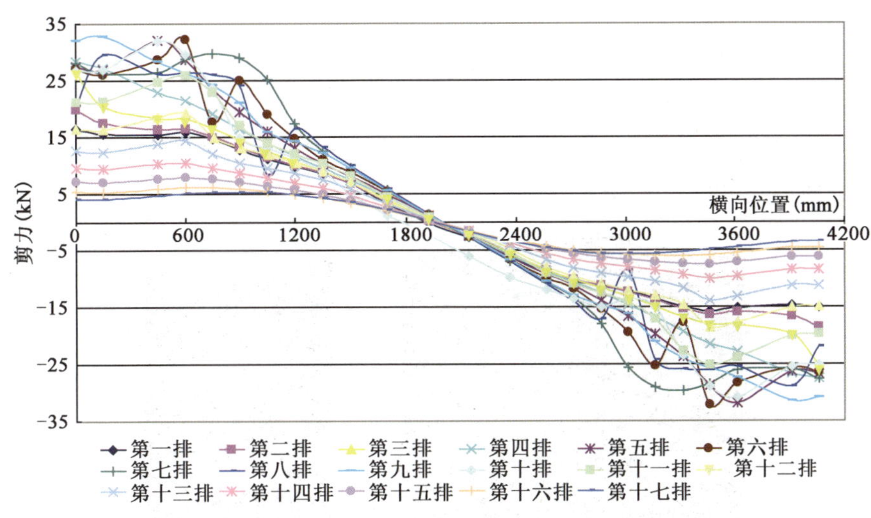

图5.2.27　钢混凝土界面剪力钉横向剪力分布

5)传力分配比例分析

根据以上分析结果汇总,可得到斜拉索水平分力和竖向分力在结构各部位的分配情况,如表5.2.1和表5.2.2所示。

单节段索塔锚固区水平力分配比例　　表5.2.1

水平力承担部位	荷载(kN)	比　　例	水平力承担部位	荷载(kN)	比　　例
锚箱侧板	3628.8	32.60%	摩擦力(含PBL键)	2173.3	19.52%
剪力钉	5330.5	47.88%	总水平力	11132.6	100.00%

单节段半幅索塔锚固区竖向力分配比例　　表5.2.2

竖向力承担部位	荷载(kN)	比　　例	竖向力承担部位	荷载(kN)	比　　例
剪力钉	9904.3	68.1%	总竖向力	14554.0	100.00%
摩擦力	4649.7	31.9%			

在钢—混凝土摩擦系数取0.3,剪力钉剪切刚度取180kN/mm的计算条件下,斜拉索水平分力在各部位的分配比例如表5.2.1所示。由表可知,斜拉索水平力主要由锚箱侧板、剪力钉和摩擦力共同承担,其中剪力钉和摩擦力承担的水平力最终由混凝土塔壁承担,总共承担7503.8kN的水平力,即总水平力的67.4%。锚箱拉板承担3628.8kN的总水平力,占32.6%。考虑混凝土承担了较大比例的斜拉索水平力,但本索塔锚固区布置了环向预应力筋,其中沿水平力方向布置的预应力为11311kN,大于混凝土承担的水平力,因此,混凝土塔壁沿水平力方向总体仍受压。

在钢—混凝土摩擦系数取0.3,剪力钉剪切刚度取180kN/mm的计算条件下,斜拉索竖向分力在各部位的分配比例如表5.5.2所示。由表可知,斜拉索竖向力主要由剪力钉和摩擦力共同承担（本分析模型钢锚箱底部脱空，不考虑传递到下节段），剪力钉和摩擦力承担的竖向力最终全部由混凝土塔壁承担。剪力钉承担 9904.3kN 的竖向剪力，占总竖向力的 68.1%。摩擦力承担 4649.7kN 的总竖向力，占 31.9%。

5.2.2 多节段仿真计算分析

1）多节段模型的建立

本次分析选取顶上 4 个索塔锚固区（第 6、7、8、9 节段）。分析模型由 47840 个六面体体单元、35896 个四边壳单元、3720 个梁及杆单元组成。分析模型如图 5.2.28a）所示，分析模型钢混凝土界面构造如图 5.2.28b）所示。

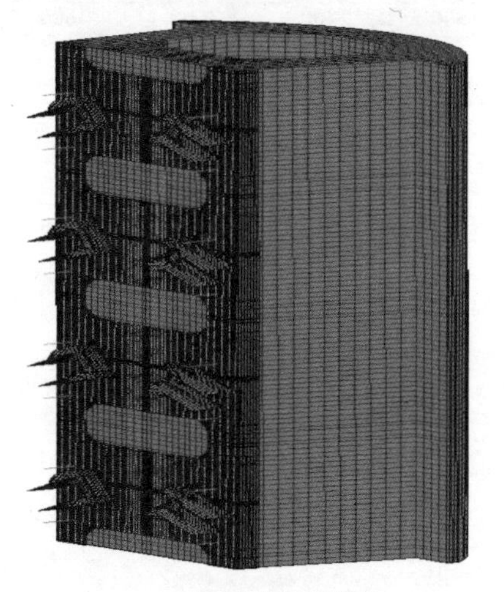

a）四节段分析模型

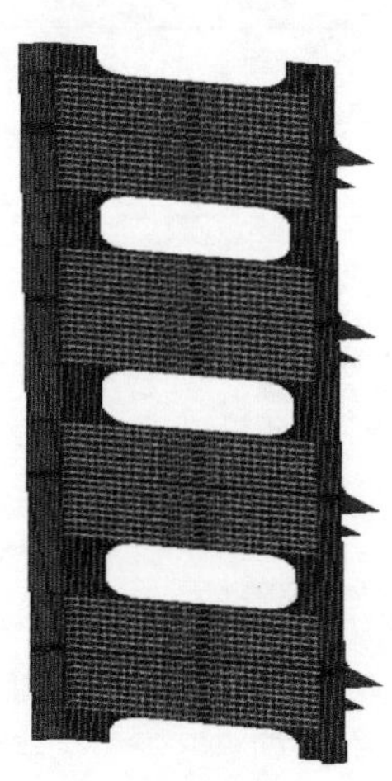

b）侧界面

图 5.2.28 多节段仿真分析模型

多节段分析模型中钢与混凝土界面的力学处理、分析模型边界条件的施加、材料属性，均与单节段仿真分析模型一致，不重复叙述。各加载斜拉索索力如表 5.2.3 所示。

斜拉索索力荷载参数表 表 5.2.3

节 段 号	斜拉索索力（kN）	
	渝 中 区 侧	江 北 区 侧
9	13303.8	13312.0
8	13304.4	13308.1
7	13305.3	13304.9
6	13305.2	13302.8

2）钢锚箱应力分析

多节段模型中，各节段之间的斜拉索索力相差不大，为减小边界条件的影响，在对多节段仿真分析中，主要从上到下第三个节段进行分析，即第 7 节段。

多节段模型中第 7 节段的索塔锚固区钢锚箱的 Von Mises 应力、剪应力、主拉应力和主压应力分布如图 5.2.29 ~ 图 5.2.32 所示。由图可知，除去内部加劲板（N8）的钢锚箱最大 Von Mises 应力为 151.8MPa，最大主压应力为 161.8MPa，都位于锚垫板下方顶底板（N5）；最大剪应力为69.3MPa,位于顶底板与侧拉板N1连接焊缝的端部;最大主拉应力为89.8MPa。

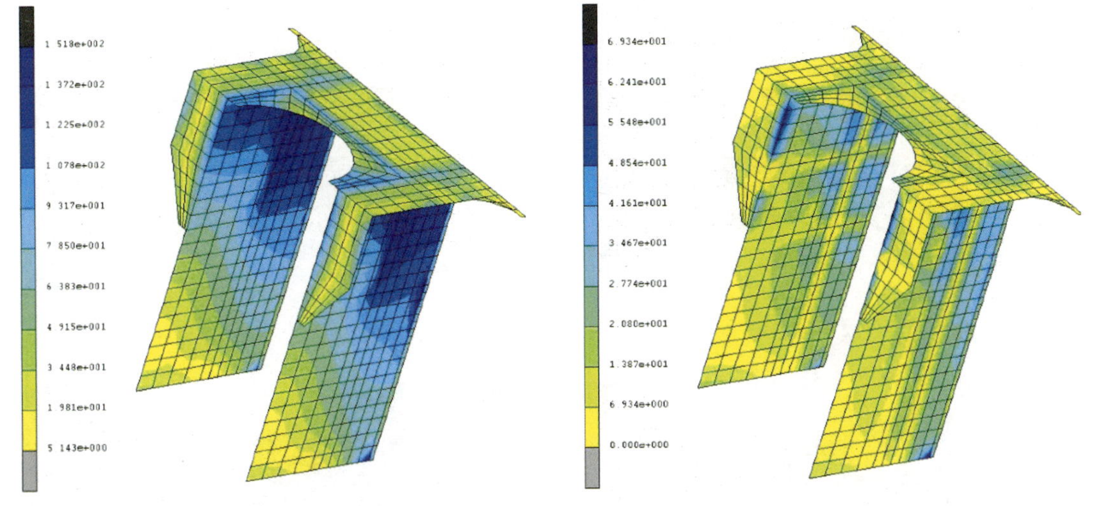

图5.2.29　钢锚箱Von Mises应力分布

图5.2.30　钢锚箱剪应力分布

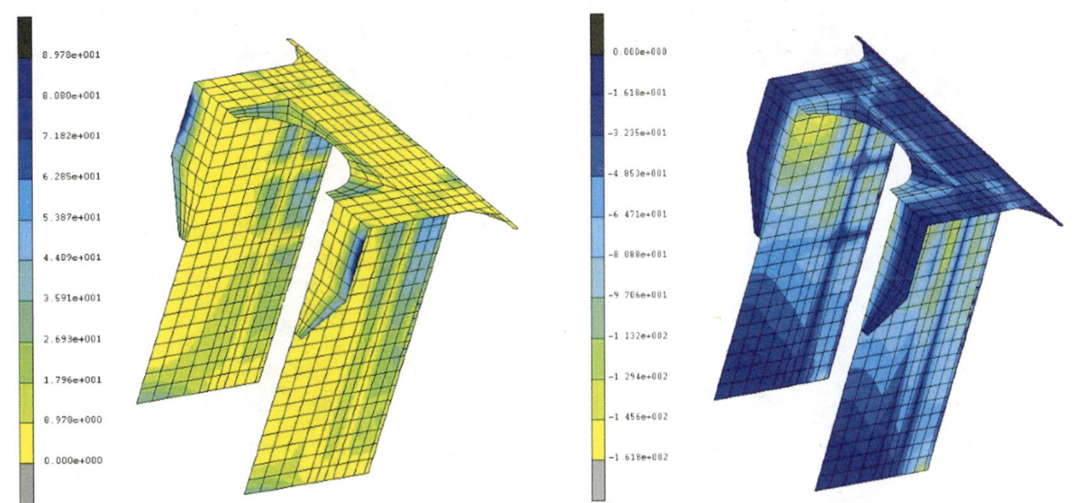

图5.2.31　钢锚箱主拉应力分布

图5.2.32　钢锚箱主压应力分布

多节段模型中第7节段钢锚箱侧拉板(N1)的Von Mises应力、剪应力、主拉应力和主压应力分布如图5.2.33～图5.2.36所示。由图可知,侧拉板(N1)最大Von Mises应力极值为77.6MPa,最大剪应力为36.0MPa,最大主拉应力为84.3MPa,最大主压应力为-55.7MPa,应力极值均满足规范要求。

综上分析,在多节段仿真分析中,钢结构的各项应力总体不大,其极值均满足要求。

3)混凝土应力分析

多节段分析模型中第7节段索塔锚固区混凝土内壁倒角处的主拉应力和主压应力分布如图5.2.37、图5.2.38所示。由图可知,混凝土内壁倒角处的最大主拉应力极值为0.86MPa,最大主压应力极值为-3.97MPa,应力极值均满足规范要求。

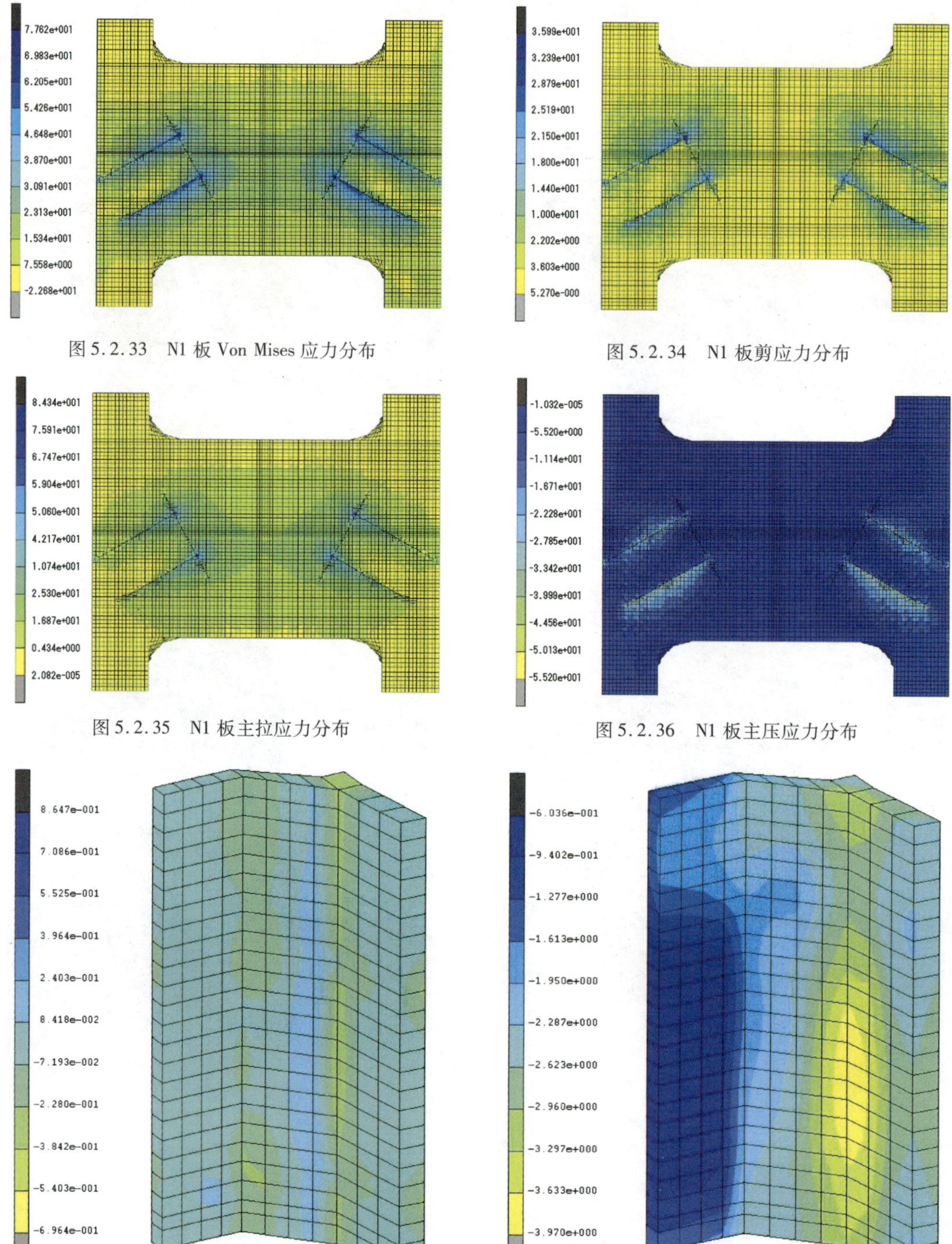

图 5.2.33 N1 板 Von Mises 应力分布

图 5.2.34 N1 板剪应力分布

图 5.2.35 N1 板主拉应力分布

图 5.2.36 N1 板主压应力分布

图 5.2.37 混凝土内壁倒角主拉应力分布

图 5.2.38 混凝土内壁倒角主压应力分布

多节段分析模型中第 7 节段索塔锚固区混凝土外壁倒角处的主拉应力和主压应力分布如图 5.2.39、图 5.2.40 所示。由图可知，混凝土外壁倒角处的最大主拉应力极值为 0.67MPa，最大主压应力极值为 -3.40MPa，应力极值均满足规范要求。

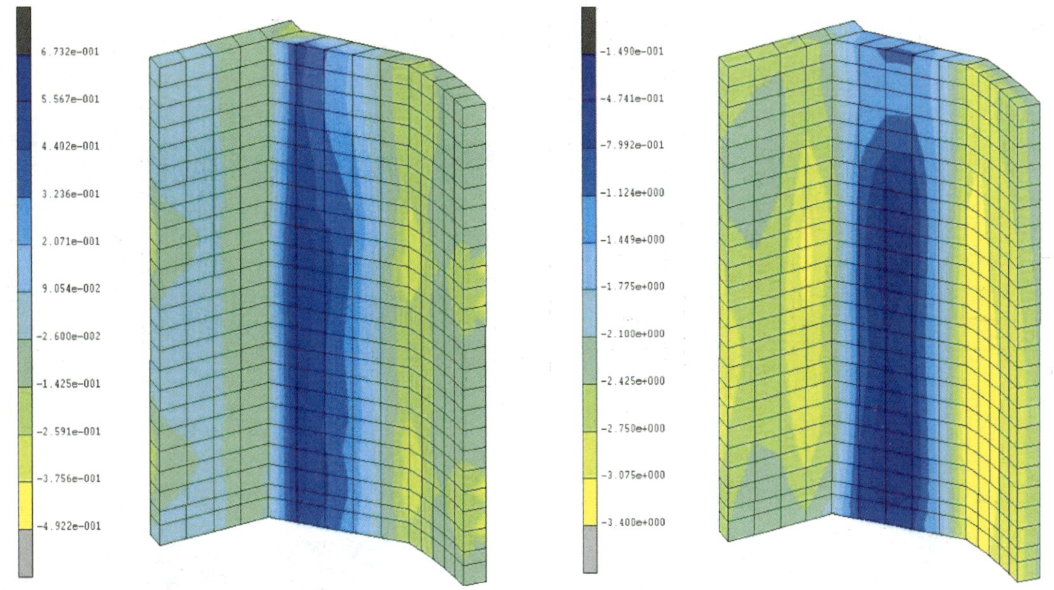

图 5.2.39 混凝土外壁倒角主拉应力分布　　图 5.2.40 混凝土外壁倒角主压应力分布

多节段分析模型中第 7 节段索塔锚固区混凝土内壁靠钢结构侧拉板处一面的主拉应力、主压应力分布如图 5.2.41、图 5.2.42 所示。由图可知,混凝土内壁的最大主拉应力极值为 2.71MPa,位于锚箱顶底板下端部背后附近混凝土,主要由于钢锚箱局部变形引起。但考虑其位于钢与混凝土之间,处于内部位置,虽有一定的主拉应力集中,不会影响结构工作性能,因此认为该位置混凝土应力极值基本满足规范要求。

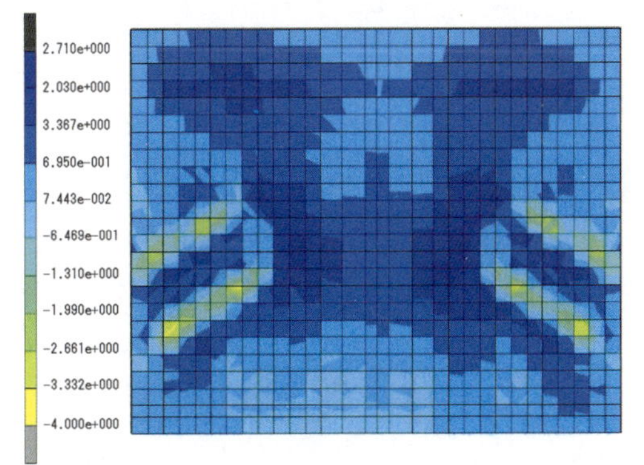

图 5.2.41 混凝土内壁主拉应力分布

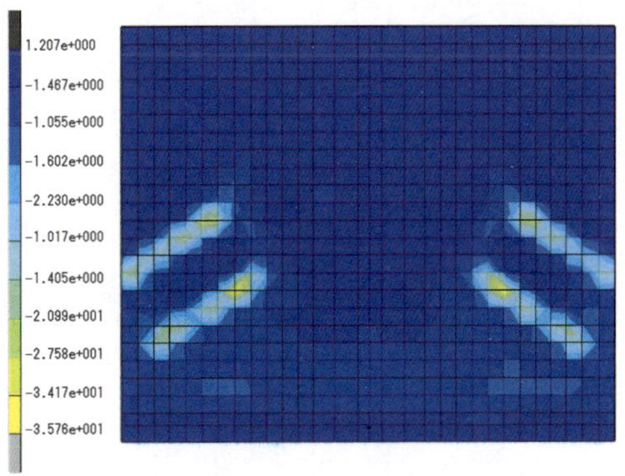

图 5.2.42 混凝土内壁主压应力分布

多节段分析模型中第 7 节段索塔锚固区混凝土内壁中截面的主拉应力、主压应力和纵桥向剪应力分布如图 5.2.43 ~ 图 5.2.45 所示。由图可知,混凝土内壁中截面的最大主拉应力极值为 1.21MPa。最大主压应力极值为 -2.28MPa。最大纵桥向剪应力极值为 1.21MPa。混凝土内壁中截面极值均满足规范要求。

多节段分析模型中第 7 节段索塔锚固区混凝土外壁外侧的主拉应力和主压应力分布如图 5.2.46、图 5.2.47 所示。由图可知,混凝土外壁外侧应力,除预应力局部锚固区区域需要进行局部仿真分析外,其余位置应力极值均满足规范要求。

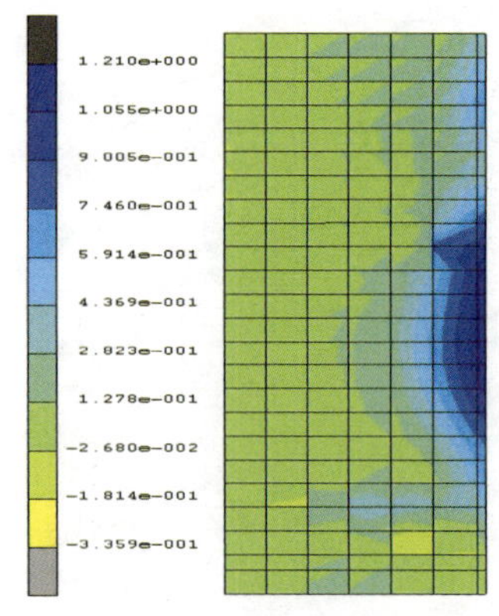

图 5.2.43　内壁中截面主拉应力

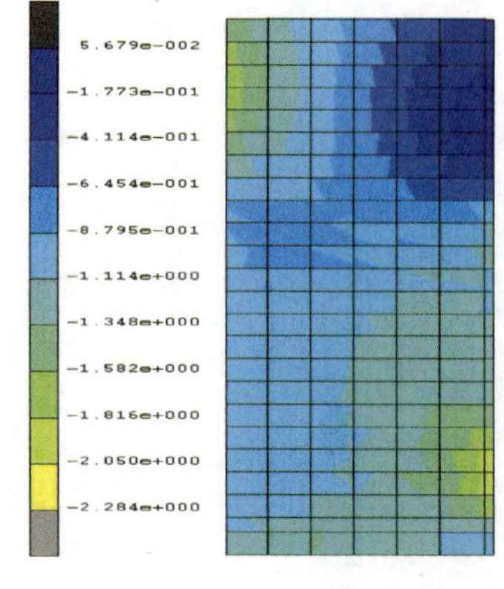

图 5.2.44　内壁中截面主压应力

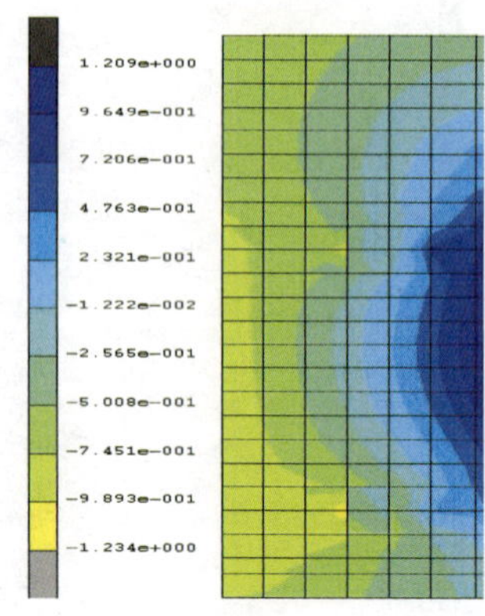

图 5.2.45　内壁中截面纵桥向剪应力

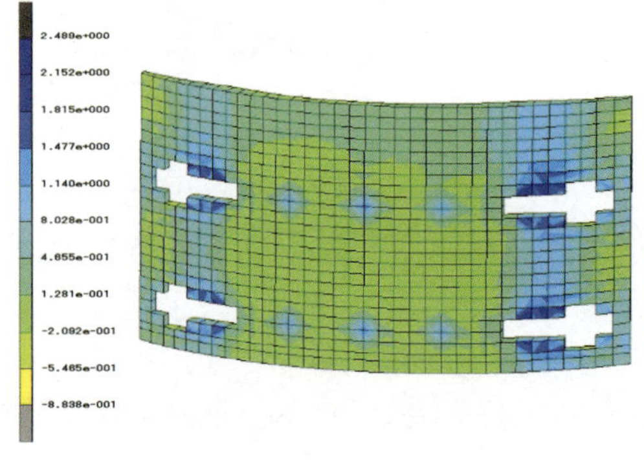

图 5.2.46　混凝土外壁外侧主拉应力分布

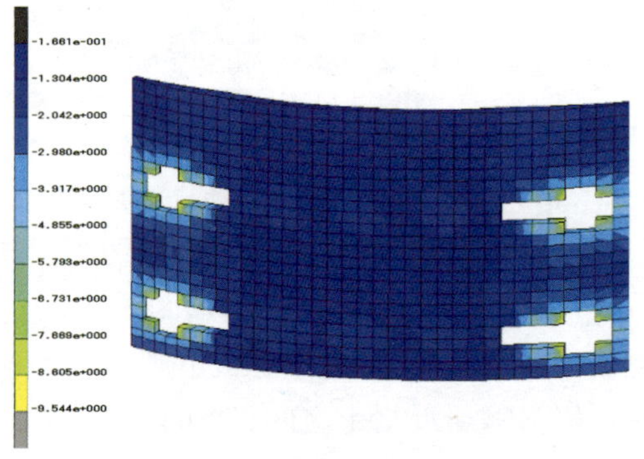

图 5.2.47　混凝土外壁外侧主压应力分布

将单多节段混凝土的各项应力值汇总于表 5.2.4。由表可知，单多节段模型中，各项应力值均相差不大，尤其是多节段模型顶部节段和单节段模型。相对而言，单节段模型的各项应力稍不利于多节段受力模型，即单节段结果稍偏于保守，因此采用单节段试验模型进行试验来验证实桥索塔锚固区受力性能是可行的。

单多节段混凝土应力对比　　　　表 5.2.4

位　置		单节段模型（第 8 节段）	多节段模型			
			第 9 节段	第 8 节段	第 7 节段	第 6 节段
内壁内倒角	主拉应力（MPa）	1.43	1.41	0.75	0.59	0.51
	主压应力（MPa）	-6.31	-6.2	-5.3	-4.61	-5.3
外壁内倒角	主拉应力（MPa）	1.67	1.64	0.71	0.67	0.95
	主压应力（MPa）	-5.06	-4.19	-3.66	-3.4	-4.29
内壁中截面	主拉应力（MPa）	1.04	1.06	1.04	1.21	1.27
	主压应力（MPa）	-2.35	-2.11	-2.06	-1.86	-2.46
	顺桥向应力（MPa）	0.99	0.86	1.037	1.21	1.26
内壁内倒	主拉应力（MPa）	2.87	2.95	2.71	2.71	2.75
	主压应力（MPa）	-22.3	-19.9	-16.8	-15.76	-14.2

综上分析,在多节段仿真分析中,混凝土的各项应力总体不大,其极值均满足要求。

4)剪力钉受力分析

多节段仿真分析模型第7节段每排剪力钉所受剪力的分布如图5.2.48、图5.2.49所示。由图可知,多节段上中间节段剪力钉的受力情况与单节段分析模型结果基本一致。

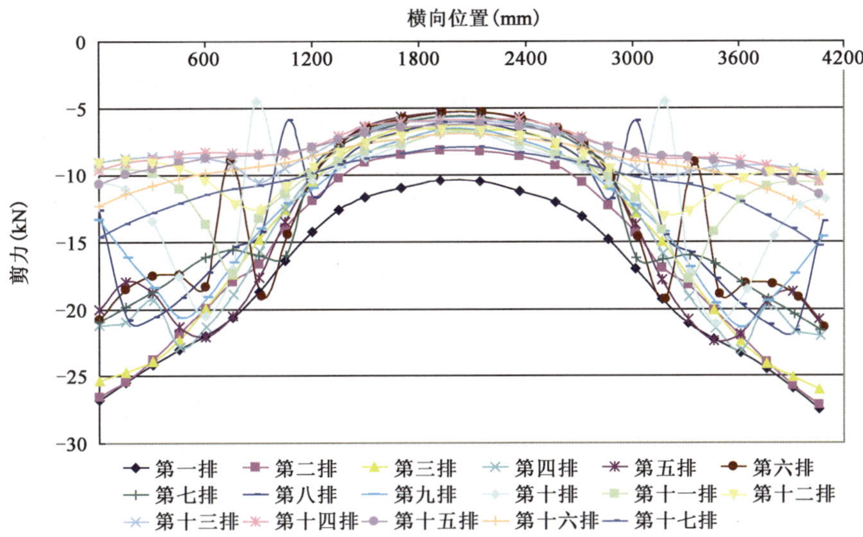

图5.2.48 多节段模型第7节段剪力钉竖向剪力分布

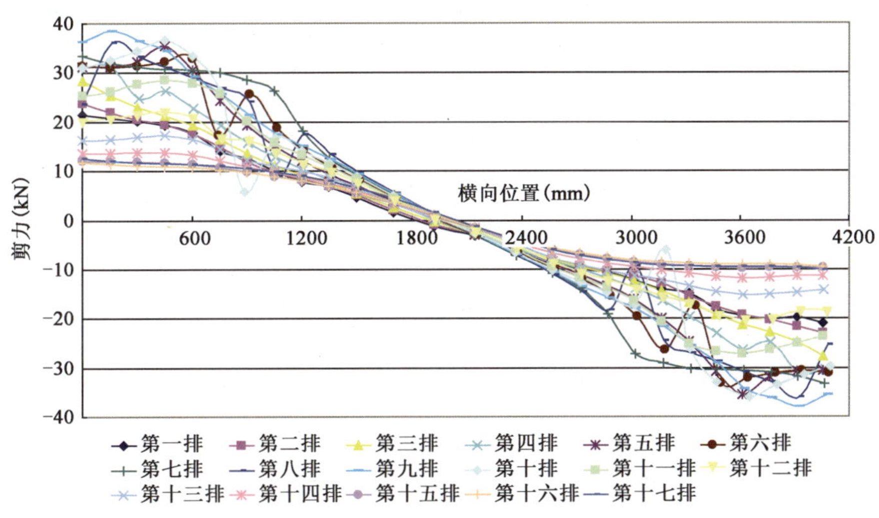

图5.2.49 多节段模型第7节段剪力钉横向剪力分布

剪力钉的横向剪力主要是由传递斜拉索水平分力的作用引起。因此在斜拉索锚头作用位置及外侧横向剪力较大,靠近索塔中间位置横向剪力较小。两侧横向剪力呈中心反对称分布,最大横向剪力为36.2kN,稍大于单节段分析模型结果。钢锚箱的第四排到第九排剪力钉的受力受钢锚箱的构造布置影响,在个别位置剪力钉的剪力大小变化规律起伏较大。多节段模型的传力比例分布与单节段分析模型基本一致。

选择多节段分析模型上侧边一列和靠近塔柱横桥向中心线一列剪力钉，沿竖向上的竖向剪力和横向剪力如图5.2.50、图5.2.51所示。由图可知，每个节段上剪力钉竖向剪力由节段顶部往节段底部增加，同时最底部节段的底部剪力钉受力较其他节段大，即在剪力钉的竖向力分布，存在明显的底部突增效应。剪力钉横向剪力主要在侧边的剪力钉较大，中央处的剪力钉较小，以靠近钢锚箱背后的剪力钉的横向剪力最大，并往上下逐渐减小。

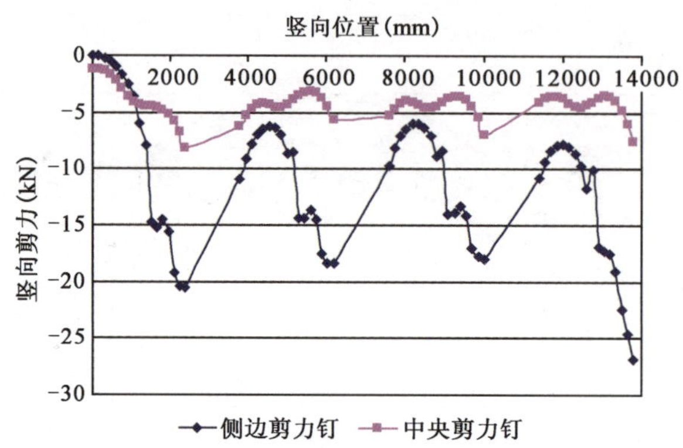

图5.2.50　多节段模型沿竖向剪力钉竖向剪力分布

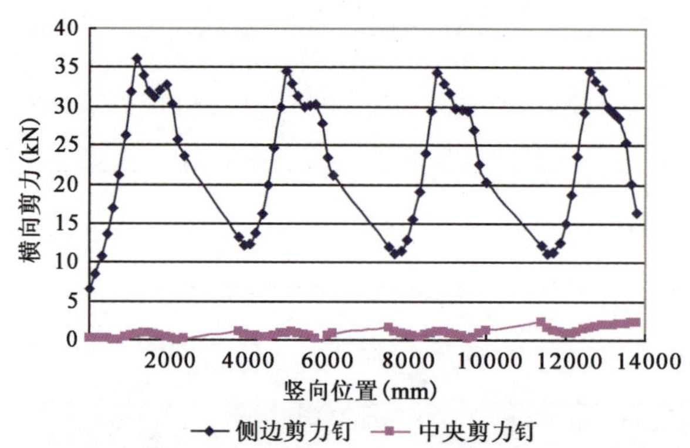

图5.2.51　多节段模型沿竖向剪力钉横向剪力分布

5.3　索塔锚固区足尺模型试验

5.3.1　模型设计与制作

试验采用1:1的足尺模型，试验模型高度为3.4m，长为11.378m，宽为7.500m。试验模型顶、底面的位置与千厮门大桥索塔锚固区顶部倒数第二个节段的顶、底面相同，其结构布置与实桥一致。模型基本构造如图5.3.1所示。

模型制作按实桥设计图纸的要求，满足相关规范、规程规定，施工质量要求与实桥一致。模型中钢锚箱结构的制作由专业的钢结构加工制作单位承担(图5.3.2、图5.3.3)。

钢锚箱节段加工完成后，对钢结构的加工精度、焊接质量等按照《钢结构工程施工质量验收规范》(GB 50205—2001)规定进行检验。待确认质量合格后，运至模型试验现场进行安装就位。

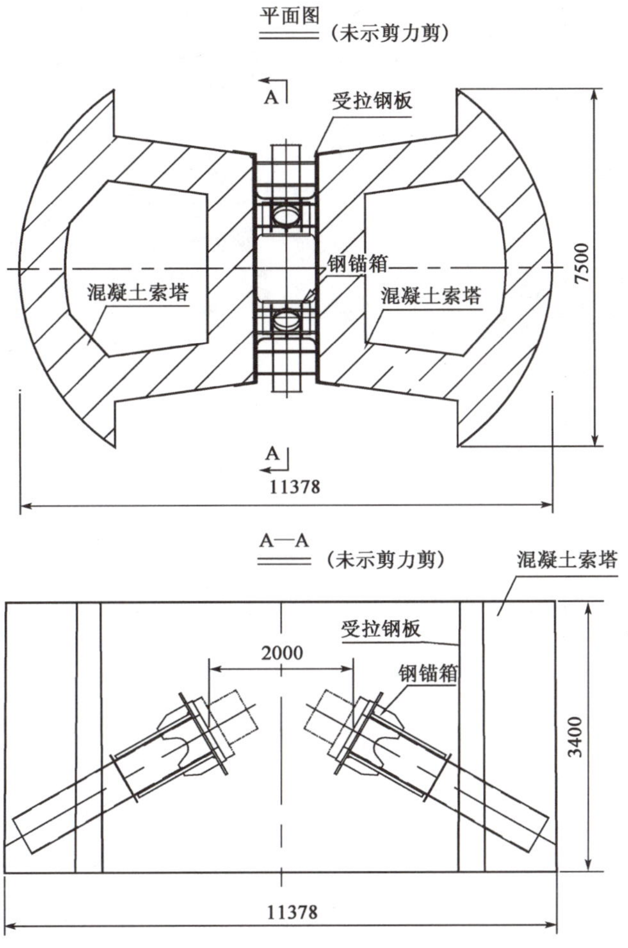

图 5.3.1　试验模型基本构造(尺寸单位:mm)

图 5.3.2　专用螺柱焊机焊接剪力钉

图 5.3.3　制作完成的钢锚箱节段

图 5.3.4 为全部制作完成后的试验节段模型实物照片(上面为节段模型,下面为试验台座)。

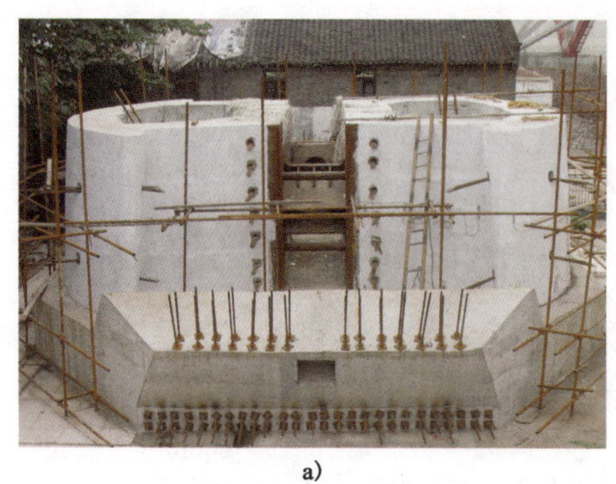

a)

b)

图 5.3.4　制作完成的试验模型

5.3.2　测点布置及试验加载

1)混凝土塔测点布置

为达到研究锚固区传力途径、应力分布及极值大小等研究需要，在关键位置布置了应力应变测点，详细的应力测点布置及编号见图 5.3.5～图 5.3.7。

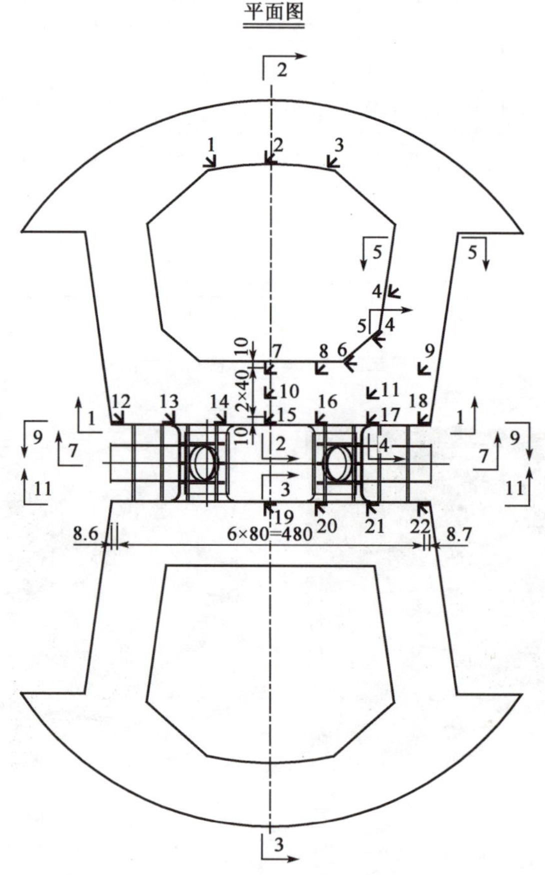

图 5.3.5　模型顶面测点布置

注:1. ⅃为应变花测点;2. 尺寸单位为厘米

索塔锚固区混凝土的受力情况是本次模型试验重要测试和研究部位之一，主要对关键部位的应力集中处、传力途径上重要部位和结构薄弱位置进行针对性的布置测点。索塔锚固区顶面由于自由约束，混凝土抗裂性能弱容易出现裂缝，以布置应变花为主，其测点布置见图5.3.5。锚固区混凝土中剖面和其他剖面上布置测点，是研究斜拉索和预应力水平传力的重要途径，以布置单向应变片为主，具体如图5.3.6、图5.3.7所示。锚固区混凝土中选取模型中部和底部两个水平剖面，对斜拉索竖向分力传递至混凝土的竖向力进行实测，具体布置见图5.3.7。在与钢锚箱侧板相连接的混凝土壁内部布置一钢筋计截面，对钢筋及混凝土的应变进行测试，如图5.3.6、图5.3.7所示。

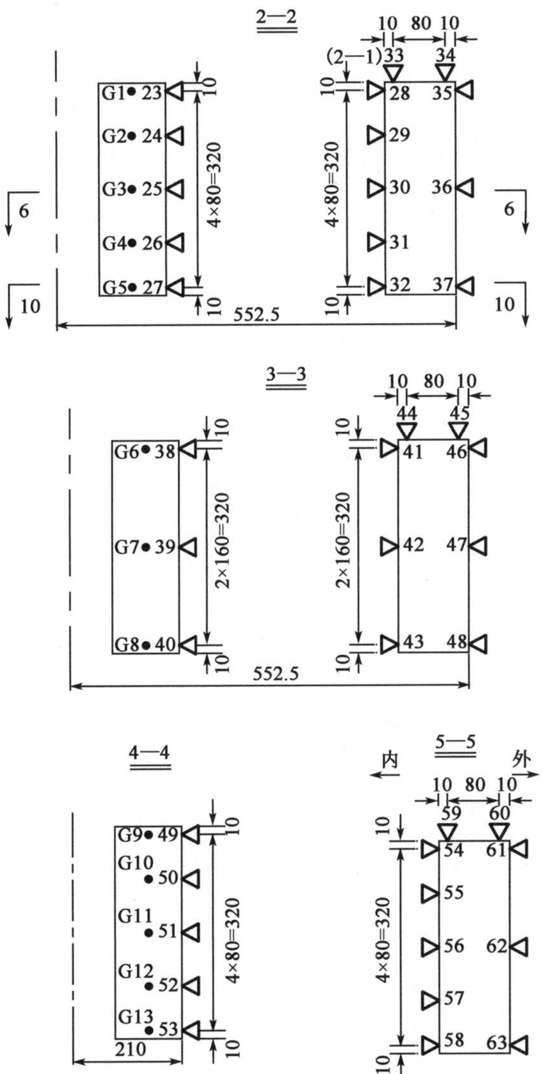

图5.3.6 混凝土塔壁测点布置(一)

注:1. ▷为单向水平应变测点,●为钢筋单向水平应变测点;

2. 尺寸单位为cm

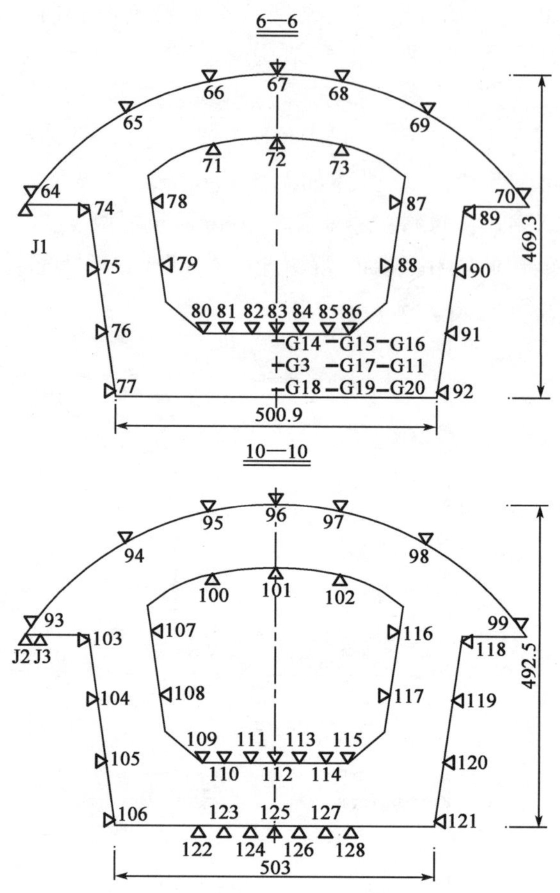

图 5.3.7　混凝土塔壁测点布置(二)

注:1. ━为钢筋单向应变测点;▽为混凝土单向竖向测点;

2. 尺寸单位为 cm

2)钢锚箱测点布置

锚固区受拉钢板是结构重要的传力和受力构件,是研究斜拉索竖向力和水平力传递的重要关注部位。钢锚箱与受拉钢板之间焊缝是钢结构中重要的关注部位,其中锚垫板与受拉钢板之间以受剪、拉为主,两侧板与受拉钢板之间的焊缝以受剪为主,因此在焊缝附近布置应变花有助于掌握该区域焊缝应力情况,具体布置如图 5.3.8 所示。

3)剪力钉测点布置

本索塔锚固区为钢混凝土组合结构,钢与混凝土之间连接构件直接关系结构的传力分配和安全性,因此有必要对剪力键进行测点布置。本索塔锚固结构中剪力键类型较多,受力为纵横向受力,根据锚固区具体构造情况进行针对性布置,具体的剪力钉测点布置及编号如图 5.3.9、图 5.3.10 所示。

4)变形测点布置

为了解模型在顶推时的变形情况,在模型的两端和两侧中间及其他关键部位安装电子百分表,测试其位移情况。具体的变形测点布置见图 5.3.11。整个试验模型上布置的位移测点总共为 18 个。

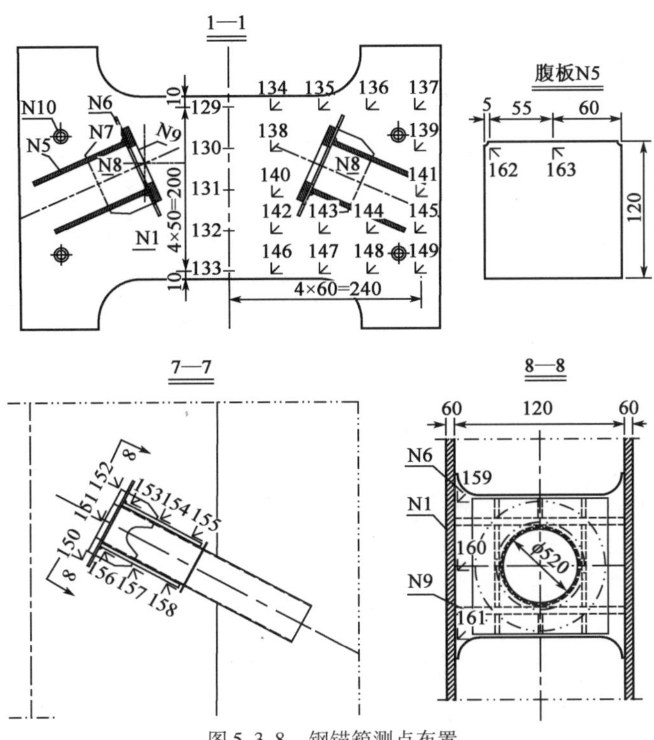

图 5.3.8　钢锚箱测点布置

注:1. −为钢弦式应变计测点,⊾为应变花测点;

2. 尺寸单位为 cm

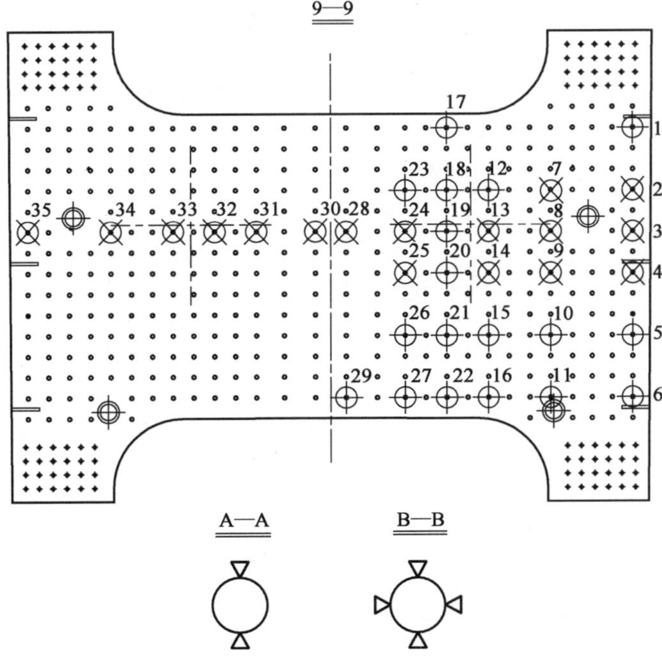

图 5.3.9　剪力钉/键测点布置(一)

注:1. ⊕为剪力钉竖向剪力测点,测点布置如 A—A 所示;

2. ⊠为剪力钉竖横向剪力测点,测点布置如 B—B 所示

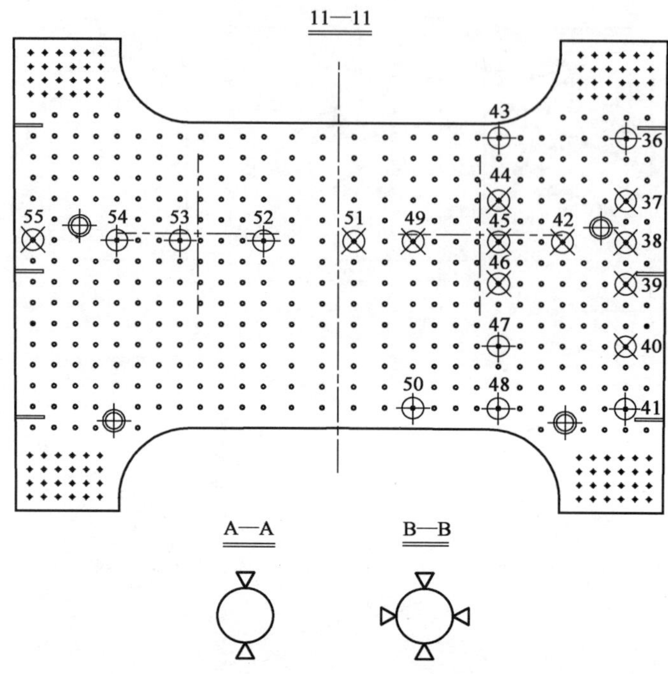

图5.3.10　剪力钉/键测点布置(二)

注:1. ⊕为剪力钉竖向剪力测点,测点布置如 A—A 所示;

2. ⊗为剪力钉竖横向剪力测点,测点布置如 B—B 所示

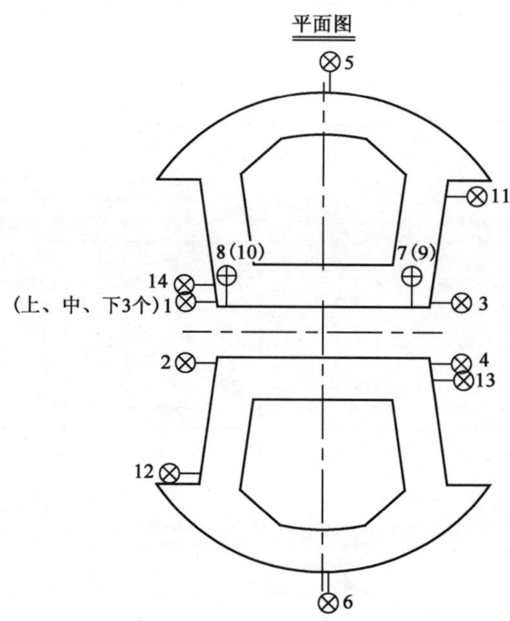

图5.3.11　位移测点布置

注:1. —⊕为竖向钢混凝土界面滑移百分表测点;

2. —⊗为钢、混凝土水平变形百分表测点

5)试验加载

本索塔锚固区斜拉索索力吨位大,加载时需要采用超大吨位的千斤顶进行加载。斜拉索索力最大约为1331t,考虑到试验模型将加载至1.7P,即试验模型加载能力需达到2500t。受体内加载空间和单个千斤顶顶推能力限制,无法采用常规的体内千斤顶顶推加载,需进行体外加载。本试验模型加载采用短斜拉索进行加载,利用4台1350t的千斤顶顶推加载,每2台千斤顶并排顶推模拟一根斜拉索索力作用。模型试验加载示意图如图5.3.12所示。体外预应力加载如图5.3.13所示。

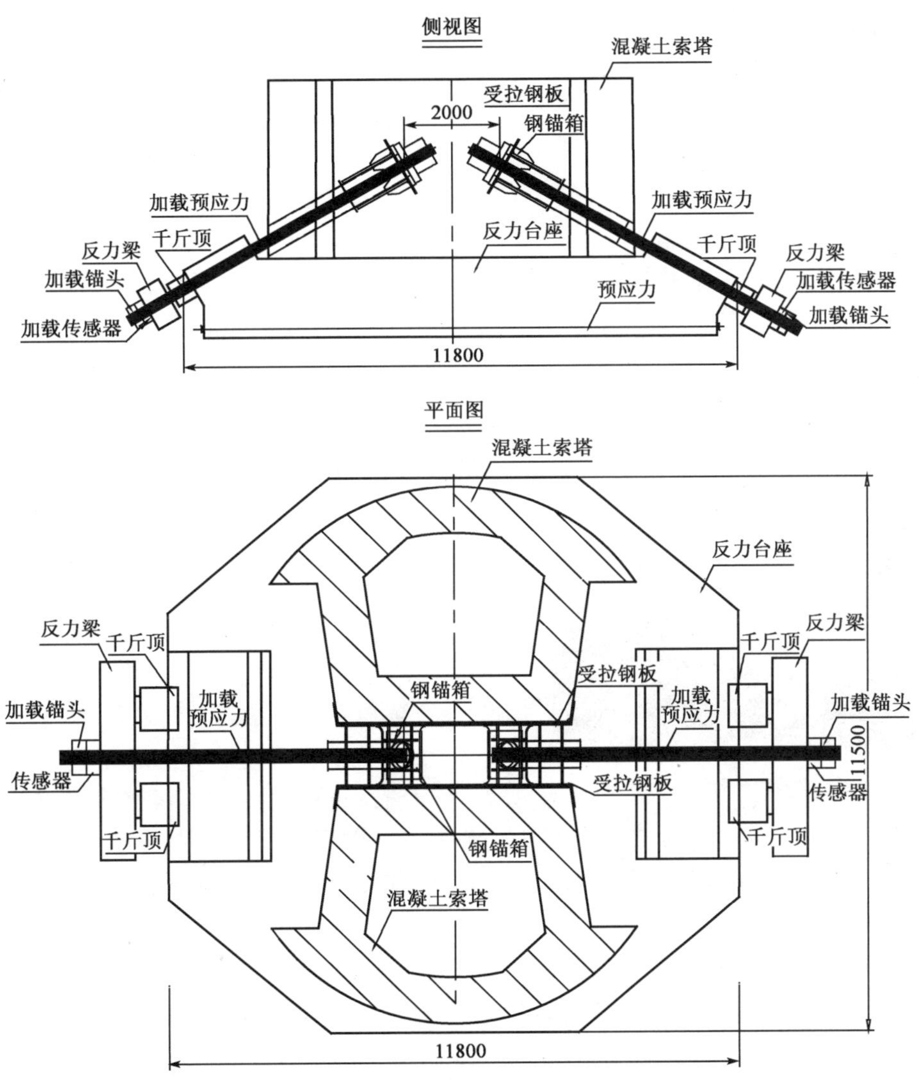

图5.3.12 内置钢反力架加载布置示意图(尺寸单位:mm)

试验加载采用分级加载,开始分级荷载较大,接近开裂荷载(计算预计值)附近分级加密,按每0.1P分级加载,初步确定的试验加载、卸载程序见表5.3.1,具体实施时将根据理论计算结果及现场应力测试实际情况进行微调。

试验加载程序表　　表5.3.1

序号	荷载等级	加载荷载(kN)	序号	荷载等级	加载荷载(kN)
1	0	0	12	1.2P	15974
2	0.2P	2662	13	1.3P	17306
3	0.5P	6656	14	1.4P	18637
4	0.8P	10650	15	1.5P	19968
5	1.0P	13312	16	1.6P	21299
6	0.6P	7987	17	1.7P	22630
7	0.2P	2662	18	1.4P	18637
8	0.5P	6656	19	1.0P	13312
9	0.8P	10650	20	0.5P	6656
10	1.0P	13312	21	0	0
11	1.1P	14643			

另外根据计算结果，加载过程中每级加载均需进行裂缝观测，当荷载加载至控制部位的混凝土主拉应力超过C50的轴心抗拉强度标准值f_{tk}时，暂停加载并重点观测控制部位是否出现裂缝等。

图5.3.13　体外预应力加载示意图

5.3.3　孔道摩阻试验结果及分析

1)孔道摩阻损失

试验预应力钢束两端均安装压力荷载传感器来控制及测量张拉荷载，并安装张拉千斤顶。试验开始时预应力钢束两端同时张拉至设计张拉控制荷载的10%后，将一端封闭作为被动端，以另一端作为主动端，分级张拉至设计张拉控制荷载。每级荷载张拉到位后，均持荷至两端传感器读数稳定，然后记录两端传感器读数。一端完成后，调换主动端与被动端，用同样的方法再分级张拉至设计张拉控制荷载，即完成该预应力孔道的摩阻损失测试。主、被动端压力荷载传感器所测得压力荷载的差值即为孔道摩阻损失，据此可以计算预应力钢束与孔道壁的摩阻系数μ值及孔道对设计位置的偏差系数k值。

孔道摩阻的计算原理如下所述：

张拉时，预应力钢束距被动端距离为x的任意截面上有效拉力为：

$$P_x = P_k e^{-(\mu\theta + kx)}$$

式中：P_x——计算截面预应力钢束的拉力；

P_k——张拉端预应力钢束的拉力；

θ——从张拉端至计算截面的孔道弯角之和(弧度)；

x——从张拉端至计算截面的孔道长度(m)；

μ——预应力钢束与孔道壁的摩擦系数；

k——孔道每米局部偏差对摩擦的影响系数。

由上式有：

$$A=\frac{P_x}{P_{\mathrm{k}}}=\mathrm{e}^{-(\mu\theta+kx)}$$

则有：$-\ln A=\mu\theta+kx$，令 $Y=-\ln A$，

由此，对于不同孔道的测量可得一系列方程式：

$$\mu\theta_1+kx_1-Y_1=0$$

$$\mu\theta_2+kx_2-Y_2=0$$

$$\cdots$$

$$\mu\theta_n+kx_n-Y_n=0$$

由于存在测试上的误差，上列方程式的右边不等于零，假定：

$$\mu\theta_1+kx_1-Y_1=\Delta F_1$$

$$\mu\theta_2+kx_2-Y_2=\Delta F_2$$

$$\cdots$$

$$\mu\theta_n+kx_n-Y_n=\Delta F_n$$

根据最小二乘法原理，则有：

$$(\mu\theta_1+kx_1-Y_1)^2+\cdots+(\mu\theta_n+kx_n-Y_n)^2=\sum_{i=1}^{n}(\Delta F_i)^2$$

当$\dfrac{\partial\sum(\Delta F_I)^2}{\partial\mu}=0$且$\dfrac{\partial\sum(\Delta F_i)^2}{\partial k}=0$时，$\sum(\Delta F)^2$取得最小值。

由此可得：

$$\begin{cases}\mu\sum\theta_i^{\ 2}+k\sum x_i\theta_i-\sum Y_i\theta_i=0\\ \mu\sum x_i\theta_i+k\sum x_i^{\ 2}-\sum Y_ix_i=0\end{cases}$$

解方程组即可得 μ、k 值。

孔道摩阻试验方法示意图见图 5.3.14。

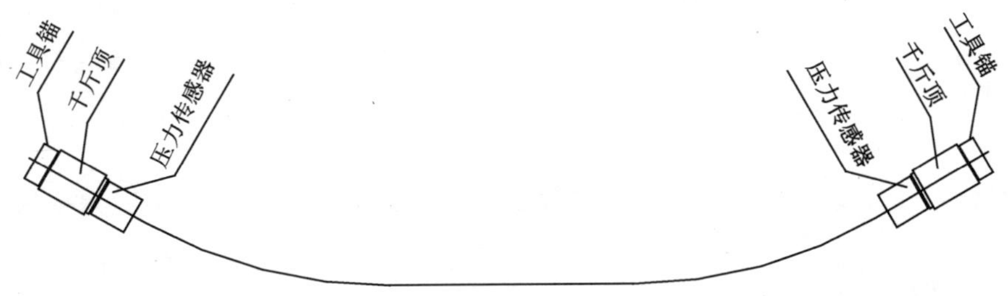

图 5.3.14 孔道摩阻试验方案

本次孔道摩阻试验共进行了 PS1、PS2 和 PS3 各 1 束 N2 共计 3 束预应力钢束的孔道摩阻损失测试，试验实测结果见表 5.3.2。

孔道摩阻损失测试结果 表5.3.2

钢束号	次数	荷载级	主动端荷载 P_k(kN)	被动端荷载 P_x(kN)	$A=P_x/P_k$
PS1	1	$0.8P_k$	1804.2	1786.3	0.990104725
		$0.9P_k$	2026.7	2007.6	0.990573167
		$1.0P_k$	2250.1	2231.9	0.991919607
	2	$0.9P_k$	1799.6	1783.8	0.991194307
		$0.8P_k$	2023.9	2006.4	0.991326302
		$1.0P_k$	2252.6	2234.4	0.991912641
PS2	1	$0.8P_k$	1797.1	1354.8	0.753864487
		$0.9P_k$	2023.6	1536.1	0.759105217
		$1.0P_k$	2254.0	1716.0	0.761307173
	2	$0.9P_k$	1799.6	1365.3	0.758649106
		$0.8P_k$	2026.9	1540.8	0.760205133
		$1.0P_k$	2250.4	1714.8	0.762003192
PS3	1	$0.8P_k$	1798.7	1687.9	0.938392169
		$0.9P_k$	2027.5	1906.2	0.940175137
		$1.0P_k$	2252.4	2125.3	0.943563133
	2	$0.8P_k$	1801.9	1699.9	0.943434061
		$0.9P_k$	2020.9	1917.0	0.948570810
		$1.0P_k$	2247.4	2135.7	0.950262420

根据表5.3.2中各试验预应力孔道的A值求得对应的Y值，然后将Y值及各预应力孔道的长度x和弯角和θ代入上文求解孔道摩阻系数的方程组中，即可得到试验预应力孔道的μ、k值。试验预应力孔道的实测μ、k值见表5.3.3。

孔道摩阻系数对照表 表5.3.3

孔道摩阻系数	试验实测值	规范参考值
μ	0.15	0.14~0.17
k	0.0017	0.0015

《公路钢筋混凝土及预应力混凝土桥涵设计规范》(JTG D62—2004)表6.2.2中孔道摩阻系数参考值为：塑料波纹管管道$\mu=0.14\sim0.17$，$k=0.0015$。本次试验测得的实际孔道摩阻系数与规范参考值接近。

2)锚圈口摩阻损失

张拉时锚具与预应力钢束之间发生摩擦及锚具本身的变形引起的预应力损失称为锚圈口摩阻损失。

锚圈口摩阻损失试验方法：

试验时在预应力钢束张拉端安装2个压力荷载传感器，一个安置在工作锚锚具内，另一个安置在工作锚锚具外，张拉时张拉端锚具内、外传感器测得的荷载差值即为锚圈口摩阻损失。锚圈口摩阻损失测试方案示意见图5.3.15。

锚圈口摩阻损失的计算方法为：

$$锚圈口摩阻损失=\frac{锚具外拉力-锚具内拉力}{锚具外拉力}\times 100\%$$

本次模型试验中预应力束锚圈口摩阻损失测试结果见表5.3.4。

锚圈口摩阻损失测试结果 表5.3.4

序号	锚内拉力(kN)	锚外拉力(kN)	锚圈口摩阻损失(%)
1	2181.6	2254.0	3.21
2	2191.9	2257.9	2.92
3	2180.8	2250.1	3.08
4	2177.1	2242.2	2.90
平均值			3.03

由表5.3.4可知，本次模型试验中各试验预应力束上实测得到的锚圈口摩阻损失平均值为3.03%。

3）锚固回缩损失

在预应力钢束锚固的时候，钢束端头拉力从千斤顶传递给锚具，不可避免地要引起钢束少量的回缩，承压的锚垫板也可能被压进梁端混凝土，这些原因引起预应力钢束缩短，从而导致预应力损失，称为锚固回缩损失。

试验方法：试验时在预应力钢束两端的工作锚具与锚垫板之间各安装1个压力荷载传感器，分级张拉至设计吨位后放张，分别测量两端传感器锚固前和锚固后的数值，换算成对应的荷载，两端传感器各自锚固前、后测得的荷载差值即为两端的锚固回缩损失。锚固回缩损失试验方案示意见图5.3.16。

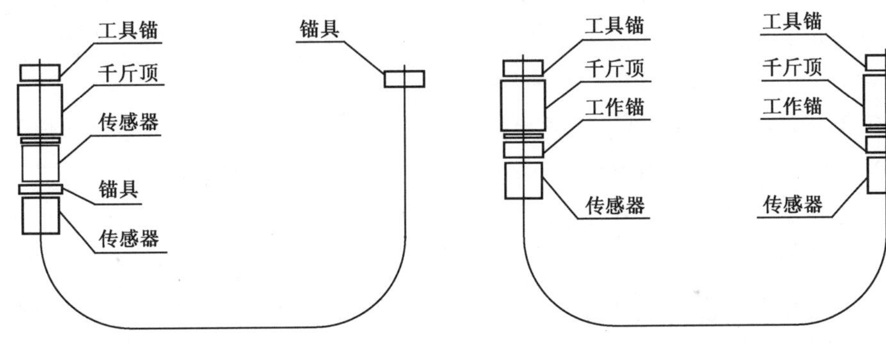

图5.3.15 锚圈口摩阻损失测试方案　　图5.3.16 锚固回缩损失测试方案

锚固回缩损失的计算方法为：

$$锚固回缩损失=\frac{锚固前拉力-锚固后拉力}{锚固前拉力}\times 100\%$$

本次试验在1束PS1和1束PS2预应力钢束上进行了锚固回缩损失测试，试验实测结果见表5.3.5。

锚圈口摩阻损失测试结果　表5.3.5

试验钢束	锚固前拉力(kN)	锚固后拉力(kN)	锚固回缩损失(%)
PS1	2254.1	1870.7	17.01
PS2	2247.7	1901.3	15.41
平均值			16.21

由表5.3.5可知,本次模型试验中各试验预应力钢束的锚固回缩损失的实测结果平均值为16.21%。

5.3.4 变形测试结果

模型中14束PS1、4束PS2和4束PS3预应力钢束全部张拉锚固后,测得的模型各主要部位变形值见表5.3.6。

变形测试结果　表5.3.6

表号	实测位移(mm)	方向	备注
1~4号均值	0.15	靠近模型中心	钢锚箱端部顺桥向位移
5号、6号均值	0.21	靠近模型中心	模型混凝土侧壁横桥向位移
7号、8号均值	0	钢锚箱侧板相对混凝土向下	钢混结合部上部竖向相对位移
9号、10号均值	0	钢锚箱侧板相对混凝土向下	钢混结合部下部竖向相对位移
11号、12号均值	0.02	靠近模型中心	混凝土端壁顺桥向位移
13号、14号均值	0.04	钢锚箱端部与混凝土相对远离	钢锚箱端部与混凝土顺桥向相对位移

由表5.3.6可知,模型节段中预应力钢束全部张拉锚固后,模型圆弧面侧壁处测点产生了约0.21mm的向着模型中心的变形;混凝土直侧壁(与钢锚箱侧板连接)在预应力作用下产生了压缩变形,并通过剪力钉将预压应力传递到与其连接的钢锚箱侧板,使侧板也产生了压缩变形,约为0.15mm;混凝土直侧壁压缩变形较钢锚箱侧板略大,故混凝土直侧壁端部与锚箱侧板端部产生相对远离的位移,约为0.04mm。

可见,在预应力作用下,模型混凝土框架发生了向着模型中心的微小变形,模型圆弧面侧壁向内变形相对略大,钢锚箱侧板、混凝土直侧壁顺桥向水平压缩变形次之。

5.3.5 加载工况试验结果及分析

1)裂缝观测结果

试验开始前,在模型表面涂刷白色石灰水,并画线,将模型表面划分成若干方格,以便于裂缝观测。试验加载前全面检查模型混凝土表面已经存在的裂缝,并用铅笔作出标记,以排除对试验时裂缝观测的影响。

当顶推荷载增加至1.0P时,模型混凝土表面全面观测结果表明,模型混凝土表面未出现因试验加载而产生的裂缝。

当顶推荷载增加至1.7P时,模型混凝土表面全面观测结果表明,模型混凝土表面仍未出现因试验加载而产生的裂缝。持荷试验过程中及持荷结束后经仔细的全面检查,仍未发现模型混凝土有开裂现象。

持荷完成后，对模型混凝土进行了钻芯取样，取样部位为钢锚箱侧壁钢板两头、靠斜拉索锚下承压板处混凝土（仿真计算结果表明该处混凝土主拉应力最大），从模型顶面贴着钢锚箱侧壁钢板往下钻孔，钻孔深度约为 1.4m（图 5.3.17）。混凝土芯样实物照片见图 5.3.18。

图 5.3.17 钻芯取样孔位

图 5.3.18 混凝土芯样照片

钻芯取样结果显示，钻出来的混凝土芯样表面未见有开裂迹象。

2)混凝土结构应力结果

混凝土结构应力结果如图5.3.19～图5.3.21所示。

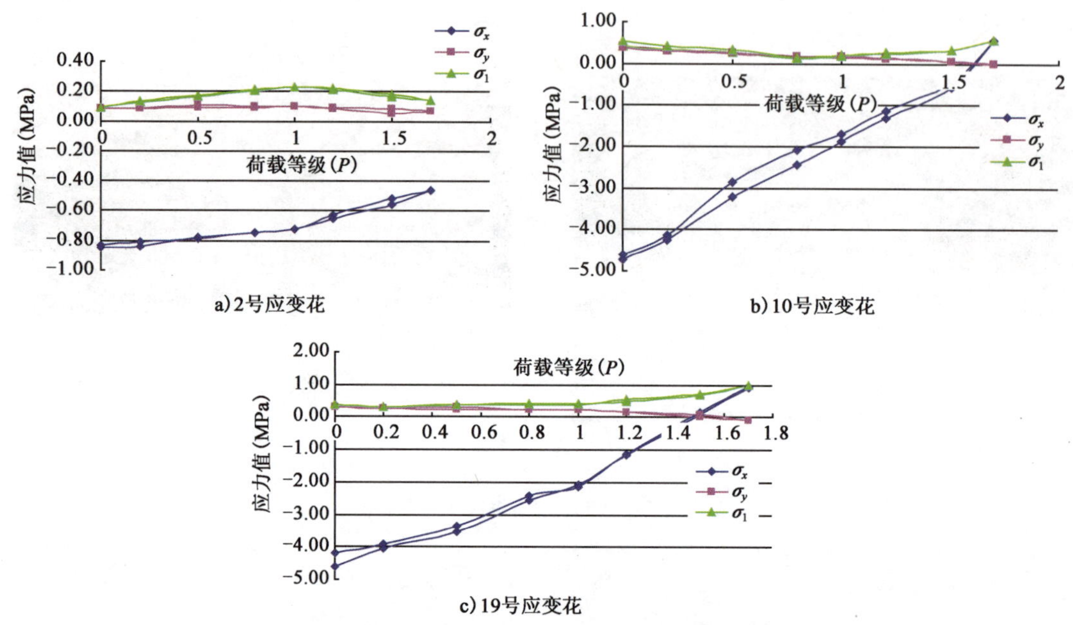

图5.3.19　部分应变花测点加载/卸载时荷载—应力历程曲线

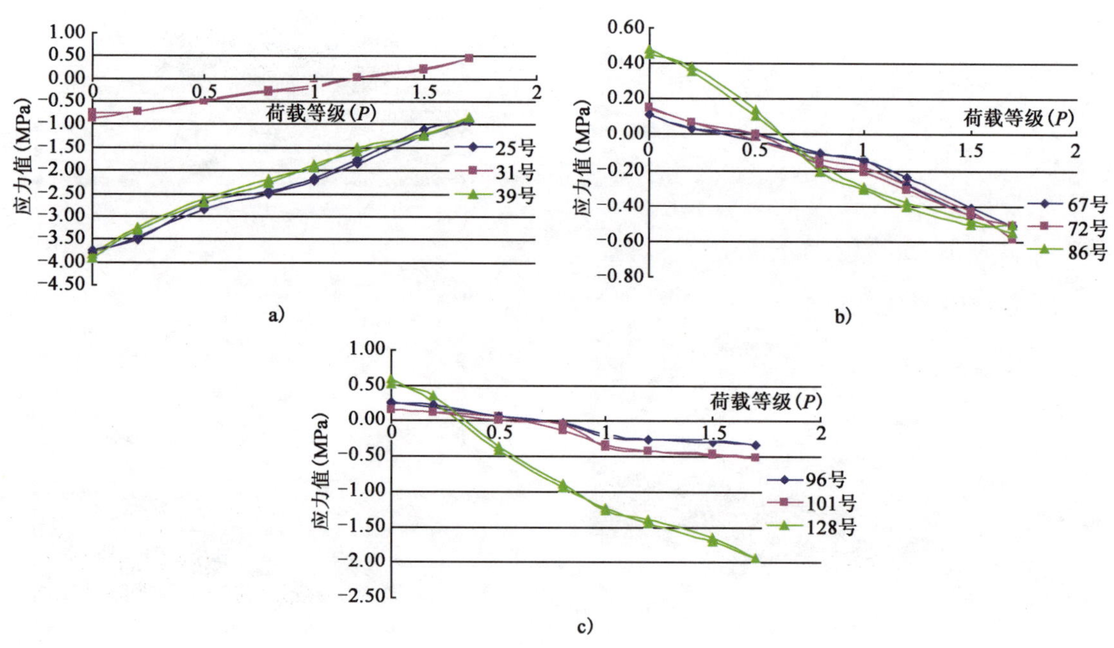

图5.3.20　部分单向应力测点加载/卸载时荷载—应力历程曲线

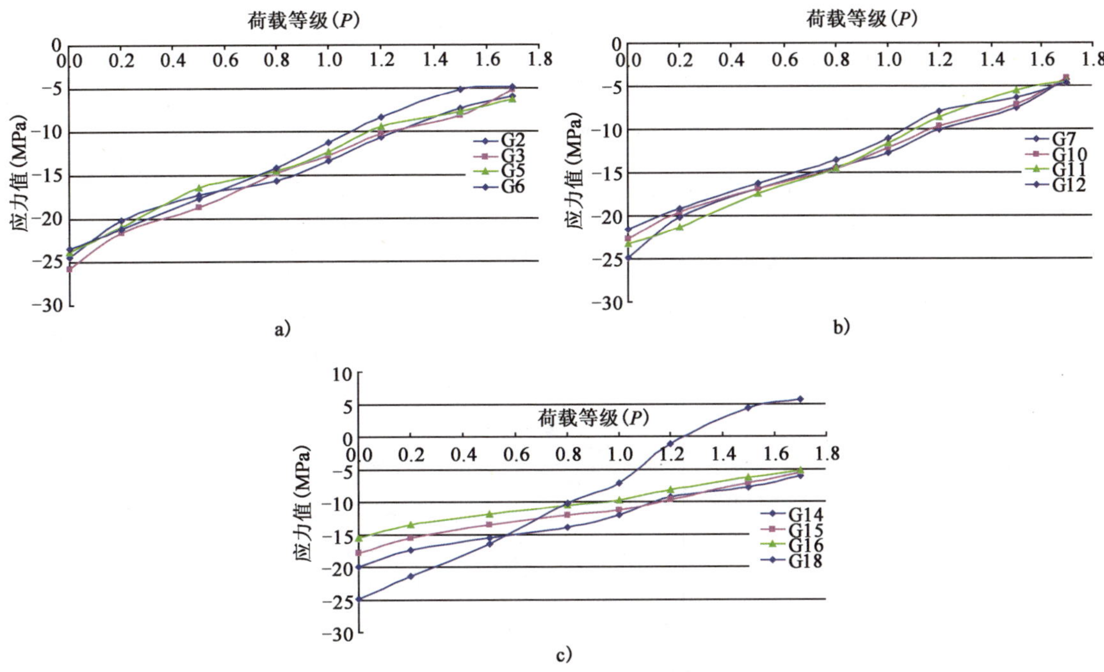

图 5.3.21 部分钢筋应力测点加载/卸载时荷载—应力历程曲线

3)钢锚箱应力结果

钢锚箱应力结果如图 5.3.22、图 5.3.23 所示。

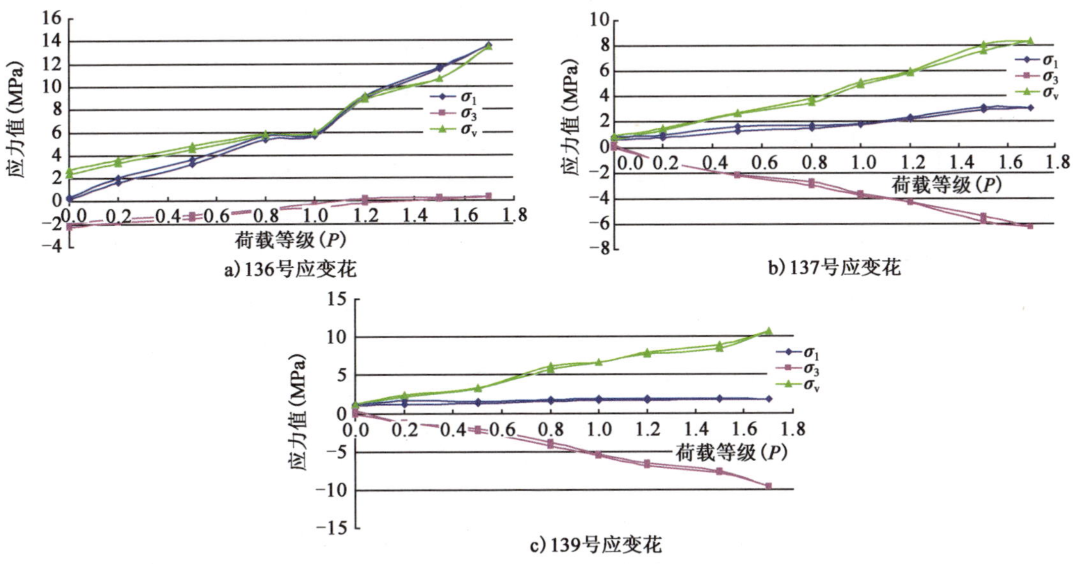

图 5.3.22 部分测点加载/卸载时荷载—应变历程曲线(一)

4)剪力钉应力结果

剪力钉在钢—混凝土组合结构中主要起到传递剪力和协调变形的作用,在本模型试验索塔锚固结构中剪力钉布置在钢锚箱的侧板上,全部呈水平向与钢板垂直焊接。

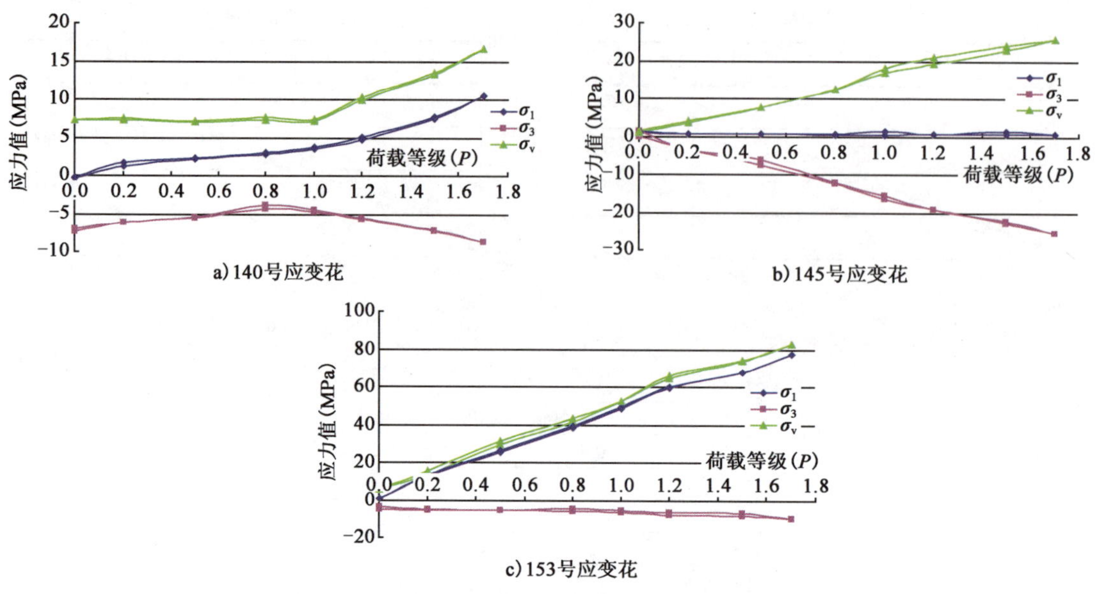

图5.3.23 部分测点加载/卸载时荷载—应变历程曲线(二)

图5.3.24为试验顶推加载及卸载时部分剪力钉应力测点的荷载—应力历程曲线。从图中可以看出,剪力钉左右测点历程曲线,远离侧板中心线侧测点应力曲线位于零轴以上,为拉应力,靠近侧板中心线侧测点应力曲线位于零轴下方,为压应力,表明剪力钉受到纵向剪力的作用,产生了微小的纵向弯曲变形。剪力钉上下测点历程曲线,下测点应力曲线位于零轴以上,为拉应力,上测点应力曲线位于零轴下方,为压应力,表明剪力钉受到竖向剪力的作用,产生了微小的向上的竖向弯曲变形。随着试验荷载的增大,各测点应力都呈近似线性的变化,表明试验加载过程中,剪力钉基本处于弹性工作状态。

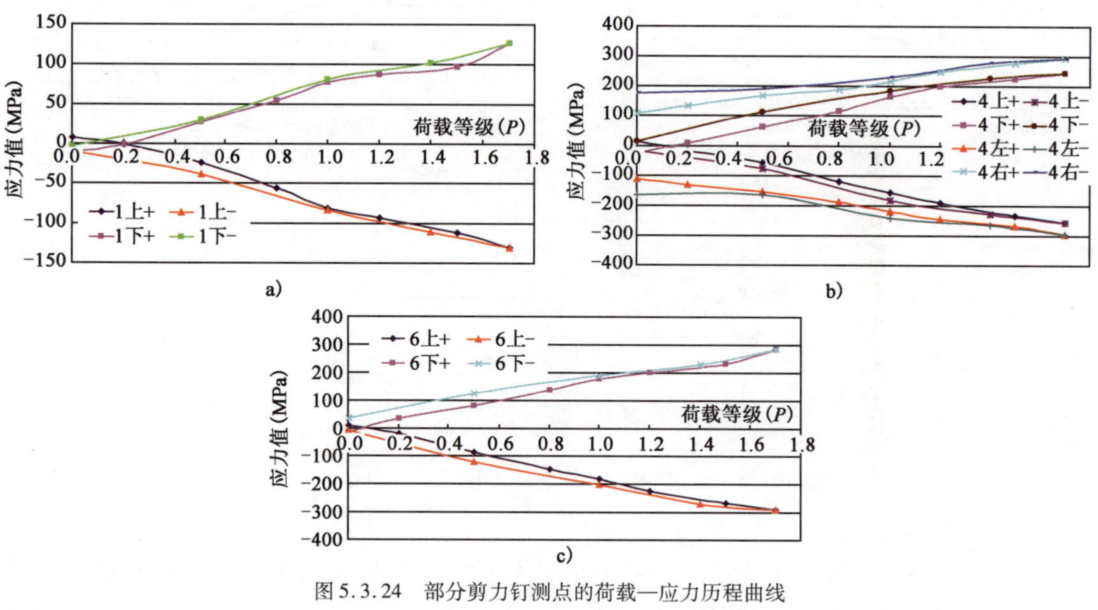

图5.3.24 部分剪力钉测点的荷载—应力历程曲线

注:图中"+"表示加载,"-"表示卸载,下文同

5)变形测试结果

当试验加载至1.0P及1.7P时,测得的模型各主要部位变形值见表5.3.7。由表5.3.7可知,当试验加载至1.0P和1.7P时,在斜拉索索力作用下,模型混凝土塔壁圆弧侧壁处测点分别产生了约为0.14mm和0.29mm的向着模型中心的横桥向水平变形,表明圆弧侧壁内壁受拉、外壁受压,这与应力测试结果中1.0P时圆弧侧壁内壁混凝土压应力减小、外壁混凝土压应力增大相符;模型混凝土端壁测点处分别产生了约为0.03mm和0.05mm的远离模型中心的顺桥向水平变形;钢锚箱侧板端部分别产生了约为0.18mm和0.28mm的远离模型中心的顺桥向水平变形,并通过剪力钉将变形传递到与其连接的混凝土直侧壁上,使混凝土直侧壁也产生了远离模型中心的顺桥向水平变形。因此,钢锚箱侧板和混凝土直侧壁在斜拉索索力作用下受拉,故1.0P时该两处压应力减小(相对预应力工况),应力测试结果与变形测试结果相一致。

变形测试结果 表5.3.7

表号	实测位移(mm)		方向	备注
	1.0P	1.7P		
1~4号均值	0.18	0.28	远离模型中心	钢锚箱端部顺桥向位移
5号、6号均值	0.14	0.29	靠近模型中心	模型混凝土侧壁横桥向位移
7号、8号均值	0.04	0.08	钢锚箱侧板相对混凝土向下	钢混结合部上部竖向相对位移
9号、10号均值	0.06	0.13	钢锚箱侧板相对混凝土向下	钢混结合部下部竖向相对位移
11号、12号均值	0.03	0.05	远离模型中心	混凝土端壁顺桥向位移
13号、14号均值	0.02	0.04	钢锚箱端部与混凝土相对远离	钢锚箱端部与混凝土顺桥向相对位移

注:表中数值未包含因施加预应力而产生的变形。

混凝土直侧壁端部顺桥向水平位移比钢锚箱侧板端部顺桥向水平位移略小,故混凝土直侧壁端部与锚箱侧板端部产生相对远离的位移,约为0.02mm和0.04mm。

当试验加载至1.0P和1.7P时,钢锚箱侧板顶部相对混凝土侧壁分别产生了约0.04mm和0.08mm的向下的位移,底部相对混凝土侧壁分别产生了约0.06mm和0.13mm的向下的位移。可见,钢锚箱侧板与塔壁混凝土之间的竖向相对位移较小,两者共同受力情况较好。

可见,在斜拉索索力作用下,在水平方向上,模型混凝土框架横桥向发生了向着模型中心的微小变形,顺桥向发生了远离模型中心的微小变形;在竖向上,混凝土直侧壁端部与锚箱侧板端部产生相对远离的位移,钢锚箱侧板相对混凝土侧壁发生了向下的较小位移,两者共同受力情况较好。

5.4 索塔锚固区外置式钢锚箱结构传力机理

通过单节段和多节段数值仿真计算,得出如下结论:

(1)钢锚箱大部分位置的应力极值不超过160MPa,满足规范要求。钢锚箱内加劲板上内凹槽出现较大应力,建议在不影响后期斜拉索维护的前提下取消加劲板的内凹槽或者加长凹槽顶部与锚垫板的长度。

(2)单多节段对比分析表明,单多节段受力规律和应力极值基本一致,单节段试验模型受力基本能反映实桥多节段受力情况。

(3)索塔锚固区剪力钉剪力分布极不均匀,节段底部竖向剪力较大,靠近钢锚箱背后的剪力钉受力变化较大。索塔节段模型上所有剪力钉平均剪力计算值接近2t,最大剪力计算值为4.3t,剪力钉受力合理,满足规范要求。

(4)在钢—混凝土摩擦系数取0.3,剪力钉剪切刚度取180kN/mm的计算条件下,单节段索塔锚固区剪力钉和摩擦力承担的水平力共为7503.8kN,占总水平的67.4%。锚箱拉板承担3528.8kN的总水平力,占32.6%。

(5)在钢—混凝土摩擦系数取0.3,剪力钉剪切刚度取180kN/mm的计算条件下,单节段半幅索塔锚固区上剪力钉承担9904.3kN的竖向剪力,占总竖向力的68.1%,摩擦力承担4649.7kN,占总竖向力的31.9%。

(6)将纵桥向预应力每孔由12股增加为20股后,剪力钉水平剪力大幅增加,混凝土内壁上的主压应力增加,混凝土内壁靠钢结构侧拉板处一面的主拉应力也稍增加,因此不建议增加每孔预应力股数。

通过节段模型试验,得出如下结论:

(1)预应力孔道摩阻系数测试结果为:预应力束与管道壁之间的摩擦系数=0.15,管道对其设计位置的偏差系数$k=0.0017$;锚圈口摩阻损失测试结果平均值为3.03%;锚固回缩损失测试结果平均值为16.21%。

(2)在预应力和1.0P斜拉索索力共同作用下,模型节段混凝土侧壁、端壁及顶面混凝土主要承受着压应力的作用,模型混凝土未产生裂缝。在预应力和1.7P斜拉索索力的共同作用下,模型混凝土侧壁孔侧、模型顶面局部顺桥向仍承受着一定的压应力,在钢混结合部混凝土及圆弧侧壁内壁出现主拉应力,混凝土测点处实测最大主拉应力为1.10MPa,最大顺桥向拉应力为1.50MPa,小于C50混凝土的抗拉强度。试验裂缝观测结果亦未见模型混凝土结构表面出现开裂现象,对重点部位的钻芯取样结果也未发现混凝土内部裂缝存在。

(3)钢锚箱实测应力结果表明,在预应力和1.0P斜拉索索力共同作用下,实测最大主拉应力出现在腹板上部角点处,最大值为65.28MPa;最大主压应力出现在腹板上部中间与锚下承压板的焊缝附近,最大值为-151.02MPa;钢锚箱结构测点处实测换算最大Von Mises应力为153.64MPa,满足相关规范的要求。在预应力和1.7P斜拉索索力共同作用下,钢锚箱实测最大主拉应力为99.68MPa,最大主压应力为-260.50MPa,实测最大换算Von Mises应力为267.12MPa,实测最大应力均小于Q345钢材的允许值。

(4)在预应力和1.0P斜拉索索力共同作用下,钢锚箱侧板上剪力钉应力测点实测拉应力最大值为311.47MPa;压应力最大值为-249.67MPa。剪力钉实测应力都小于其允许强度值,满足规范要求。在预应力和1.7P斜拉索索力共同作用下,除个别剪力钉已屈服外,其他剪力钉实测拉应力最大值为418.59MPa,压应力最大值为-332.48MPa,都小于剪力钉允许强度值。

6　超大吨位索力作用下索梁锚固形式

6.1　主要研究内容

鉴于索梁锚固区结构对桥梁的重要性和复杂性，通过相关文献的查阅了解斜拉桥的主要锚固形式以及相关的传力机理，同时通过试验研究、理论分析和数值仿真相结合，理论联系实际，对千厮门嘉陵江大桥和东水门长江大桥受力复杂且特殊的拉索横梁的疲劳问题展开系统研究。主要研究内容如下：

(1)疲劳荷载谱以及正交异性钢桥面板加劲肋与拉索横梁交叉细节处疲劳应力谱研究。

参考国内外相关规范和资料，在进行相关调研的基础上，通过结构分析得到两江桥的疲劳荷载谱及相应的加劲肋与拉索横梁交叉细节处的疲劳应力谱，为理论和试验研究提供重要的依据。

(2)正交异性钢桥面板板型纵肋与拉索横梁交叉细节的有限元分析。

利用剪力整体和局部有限元模型，对重庆两江桥正交异性钢桥面板板型纵肋与拉索横梁交叉细节进行多组参数对比分析，研究应力场分布特征及应力集中系数大小，得到加劲肋与拉索横梁交叉细节处的研究区域应力控制点的应力情况，为试验模型的设计提供重要的参考依据。

(3)正交异性钢桥面板板型纵肋与纵梁横梁交叉细节的疲劳模型试验。

对各疲劳试验模型方案进行比选，得到最优的试验方案，对加劲肋与拉索横梁交叉细节处通过疲劳加载得出研究细节处的疲劳性能以及疲劳裂纹扩展情况。

(4)正交异性钢桥面板板型纵肋与拉索横梁交叉细节的疲劳安全性评估。

综合有限元分析和试验结果，总结正交异性钢桥面板板型纵肋的疲劳寿命评估方法，明确正交异性钢桥面板板型纵肋的疲劳强度和抗疲劳制造工艺。

6.2　索梁锚固区有限元数值模拟

6.2.1　有限元模型建立

利用分析软件 ANSYS，采用混合单元建立重庆千厮门大桥全桥有限元模型。研究梁段采用 SHELL63 单元模拟，其他梁段桥面板采用 SHELL63 单元模拟，其他杆件采用 Beam4 单元模拟。通过引入位移约束方程，保证板单元模拟的杆件与梁单元模拟的杆件之间满足变形协调，如图 6.2.1 和图 6.2.2 所示。

局部锚固节段分析采用子模型方法，首先对局部锚固节段建立精细壳单元和实体单元的混合单元仿真分析模型，然后从整体分析模型的分析结果中提取局部锚固节段的位移边界条件，施加于局部锚固节段边界上，从而进行局部锚固节段精细分析。选取斜拉索索力最大的斜拉索锚固节段，对结构进行理论分析和仿真计算，然后对拉索横梁的应力和变形进行评价。本研究选择了 10 号索锚固节段(端索,恒载索力 12690kN,活载索力 810kN)进行分析。索梁锚固段采用板单元建模,如图 6.2.3 所示。

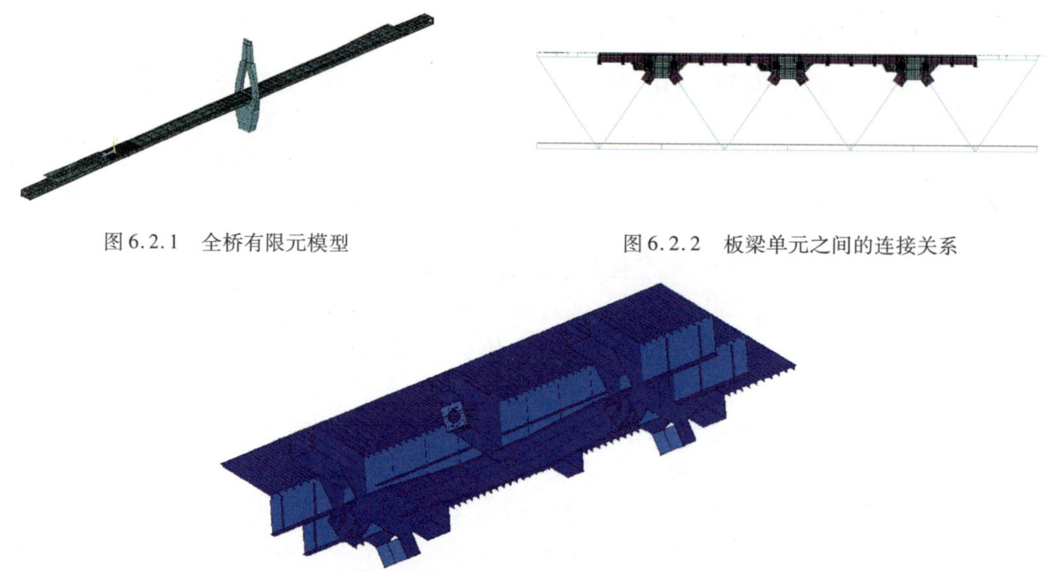

图 6.2.1 全桥有限元模型

图 6.2.2 板梁单元之间的连接关系

图 6.2.3 拉索横梁结构局部模型

6.2.2 结果及分析

1)应力分析结果

拉索区横梁构造和受力都很复杂,是重点研究对象。图 6.2.4 示出了恒载 + 活载作用下拉索横梁的横桥向正应力分布情况。从图中可以看出,横桥向应力在拉索横梁与中纵梁腹板交界处、拉索横梁的腹板与隔板交界处、苹果形开口处存在应力集中现象,应力集中值为 200MPa、165MPa。横桥向应力峰值区域出现在拉索横梁与中纵梁腹板交界的上下缘局部区域内,靠近锚箱的拉索横梁应力峰值为 60 ~ 90MPa、80 ~ 120MPa,另一拉索横梁应力峰值为 45 ~ 75MPa、60 ~ 100MPa。

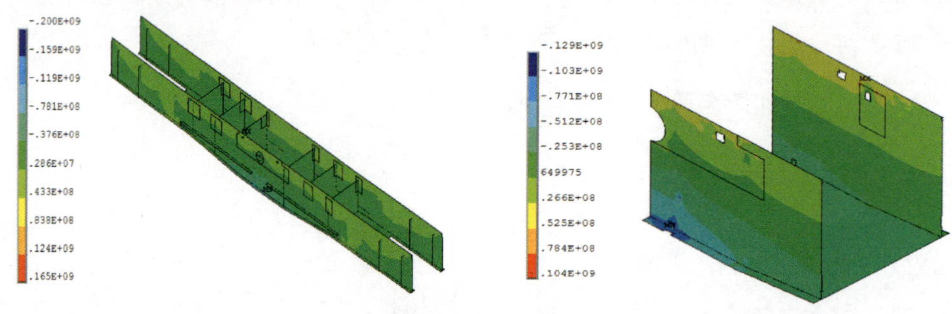

图 6.2.4 拉索横梁正应力(单位:Pa)

图 6.2.5 示出了恒载 + 活载作用下拉索横梁的 Mises 应力分布情况。从图中可以看出,Mises 应力在拉索横梁与中纵梁腹板交界处存在应力集中现象,应力集中值分别为 204MPa、190MPa、175MPa。Mises 应力峰值区域出现在拉索横梁与中纵梁腹板交界的上下缘局部区域内,靠近锚箱的拉索横梁应力峰值为 90 ~ 120MPa,另一拉索横梁应力峰值为 80 ~ 95MPa。

靠近锚箱的拉索横梁应力比另一拉索横梁应力大，且应力峰值区域要大。

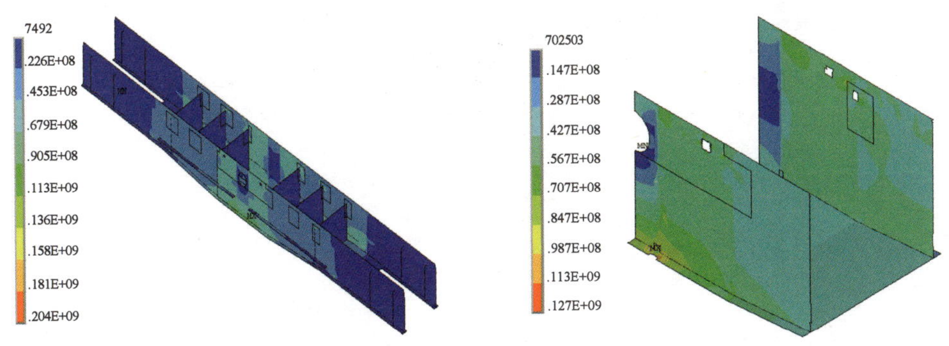

图 6.2.5　拉索横梁 Mises 应力(单位:Pa)

2)变形分析

图 6.2.6 为拉索横梁顺桥向位移情况。从图中可以看出，拉索横梁跨中上拱，并伴随拉索横梁整体沿横桥向扭转，拉索横梁腹板上下缘的最大顺桥向位移差为 4.0mm。

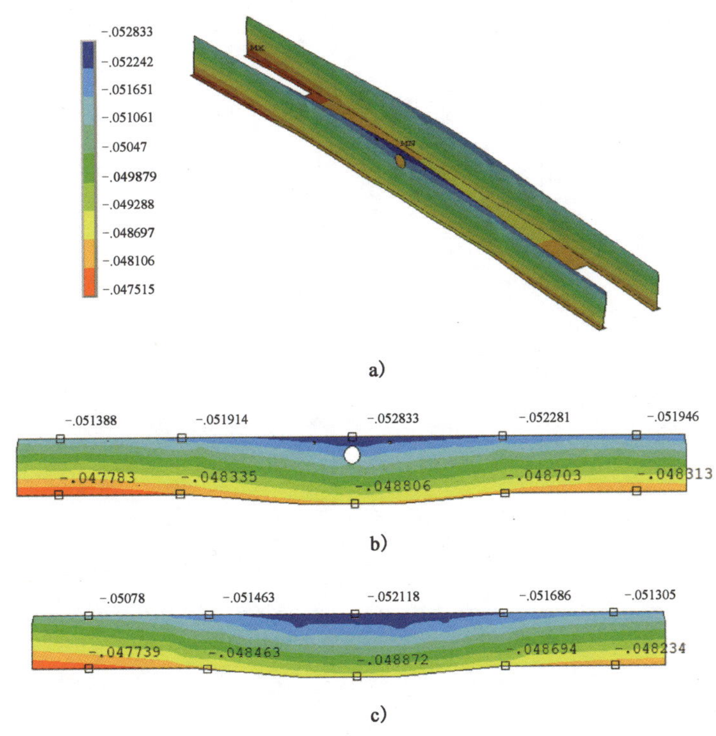

图 6.2.6　拉索横梁主腹板(两片)的顺桥向位移(单位:m)

拉索横梁腹板面外变形主要是由于结构整体位移导致的拉索横梁扭转位移所致。该扭转位移主要原因：一是上弦杆与斜腹杆交界节点区域扭转，该扭转效应主要源于两斜腹杆的变形；二是锚固区斜拉索索力对拉索横梁整体的上拱和扭转效应(图 6.2.7)。拉索横梁某一截面 AA 如图 6.2.8 所示。拉索横梁腹板如图 6.2.9 所示。拉索横梁的扭转位移和面外弯曲位移见表 6.2.1 和表 6.2.2。

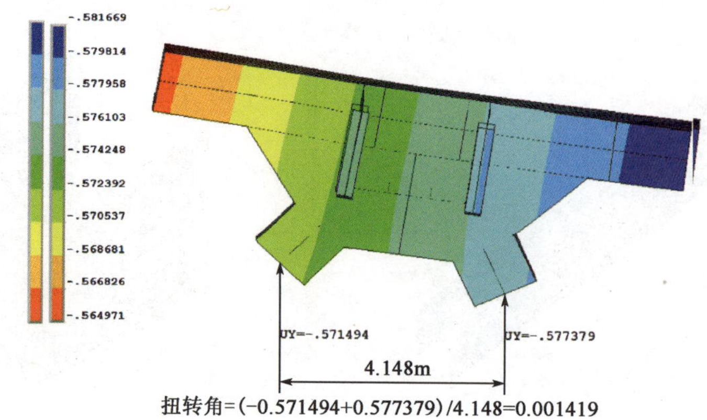

图 6.2.7　上弦杆与斜腹板交界节点区域的竖向位移和扭转角

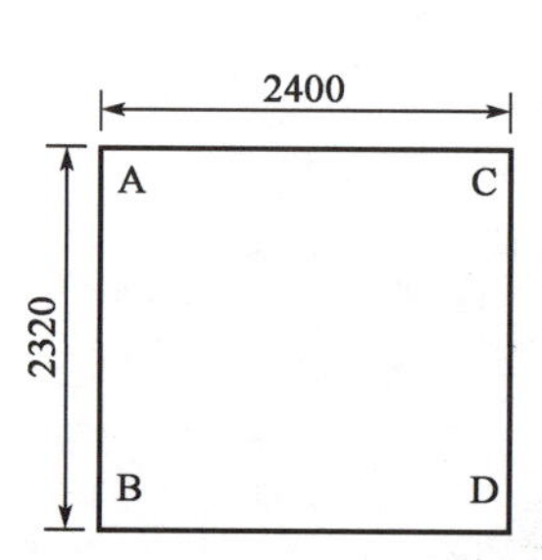

图 6.2.8　拉索横梁某一截面 AA(尺寸单位:mm)

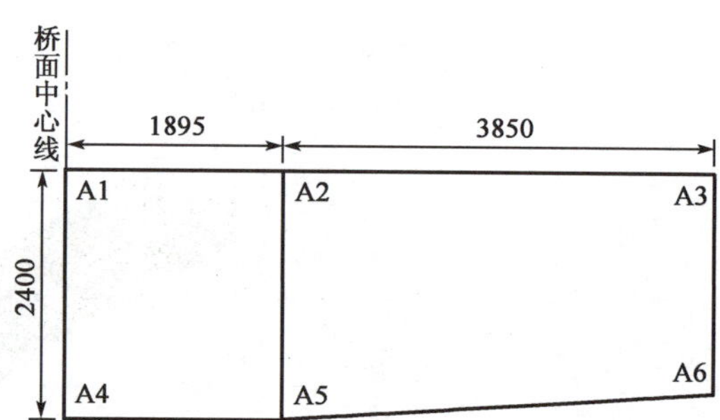

图 6.2.9　拉索横梁腹板(尺寸单位:mm)

拉索横梁截面 AA 扭转位移(单位:mm)　　表 6.2.1

点号	A	B	C	D
顺桥向	-0.05255	-0.04876	-0.05204	-0.04879
竖向	-0.56857	-0.56859	-0.57239	-0.57237
顺桥向位移差	A-B	-0.00379	对应的扭角	-0.00152
	C-D	-0.00325		
竖向位移差	C-A	-0.00382	对应的扭角	-0.00158
	D-B	-0.00378		

拉索横梁腹板的面外弯曲位移(单位:mm)　　表 6.2.2

主腹板	顺桥向	-0.05283	-0.05265	-0.05226	-0.0488	-0.04873	-0.04869
	顺桥向位移差(面外弯曲位移)	A1-A3	-0.00057				
		A4-A6	-0.00011				
次腹板	顺桥向	-0.0521	-0.05213	-0.0517	-0.04887	-0.04876	-0.04871
	顺桥向位移差(面外弯曲位移)	A1-A3	-0.0004				
		A4-A6	-0.00015				

3)拉索横梁面外变形对板肋疲劳性能的影响分析

图 6.2.10 和图 6.2.11 分别示出了车轮荷载作用下、活载索力作用下,拉索横梁腹板的

苹果开孔处主拉应力。拉索横梁腹板的苹果开孔与板肋交界焊缝的主拉应力幅最大值为15.0MPa，活载索力作用下该交界焊缝的主拉应力幅最大值为0.9MPa，所占的百分比较小，由此可知，拉索横梁面外变形对拉索横梁的腹板苹果开孔与板肋交界局部区域的疲劳性能影响较小。

图 6.2.10　车轮荷载下拉索横梁主拉应力(单位:Pa)

图 6.2.11　活载下拉索横梁主拉应力(单位:Pa)

6.3　索梁锚固区疲劳模型试验

本试验考虑竖向和横向两个方向的影响，先在横梁跨中施加一个竖向力，试验加载同时对横梁(箱梁)的桥面板施加两处竖向面荷载和横梁侧向施加水平荷载进行疲劳试验，如图6.3.1所示。施加荷载大小根据试验梁板肋连接细节控制点处在与实桥相同位置产生接近的主拉应力幅相同或稍大确定。

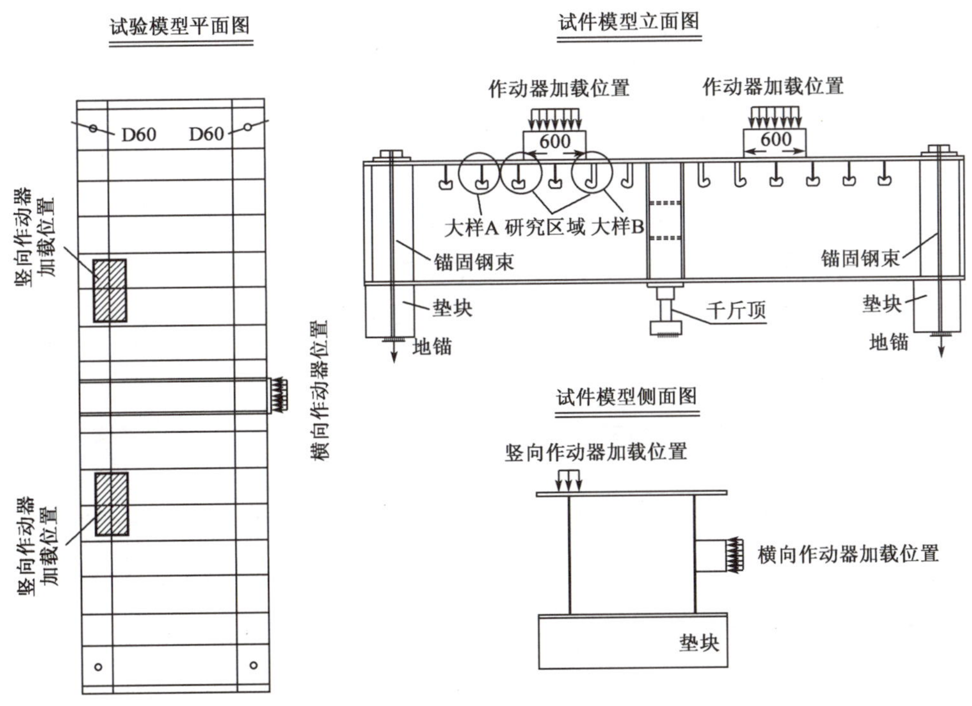

图 6.3.1　疲劳试验模型方案图(尺寸单位:mm)

6.3.1 试验模型及试验过程

本试验加载方案根据需要分为以下两种：①在实桥疲劳应力幅作用下试验加载200万次，验证细节设计的疲劳可靠性；②在两倍实桥疲劳应力幅作用下继续试验加载225万次。两部分加载次数（即加载425万次）等效为实桥疲劳应力幅作用的2000万次，探索该细节设计的疲劳性能。试验布置照片如图6.3.2所示。

图6.3.2 试验布置照片

由于试验模型采用对称结构，因此应变测点也具有对称性，在试验中测点H3和H8是关于跨中点对称的，因此应力控制点取其中的一个较大值。加载处横隔板P1内外表面都粘贴应变片，P2外表面粘贴应变片，具体情况如表6.3.1所示，图6.3.3和图6.3.4所示为其具体位置，括号内为对应的内表面应变片编号。加劲肋和桥面板的应力情况也是本项目很关心的问题，由于对称性，分析采用一半的测点来分别分析苹果型和钥匙型开孔加劲肋的应力分布情况，如表6.3.2、表6.3.3和图6.3.5、图6.3.6所示。

横隔板关键位置应变测点 表6.3.1

测点编号	测点编号	测点位置
H3	苹果型开孔	中跨对称位置及内外表面
H13		
H8		
H18		
H4	钥匙型开孔	对称位置及内外表面
H14		
H7		
H17		
H23	P2横隔板对应控制	外表面
H24		
H27		
H28		

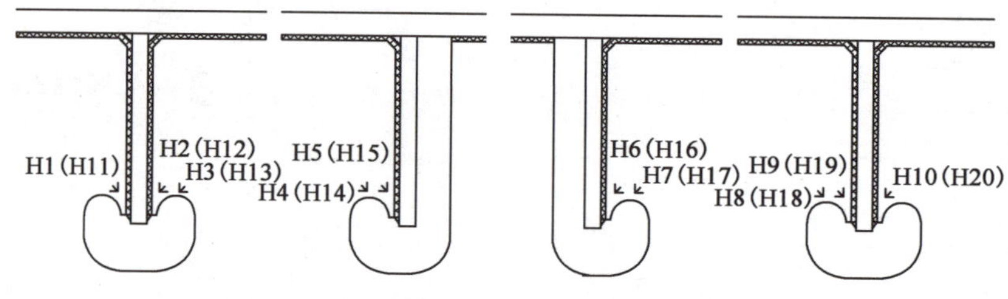

图6.3.3 P1横隔板应变测点布置示意图

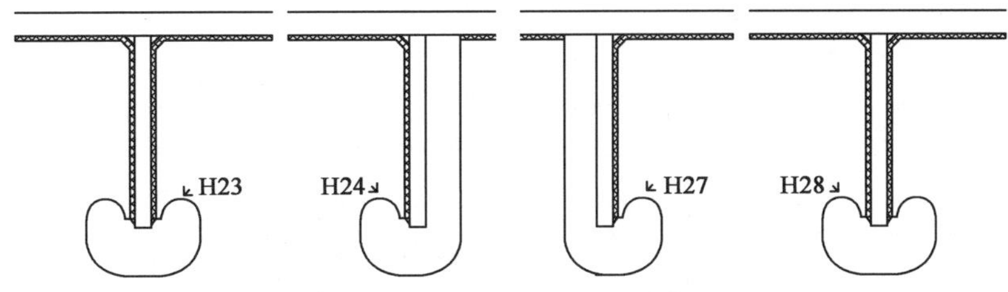

图6.3.4　P2 横隔板应变测点布置示意图

加劲肋关键位置应变测点　　表6.3.2

测点编号	测点类型	测点位置
J1	苹果型开孔	对称位置及内外表面
J11		
J2		
J12		
J3	钥匙型开孔	对称位置及内外表面
J13		
J4		
J14		

桥面板关键位置应变测点　　表6.3.3

测点编号	测点类型	测点位置
Q1	苹果型开孔	对称位置及内外表面
Q2		
Q3		
Q4		
Q5	钥匙型开孔	对称位置及内外表面
Q6		

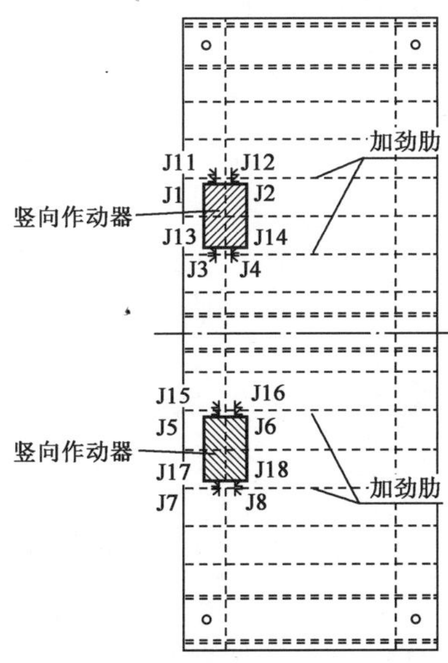

图6.3.5　加劲肋应变测点布置图(平面图)

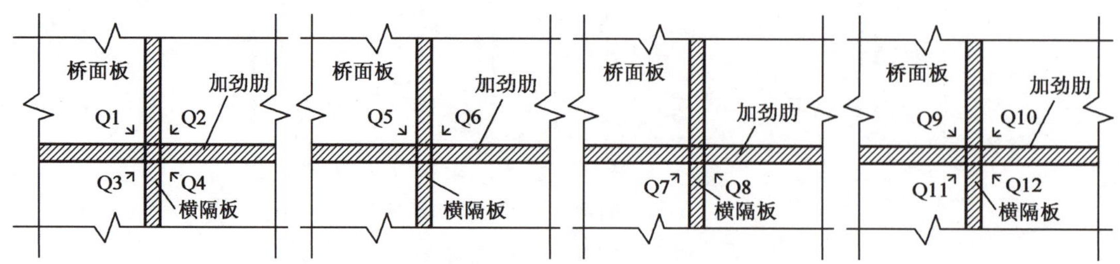

图 6.3.6 桥面板应变测点布置图(仰视图)

6.3.2 200 万次疲劳加载试验结果分析

1)试件位移—荷载关系

通过测量横隔板 P1 和 P2 的两个竖向位移测点 V1 和 V2,及 P1 上设置水平向位移测点 HS1,可以得到疲劳试验过程中试件的变形变化情况。图 6.3.7 ~ 图 6.3.9 为各测点分别在 200 万次疲劳荷载循环后的变化情况。

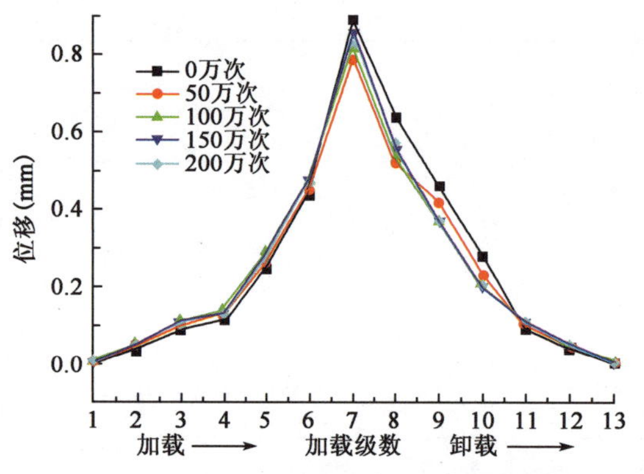

图 6.3.7 V1 点位移变化情况

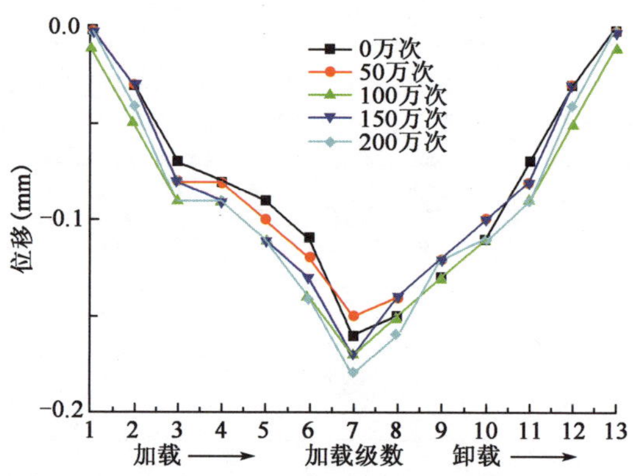

图 6.3.8 V2 点位移变化情况

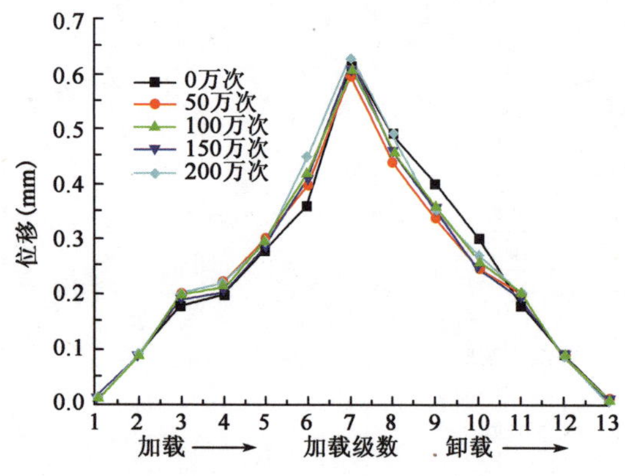

图 6.3.9 HS1 点位移变化情况

从图 6.3.7 ~ 图 6.3.9 可以看出:实测位移与荷载大致呈线性关系,在加载和卸载两个过程中位移具有很好的对称性(可恢复性),而且每次静载试验的位移值很接近,这说明整个结构在受荷载过程中处于弹性工作阶段。

2)横隔板开孔位置应力变化情况

H1 和 H2 为横隔板苹果型开孔处与纵肋的连接焊缝处的两个应变测点,H3 为应力控制点,试验中主拉应力变化如图 6.3.10 ~ 图 6.3.12 所示。

由于局部轮压作用,H1 点试验中受力变化在 0.2 ~2MPa 之间,与有限元分析基本一致,应力值较小。H2 测点应力随荷载增加而增加,这意味着该处的竖向焊缝在轮载和水平荷载作用下产生较大主拉应力,应力值可达 13MPa。图 6.3.10 说明 H3 测点应力随荷载增加而增加,H3 位于开孔的应力集中部位,主拉应力较大。H4 和 H5 为钥匙形开孔的两个测点,由图 6.3.11 和图 6.3.12 可知:两点应力变化跟苹果型开孔处 H2 和 H3 测点基本相同,主拉应力值在 16MPa 以下。

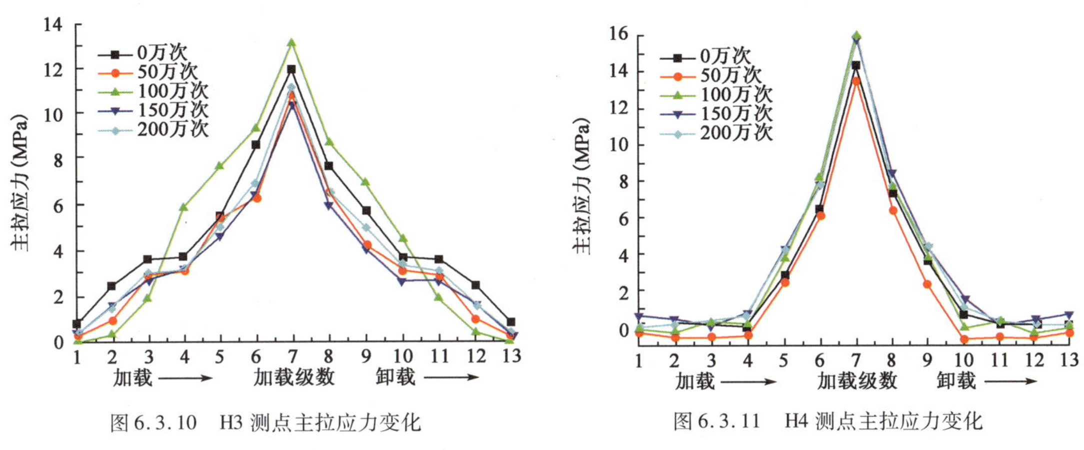

图 6.3.10　H3 测点主拉应力变化

图 6.3.11　H4 测点主拉应力变化

3)加劲肋上测点位置应力变化情况

J1 和 J2 是苹果型开孔处加劲肋箱梁里外两个测点, J11 和 J12 是加劲肋两个面上对应的两个测点。同样 J3、J4、J13 和 J14 是钥匙型开孔加劲肋的四个测点。图 6.3.13、图6.3.14 为钥匙型开孔处加劲肋四个测点 J3 和 J4 的主拉应力变化情况。

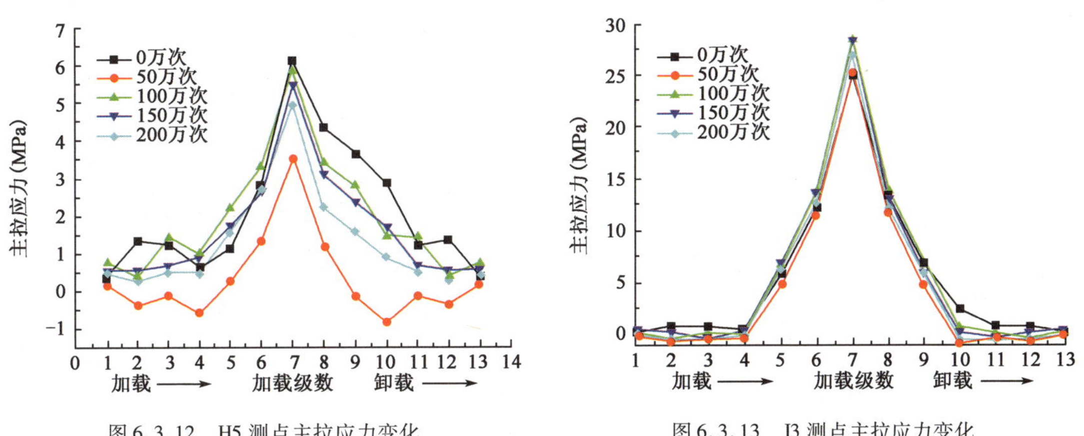

图 6.3.12　H5 测点主拉应力变化

图 6.3.13　J3 测点主拉应力变化

由测量结果可知:苹果型开孔处加劲肋主拉应力值都很小,一般为 4MPa 以下,最大也不超过 8MPa,其随荷载变化而变化幅度也较小,其主要原因在于加劲肋左右的刚度相同,且比加劲肋面外刚度大很多,因此加劲肋的变形小,应力水平低。

从图 6.3.13、图 6.3.14 可以看出,钥匙型开孔处加劲肋主拉应力值比苹果型开孔处加劲肋应力水平高,其主要原因在于加劲肋左右的刚度不相同,加劲肋有一表面没与横隔板焊接,这个表面(其上的两个测点为 J3 和 J4)的刚度就非常弱,因此加劲肋的变形大,应力水平高，最大主拉应力值为30MPa。而另一个表面应力水平较低，与苹果型开孔处加劲肋主拉应力水平相当，不超过4MPa。

4）桥面板测点位置应力变化情况

Q1、Q2、Q3和Q4是苹果型开孔处桥面板的四个测点，Q5和Q6是钥匙型开孔处桥面板的两个测点。图6.3.15、图6.3.16为钥匙型开孔处桥面板两个测点的主拉应力变化情况。

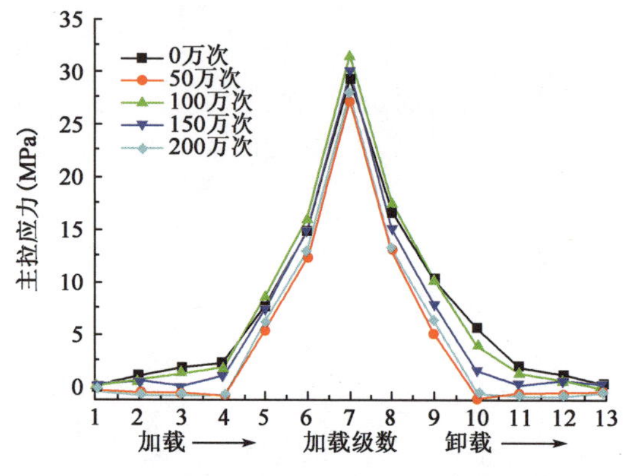

图6.3.14　J4测点主拉应力变化

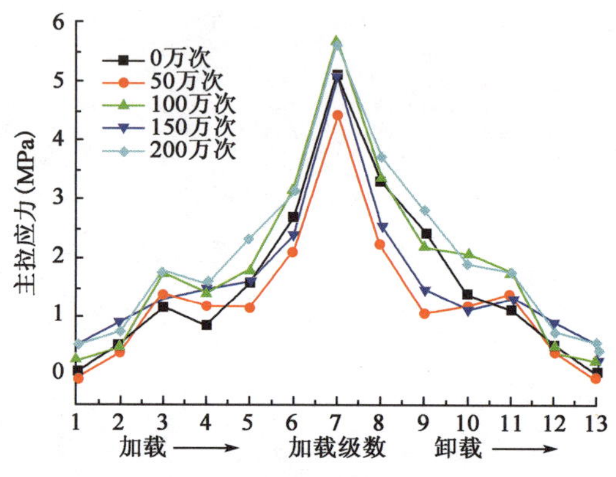

图6.3.15　Q5测点主拉应力变化

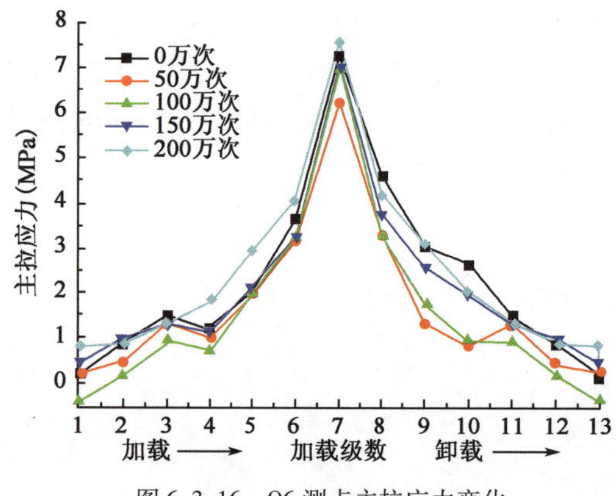

图6.3.16　Q6测点主拉应力变化

由主拉应力测量结果可知，苹果型开孔处桥面板主拉应力值都很小，一般为4MPa以下，其随荷载变化而变化幅度也较小，其主要原因在于桥面板下横隔板的刚度较大，且没中断，因此桥面板的变形小，应力水平低。

由图6.3.15、图6.3.16可以看出：钥匙型开孔处桥面板主拉应力值比苹果型开孔处桥面板应力水平高，其主要原因在于加劲肋左右的横隔板有中断，刚度不相同，加劲肋有一表面没与横隔板焊接，刚度就非常弱，因此桥面板的变形较大，应力水平较高，最大主拉应力值为8MPa，而且应力变化幅度也比较大。

从以上各图可以看出：实测应变与荷载增加大致呈线性关系，在加载和卸载两个过程中应变具有很好的对称性（可恢复性），而且每次静载试验的应变值很接近，表明在疲劳荷载循环加载200万次过程中，正交异性板连接构造未发生明显的应力重分布。

6.3.3　200万～425万次疲劳加载试验结果分析

1）试件位移—荷载关系

通过测量横隔板P1和P2的两个竖向位移测点V1和V2及P1上设置水平向位移测点HS1，可以得到疲劳试验过程中试件的变形变化情况。图6.3.17～图6.3.19为各测点分别在200万～425万次疲劳荷载循环后的变化情况。

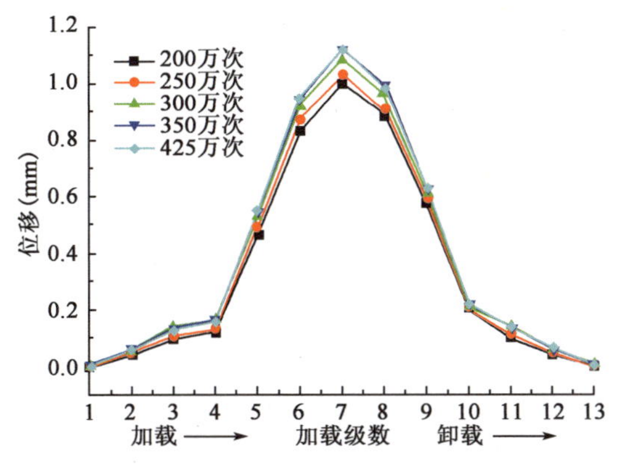

图 6.3.17　V1 点位移变化情况

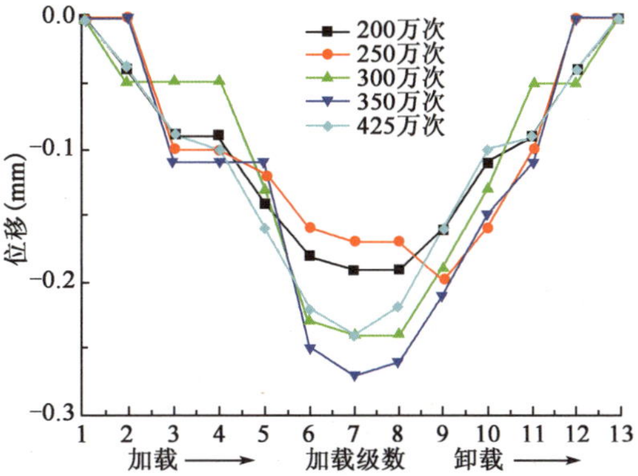

图 6.3.18　V2 点位移变化情况

从图 6.3.17～图 6.3.19 可以看出:实测位移与荷载大致呈线性关系,在加载和卸载两个过程中位移具有很好的对称性(可恢复性),而且每次静载试验的位移值很接近,这说明在提高荷载后,整个结构在受荷载过程中仍处于弹性工作阶段。

2)横隔板开孔位置应力变化情况

试验中 H2 和 H3 测点主拉应力变化如图 6.3.20、图 6.3.21 所示,H4 和 H5 测点主拉应力变化如图 6.3.22、图 6.3.23 所示。

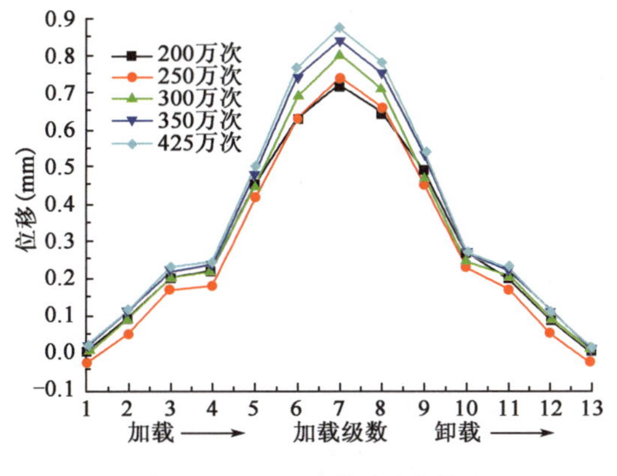

图 6.3.19　HS1 点位移变化情况

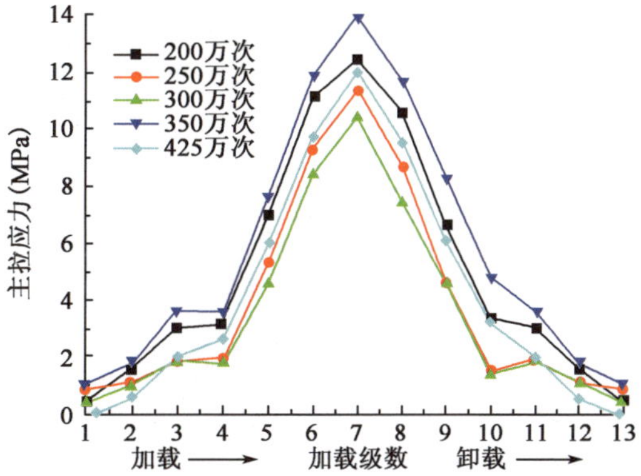

图 6.3.20　H2 测点主拉应力变化

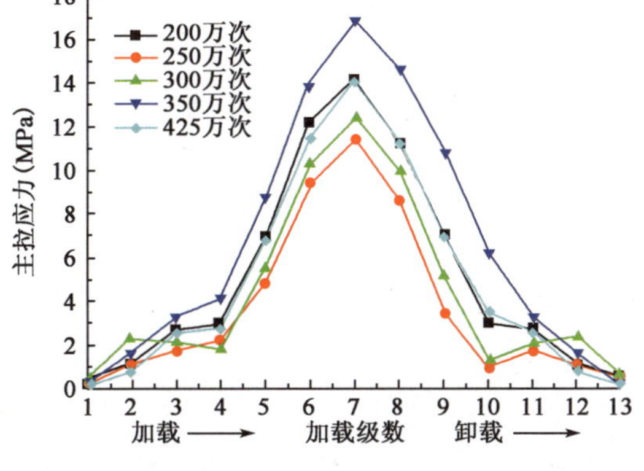

图 6.3.21　H3 测点主拉应力变化

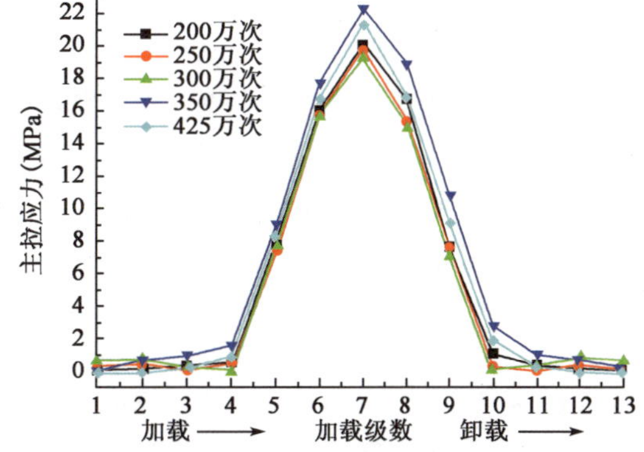

图 6.3.22　H4 测点主拉应力变化

H1 测点与 200 万次内的结果基本相同，主拉应力值在 4MPa 以下。由图 6.3.20 可知，H2 测点应力随荷载增加而增加，这意味着该处的竖向焊缝在轮载和水平荷载作用下产生较大主拉应力，应力值可达 14MPa。由图 6.3.21 可知，H3 测点应力随荷载增加而增加，H3 位于开孔的应力集中部位，主拉应力较大。提高疲劳荷载幅后，试件的受力性能并没有发生很大改变。

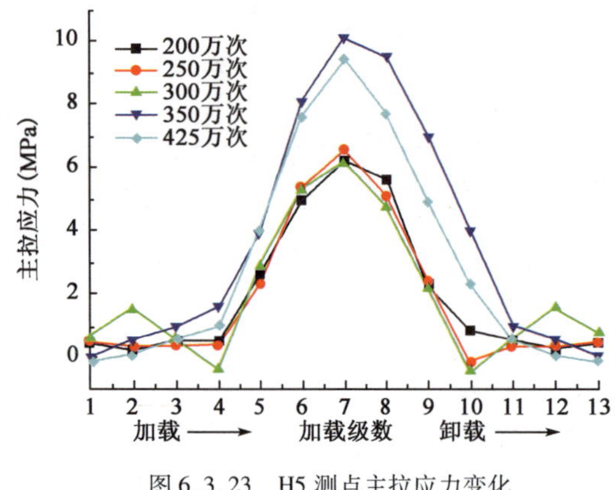

图 6.3.23 H5 测点主拉应力变化

H4 和 H5 为钥匙型开孔的两个测点，由图 6.3.22 和图 6.3.23 可知：这两点应力变化跟苹果型开孔处 H2 和 H3 测点基本相同，主拉应力值最大达到 22MPa。

3）加劲肋上测点位置应力变化情况

J1、J2、J11 和 J12 是加劲肋两个面上对应的四个测点。同样 J3、J4、J13 和 J14 是钥匙型开孔加劲肋的四个测点。图 6.3.24、图 6.3.25为钥匙型开孔处加劲肋两个测点 J3 和 J4 的主拉应力变化情况。由主拉应力测量值可知：苹果型开孔处加劲肋主拉应力值都很小，一般为 4MPa 以下，其随荷载变化而变化幅度也较小，其主要原因在于加劲肋左右的刚度相同，且比加劲肋刚度大很多，因此加劲肋的变形小，应力水平低。

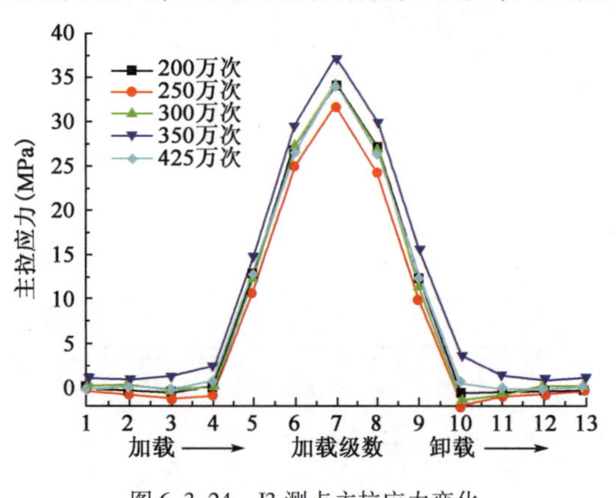

图 6.3.24 J3 测点主拉应力变化

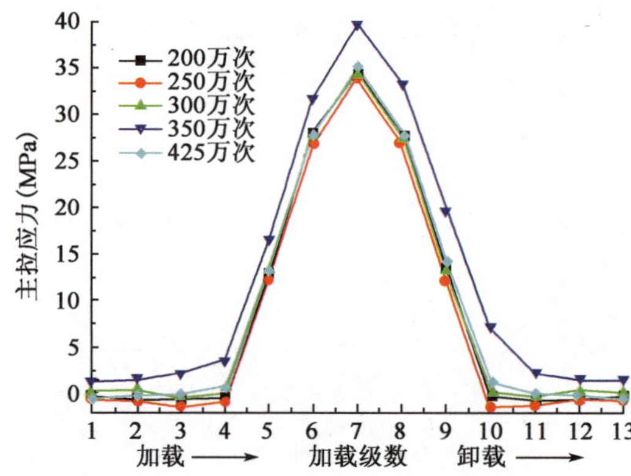

图 6.3.25 J4 测点主拉应力变化

由主拉应力测量值可见，钥匙型开孔处加劲肋主拉应力值比苹果型开孔处加劲肋应力水平高，其主要原因在于加劲肋左右的刚度不相同，加劲肋有一表面没与横隔板焊接，这个表面（其上的两个测点为 J3 和 J4）的刚度就非常弱，因此加劲肋的变形大，应力水平高，最大主拉应力值为 38MPa。而另一个表面应力水平较低，与苹果型开孔处加劲肋应力水平相当。

4）桥面板测点位置应力变化情况

Q1、Q2、Q3 和 Q4 是苹果型开孔处桥面板的四个测点，Q5 和 Q6 是钥匙型开孔处桥面板的两个测点。图 6.3.26、图 6.3.27 为钥匙型开孔处桥面板两个测点的主拉应力变化情况。

由主拉应力测量值可知，苹果型开孔处桥面板主拉应力值都很小，一般为 4MPa 以下，其随荷载变化而变化幅度也较小。由主拉应力测量值可知，钥匙型开孔处桥面板主拉应力值比苹果型开孔处桥面板应力水平高,其主要原因在于加劲肋左右的横隔板有中断,刚度不相同,加劲肋有一表面没与横隔板焊接,刚度就非常弱,因此桥面板的变形较大,应力水平较高,Q6 点最大主拉应力值为 11.5MPa,而且应力变化幅度也比较大。

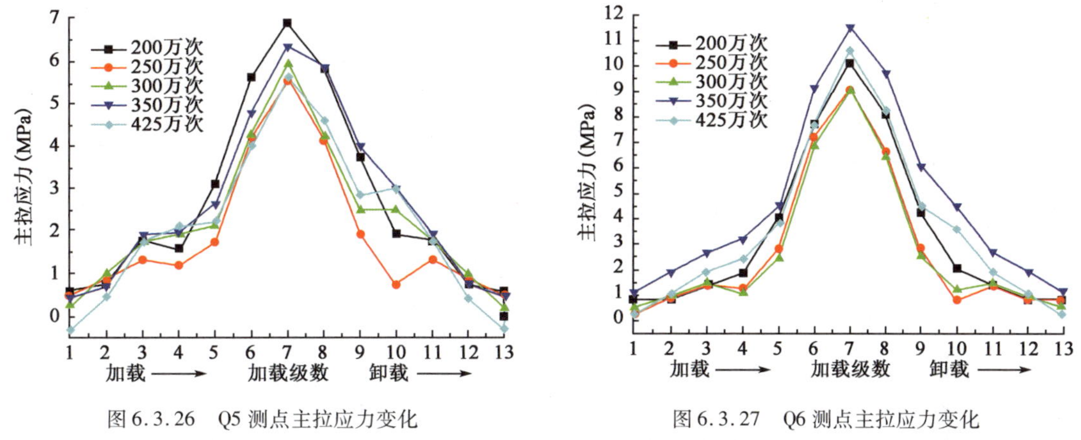

图 6.3.26 Q5 测点主拉应力变化

图 6.3.27 Q6 测点主拉应力变化

从以上各图可以看出:实测应变与荷载增加大致呈线性关系,在加载和卸载两个过程中应变具有很好的对称性(可恢复性),而且每次静载试验的应变值很接近,表明在疲劳荷载循环加载 425 万次过程中,正交异性板连接构造未发生明显的应力重分布。

5)测点最大主应力

在经历了 425 万次疲劳循环,即等效实桥应力幅 2000 万次循环后,对各测点在最大荷载(竖向 500kN 和水平向 100kN)作用下主拉应力值进行测量,图 6.3.28 ~ 图 6.3.30 分别为横隔板、加劲肋和桥面板各测点的最大主拉应力值,括号内值为另一表面相应位置测点的主拉应力值。同时对各测点在竖向 400kN 和水平向 100kN 作用下疲劳循环过程中主拉应力值的变化进行监测,如图 6.3.31 ~ 图 6.3.33 所示。

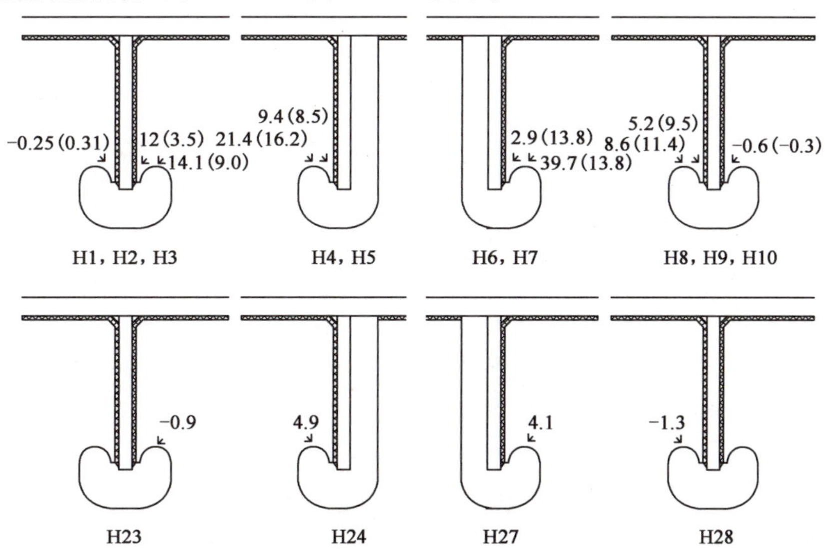

图 6.3.28 横隔板测点最大主拉应力(单位:MPa)

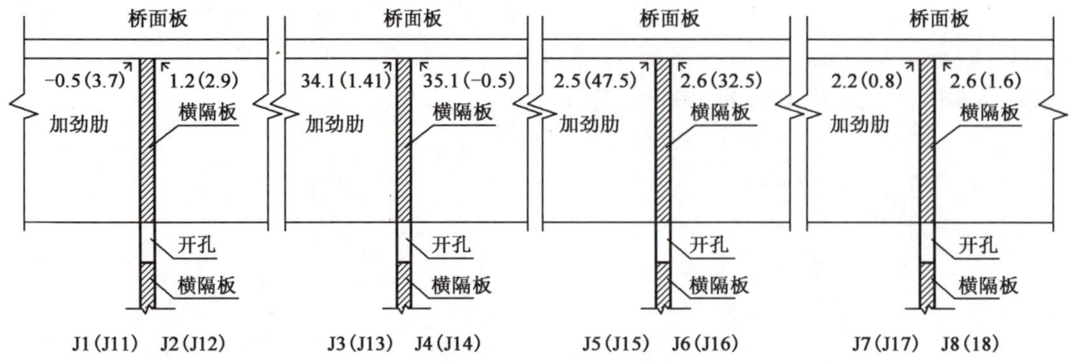

图 6.3.29　加劲肋测点最大主拉应力(单位:MPa)

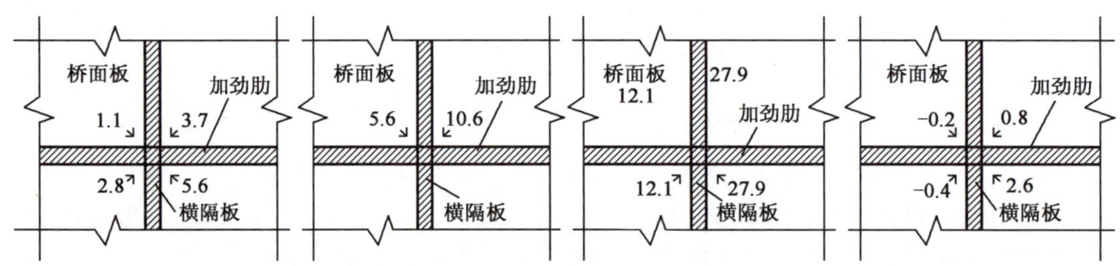

图 6.3.30　桥面板测点最大主拉应力(单位:MPa)

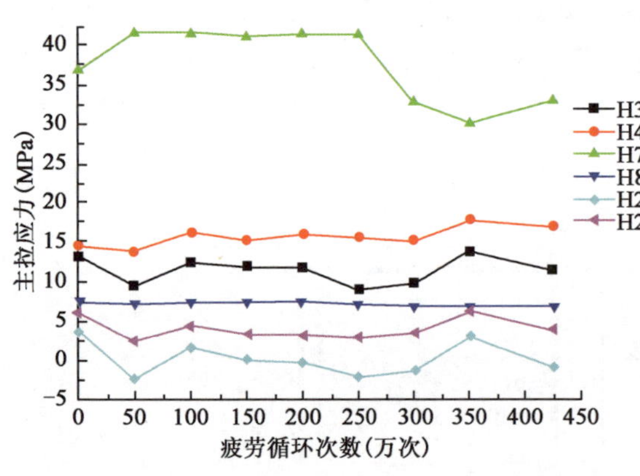

图 6.3.31　横隔板测点主拉应力值变化情况

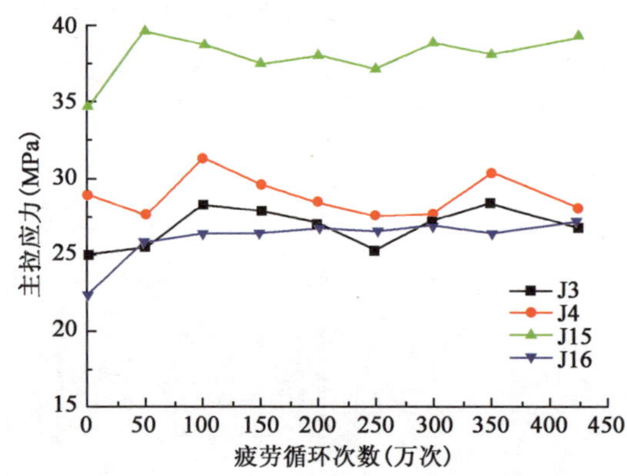

图 6.3.32　加劲肋测点主拉应力值变化情况

从图 6.3.28 ~ 图 6.3.30 可以看出:在经历了 425 万次循环,即等效实桥应力幅 2000 万次循环后,对横隔板 H7 测点(钥匙型)存在最大主拉应力值为 39.7MPa,苹果型开孔处测点 H3 测点的最大主拉应力值为 14.1MPa。承载横隔板 P1 两表面存在应力,说明存在弯曲变形。横隔板 P1 和 P2(一般小于 5MPa)的最大主拉应力相差较大,说明荷载的局部效应很明显。

从图 6.3.31 ~ 图 6.3.33 可以看出,竖向 400kN 和水平向 100kN 荷载作用下的测点主拉应力随疲劳加载循环次数总体变化不大。其中,个别测点(尤其是数值较小的测点)测试结果有一些差别,主要是由于测试手段带来的误差造成的。

由于本次疲劳试验模型为原桥缩尺模型,并且测点应力水平比较低,试验误差对试验结果的影响明显。虽然数值上存在一定的误差，但基本上可以把握应力分布的规律，本次试验的数据基本上可以反映试件的工作状态，试验数据是可靠的。模型试验测试结果可以从一定程度上反映结构的实际抗疲劳性能。

6.3.4 焊缝热点应力分析

在进行了425万次，即等效实桥应力幅作用2000万次疲劳试验后，得到了大量的焊缝附近测点主拉应力值，根据公式，可以推算得到在100kN横向荷载和500kN竖向荷载共同作用下焊缝处的热点主拉应力，如表6.3.4所示。

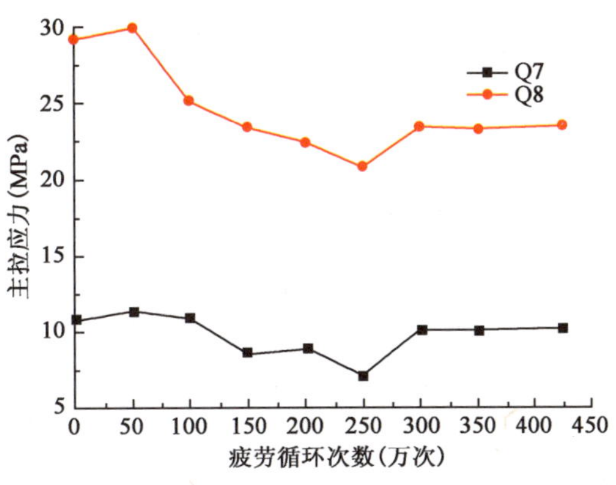

图6.3.33 桥面板测点主拉应力值变化情况

焊缝热点主拉应力(单位:MPa) 表6.3.4

焊缝位置	测点	测量值	热点应力=测量值×1.5
横隔板	H1	0.25	0.38
	H2	3.5	5.25
	H5	9.4	14.10
	H6	2.9	4.35
	H9	5.2	7.80
	H10	0.6	0.90
	H11	0.31	0.47
	H12	3.5	5.25
	H15	8.5	12.75
	H16	13.8	20.70
	H19	9.5	14.25
	H20	0.3	0.45
加劲肋	J1	0.5	0.75
	J2	1.2	1.80
	J5	2.5	3.75
	J6	2.6	3.90
	J7	2.2	3.30
	J8	2.6	3.90
	J11	3.7	5.55
	J12	2.9	4.35
	J13	1.4	2.10
	J14	0.5	0.75
	J17	0.8	1.20
	J18	1.6	2.40

续上表

焊缝位置	测点	测量值	热点应力 = 测量值 × 1.5
桥面板	Q1	1.1	1.65
	Q2	3.7	5.55
	Q3	2.8	4.20
	Q4	5.6	8.40
	Q5	5.6	8.40
	Q6	10.6	15.90
	Q7	12.1	18.15
	Q8	27.9	41.85
	Q9	0.2	0.30
	Q10	0.8	1.20
	Q11	0.4	0.60
	Q12	2.6	3.90

由表6.3.4可以看出:焊缝处应力一般都在20MPa以下,极个别点达到41.85MPa。考虑到所采用竖向荷载是设计轮载的2.5倍,因此实桥正交异性板焊接细节焊缝热点应力应在20MPa以下。

整个疲劳加载过程未发现试件有异常现象。每50万次停机静载试验,检查试件,未发现裂纹,支点处未见有滑移。425万次疲劳试验后,对试件进行检查和无损探伤,未发现裂纹,支点锚固区未见有滑移。

6.4 索梁锚固形式及其受力特性

通过两江桥索梁锚固区结构的仿真分析,得到以下结论:

(1)拉索横梁的横桥向正应力峰值区域出现在拉索横梁上下缘局部区域内,应力峰值为60~90MPa、80~120MPa。拉索横梁的Mises应力峰值区域出现在拉索横梁的上下缘局部区域内,应力峰值为90~120MPa。第一主应力峰值区域出现在拉索横梁的苹果型开口局部区域内,应力峰值为65~85MPa。

(2)恒载+活载作用下拉索横梁腹板上下缘的最大顺桥向位移差为4.0mm,该变形主要是由于结构整体位移导致的拉索横梁扭转位移所致。活载作用下拉索横梁腹板上下缘的最大顺桥向位移差为0.3mm。

通过疲劳模型试验研究,得出如下结论:

(1)大部分测点的应力分布规律与三维空间有限元模型计算结构结果相似,应力控制点处主拉应力理论值与实测值吻合良好。

(2)实测位移与荷载大致呈线性关系,在加载和卸载两个过程中位移具有很好的对称性(可恢复性),而且每次静载试验的位移值很接近,这说明整个结构在受荷载过程中处于弹性工作阶段。

(3)在最大荷载(横向100kN和竖向500kN)作用下:试验模型测点最大主拉应力为47.5MPa,出现在横隔板钥匙型开孔处的;模型测点的最大Von. Mises应力为54.4MPa,出现在横隔板钥匙型开孔处。

(4)疲劳荷载循环后各测点的主应力大部分和循环前的主应力相比,应力值差别较小,说明结构在疲劳加载后应力重分布现象不明显。

(5)在实桥应力幅(横向 100kN 和竖向 200kN)作用下,焊缝热点应力不超过 20MPa。

(6)在完成实桥疲劳应力幅循环加载 200 万次后,正交异性钢桥面板连接构造未发现裂纹,循环加载至 425 万次(等效实桥疲劳应力幅作用 2000 万次),通过无损探伤,正交异性钢桥面板连接构造未发现裂纹。可以认为,实桥的正交异性钢桥面板与拉索横梁交叉细节在焊接工艺良好和正常养护维修情况下,设计寿命期内不会发生疲劳开裂。

7 超大吨位支座牛腿结构受力特点

7.1 牛腿构造及关注重点

两江大桥为公轨复合交通荷载,主塔牛腿(图 7.1.1)处支座反力可达 3000t,且牛腿部位受力较复杂,运营期间很容易出现问题。服役桥梁中牛腿开裂的现象比较常见,引起设计高度重视。

图 7.1.1 主塔牛腿位置示意图

牛腿局部构造的立面图、侧面图及立体图见图 7.1.2。

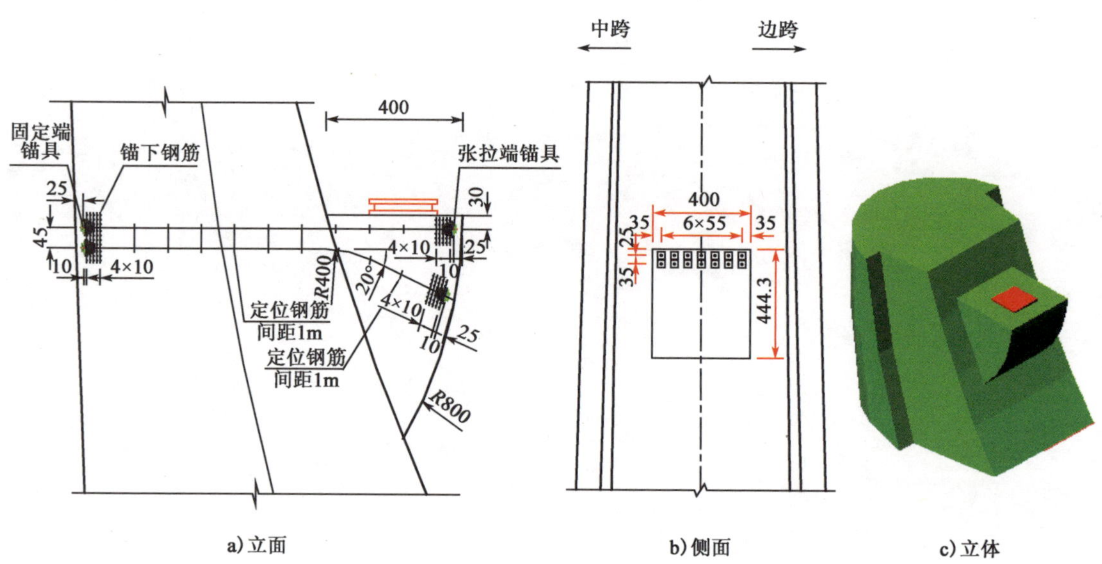

图 7.1.2 主塔牛腿段构造图(尺寸单位:cm)

主塔牛腿段的预应力布置见图 7.1.3。预应力共分为 2 层,每层 7 束,共 14 束。每束采用 13 股 $\phi^{s}15.2$mm 的高强度低松弛钢绞线。

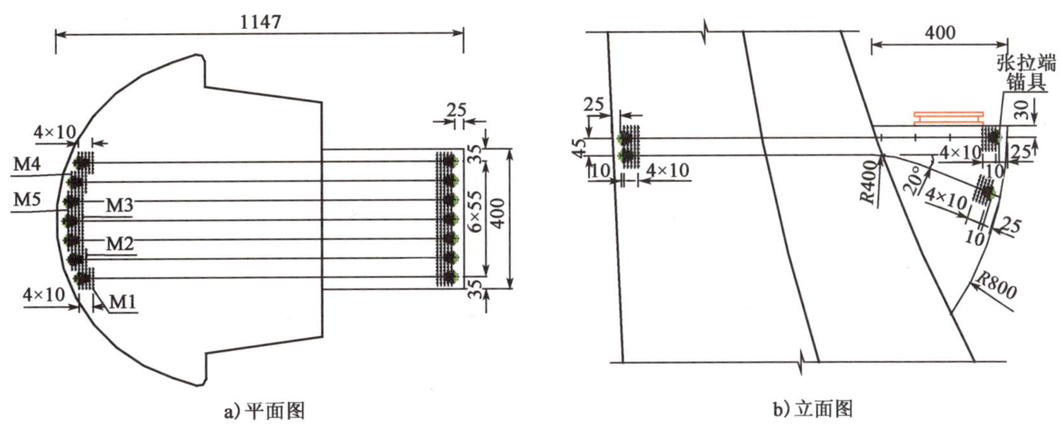

图 7.1.3 主塔牛腿段预应力布置图(尺寸单位:cm)

主要关注重点包括以下几个方面:

(1)预应力作用下,塔肢的横桥向最大正应力;塔肢的顺桥向最大正应力;塔肢的最大主拉应力。

(2)塔肢最大内力包络值作用下,塔肢的横桥向最大正应力;塔肢的顺桥向最大正应力;塔肢的最大主拉应力。

(3)塔肢最小内力包络值作用下,塔肢的横桥向最大正应力;塔肢的顺桥向最大正应力;塔肢的最大主压应力。

7.2 东水门大桥主塔牛腿段有限元分析

7.2.1 有限元模型建立

建立的有限元模型如图 7.2.1 所示。由于该局部模型为双向对称结构,图 7.2.2 为半个塔肢及牛腿部位的模型。

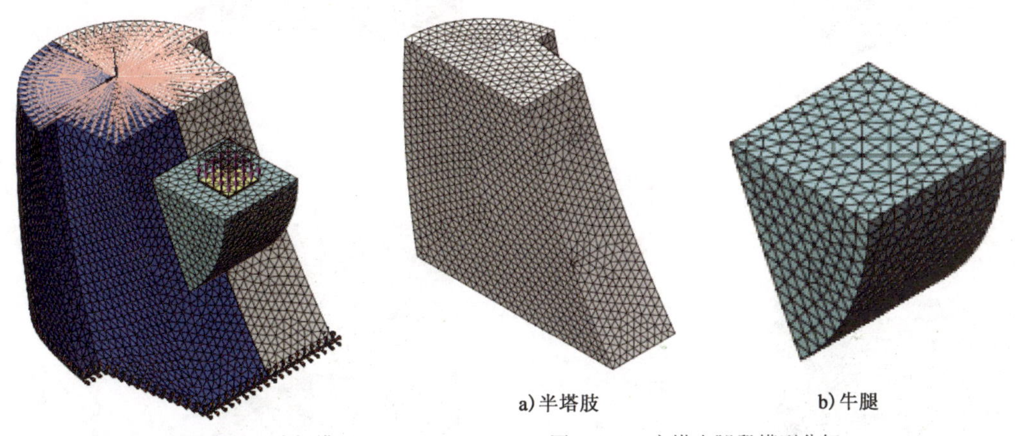

图 7.2.1 主塔牛腿段有限元分析模型

a)半塔肢　b)牛腿

图 7.2.2 主塔牛腿段模型分解

7.2.2 参数取值

东水门长江大桥计算分析采用线弹性分析,计算材料采用线弹性材料,各部分构件材料见表 7.2.1。预应力布置为竖向 2 层,每层 7 束,每束采用 13 股 ϕ^s15.2 mm 的高强度低松弛钢绞线,采用单端张拉方式,锚下控制应力取 1340MPa。本次计算所用的塔肢内力见表 7.2.2。支座反力按 3000t 控制。

材 料 特 性 表　　　　表 7.2.1

材　　料	弹模(MPa)	泊　松　比
C50	3.45×10^4	0.167
预应力钢绞线	1.95×10^5	0.3

塔 肢 内 力 表　　　　表 7.2.2

塔　　肢	F1(横桥向)	F2(顺桥向)	F3(轴力)	M1(绕横桥向)	M2(绕顺桥向)	M3(扭矩)
	kN	kN	kN	kN · m	kN · m	kN · m
左塔(MAX)	51079	1887	-146672	123194	206439	58086
左塔(MIN)	39166	-1328	-160454	-74364	31420	-34815

注:表中 MAX 为整体计算结果最大包络值,MIN 为最小包络值。

7.2.3 预应力作用下的有限元分析结果

主塔牛腿段预应力施加后,计算得到的塔肢的横桥向正应力、顺桥向正应力、主拉应力、主压应力分别见图 7.2.3 ~ 图 7.2.10。

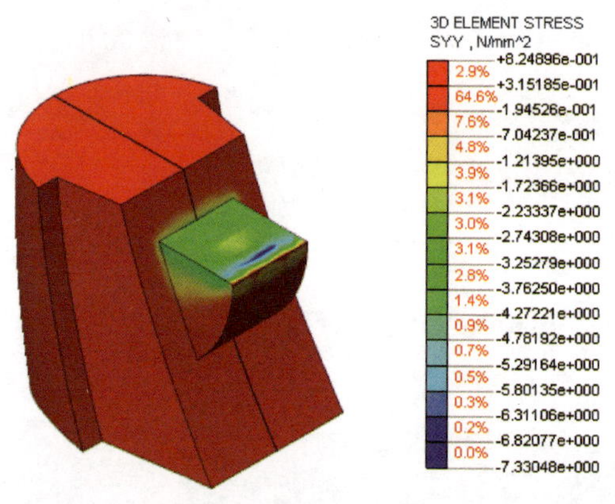

图 7.2.3　横桥向正应力(1)

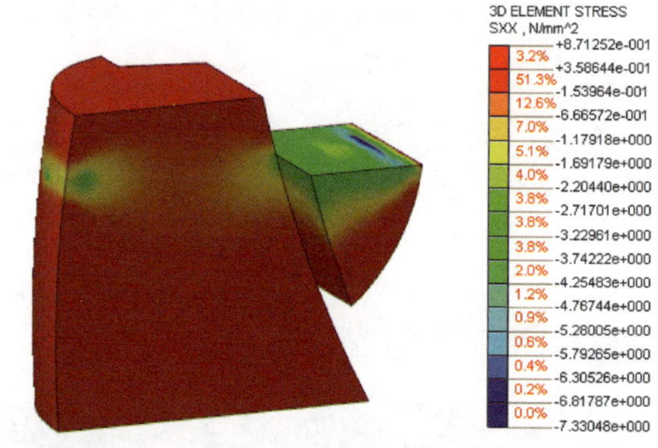

图 7.2.4　横桥向正应力(2)

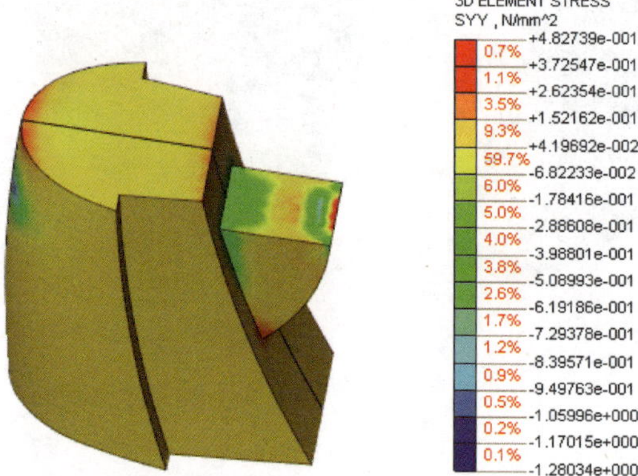

图 7.2.5　顺桥向正应力(1)

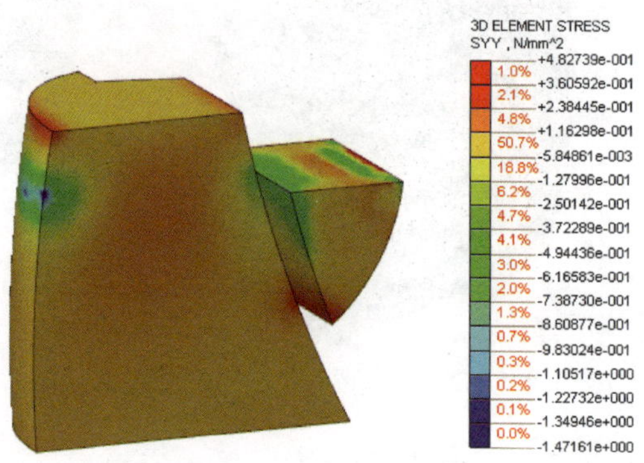

图 7.2.6　顺桥向正应力(2)

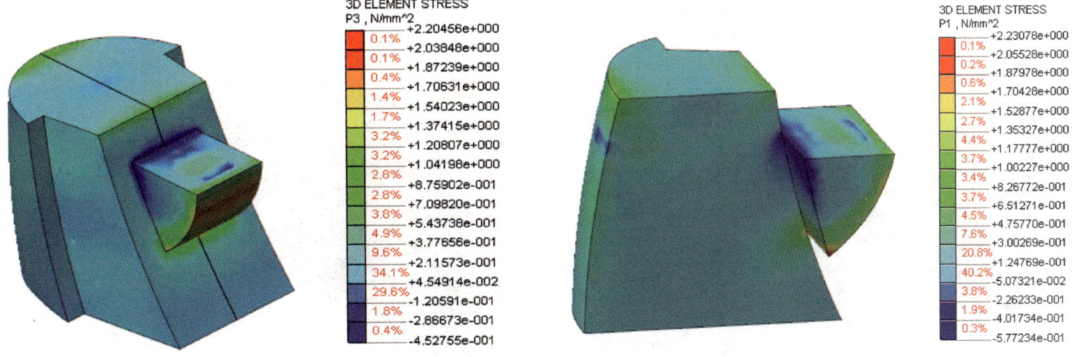

图 7.2.7　主拉应力(1)　　图 7.2.8　主拉应力(2)

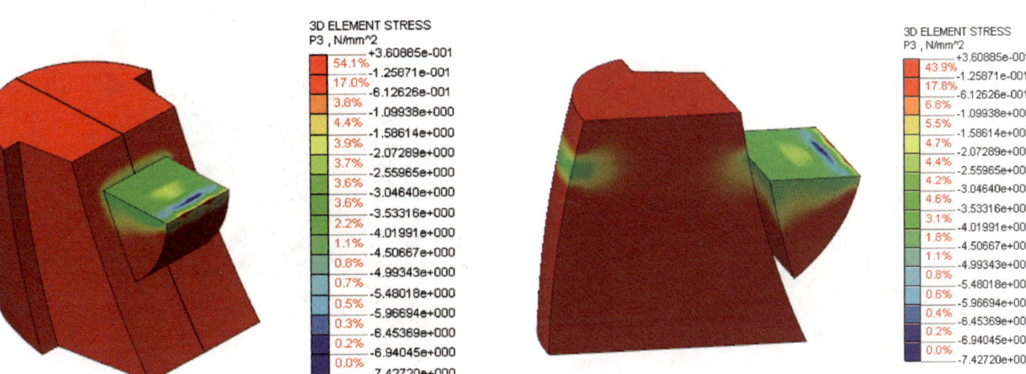

图 7.2.9　主压应力(1)　　图 7.2.10　主压应力(2)

预应力作用下,塔肢的横桥向最大正应力分别为 0.8MPa(拉)和 7.3MPa(压),压应力主要位于牛腿上表面。

预应力作用下,塔肢的顺桥向最大正应力分别为 0.5MPa(拉)和 1.3MPa(压),拉应力主要位于牛腿下缘,压应力主要位于预应力锚固端。

预应力作用下,塔肢的最大主拉应力为 2.2MPa,主要位于牛腿下缘处。塔肢总体上主拉应力为 0.5~1.8MPa。主拉应力大于 f_{td} = 1.83MPa(f_{td}为混凝土抗拉强度设计值),因此建议在牛腿下缘与主塔连接区域加强配筋,防止混凝土开裂。

预应力作用下,塔肢的最大主压应力为 7.4MPa,主要位于预应力锚固端上缘附近。塔肢总体上主压应力为 4.5~0.6MPa,主压应力小于 $0.6f_{ck}$ = 19.44MPa(f_{ck}为混凝土抗压强度标准值),位于容许范围内。

7.2.4　最大包络情况下的有限元分析结果

塔肢最大内力包络值施加后,计算得到的塔肢的横桥向正应力、顺桥向正应力、主拉应力、主压应力分别见图 7.2.11~图 7.2.18。

塔肢最大内力包络值作用下,塔肢的横桥向最大正应力分别为 1.3MPa(拉)和 13.7MPa(压),压应力主要位于牛腿上缘与主塔连接处。

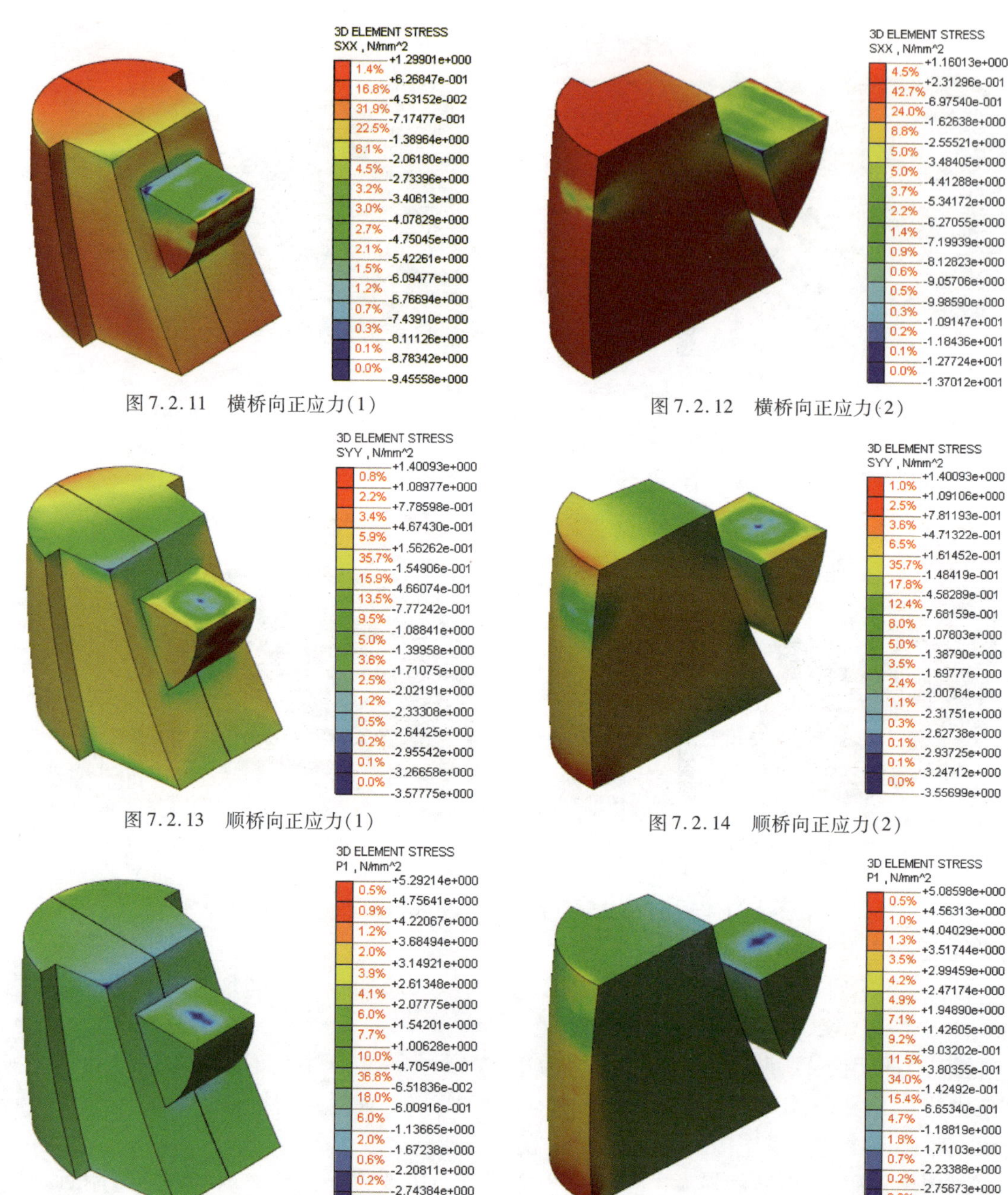

图 7.2.11　横桥向正应力(1)

图 7.2.12　横桥向正应力(2)

图 7.2.13　顺桥向正应力(1)

图 7.2.14　顺桥向正应力(2)

图 7.2.15　主拉应力(1)

图 7.2.16　主拉应力(2)

塔肢最大内力包络值作用下，塔肢的顺桥向最大正应力分别为 1.4MPa(拉)和 3.6MPa(压)，拉应力主要位于牛腿下表面区域，压应力主要位于预应力锚固端与支座下面。

塔肢最大内力包络值作用下，塔肢的最大主拉应力为 5.3MPa，主要位于边界处，此处由于应力失真可不予考虑。其余部位主拉应力主要为 0.9～3.5MPa，主要位于塔肢的外侧表面。主拉应力大于 $f_{td}=1.83$MPa(f_{td}为混凝土抗拉强度设计值)，因此建议塔肢外缘区域加强配筋，防止混凝土开裂，或在塔肢外侧增设预应力，减小局部主拉应力。

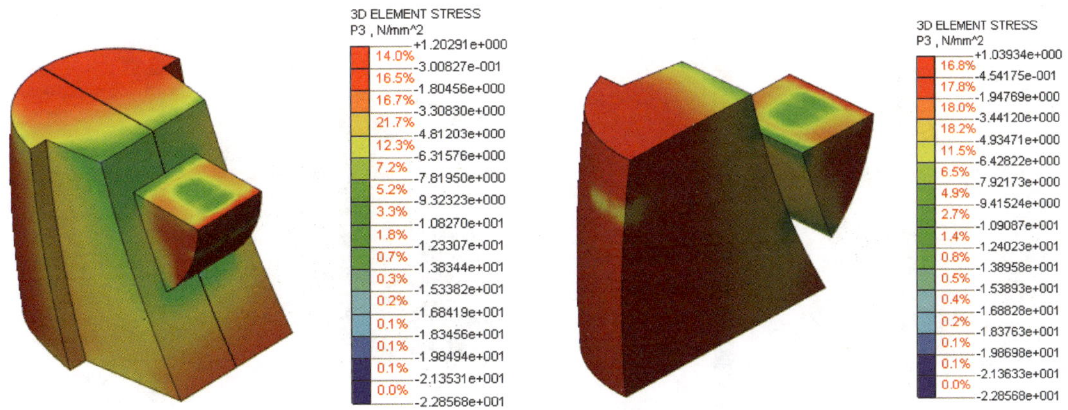

图 7.2.17　主压应力(1)

图 7.2.18　主压应力(2)

塔肢最大内力包络值作用下,塔肢的最大主压应力为 22.9MPa,主要位于边界处,此处由于应力失真可不予考虑。其余部位主压应力主要为 13.8 ~ 0.3MPa。总体主压应力小于 $0.6f_{ck} = 19.44$MPa(f_{ck}为混凝土抗压强度标准值),位于容许范围内。

7.2.5　最小包络情况下的有限元分析结果

塔肢最小内力包络值施加后,计算得到的塔肢的横桥向正应力、顺桥向正应力、主拉应力、主压应力分别见图 7.2.19 ~ 图 7.2.26。

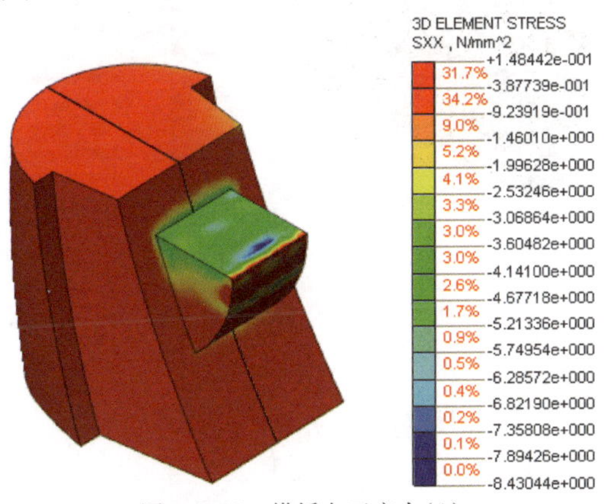

图 7.2.19　横桥向正应力(1)

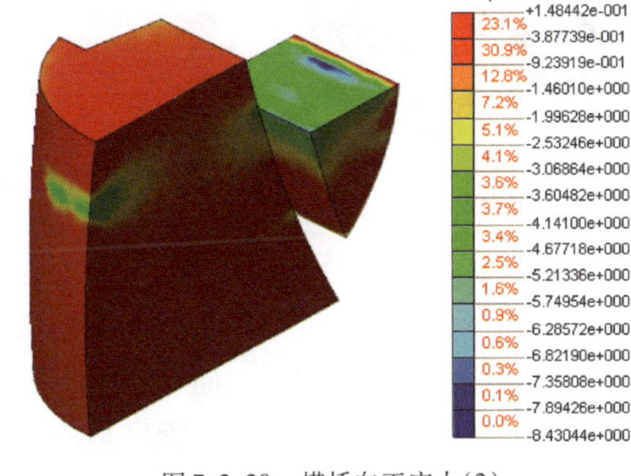

图 7.2.20　横桥向正应力(2)

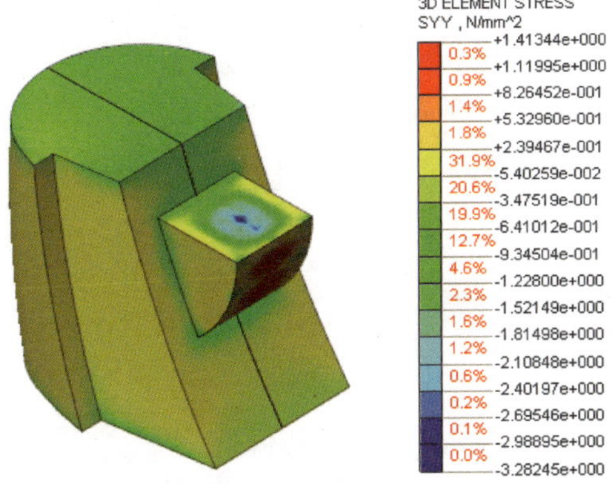

图 7.2.21　顺桥向正应力(1)

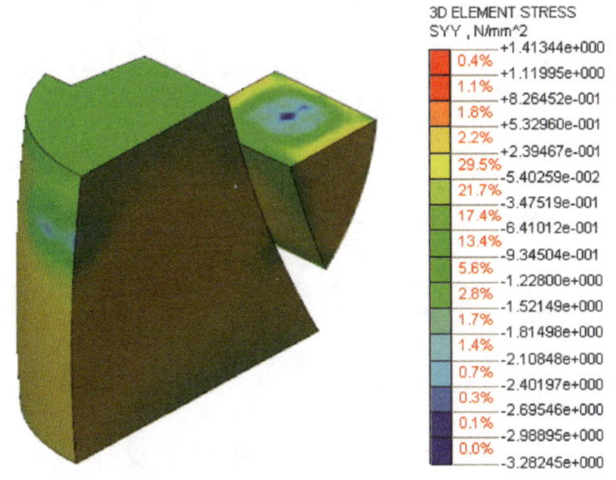

图 7.2.22　顺桥向正应力(2)

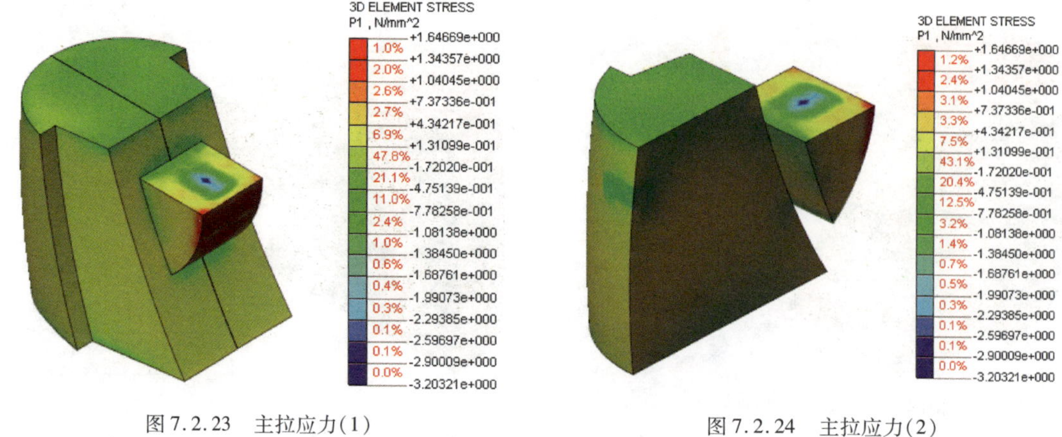

图 7.2.23　主拉应力(1)

图 7.2.24　主拉应力(2)

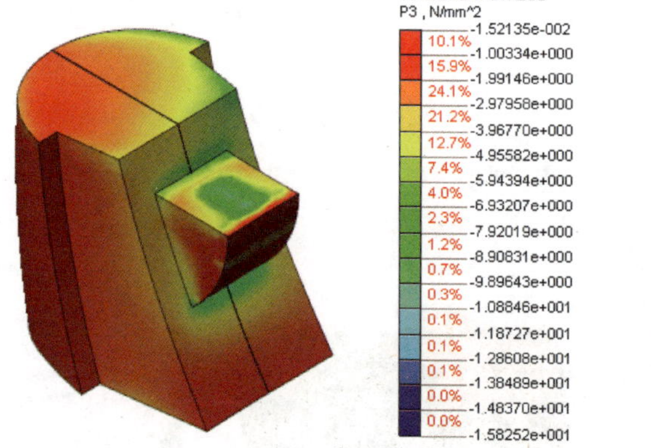

图 7.2.25　主压应力(1)

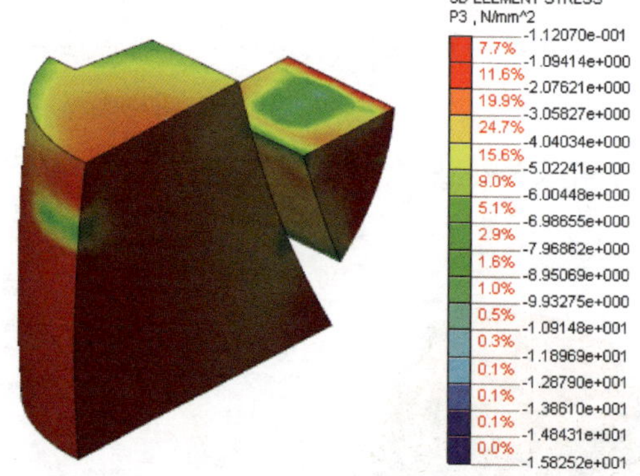

图 7.2.26　主压应力(2)

塔肢最小内力包络值作用下,塔肢的横桥向最大正应力分别为 0.1MPa(拉)和 8.4MPa(压),压应力主要位于预应力的锚固端的牛腿上表面。

塔肢最小内力包络值作用下,塔肢的顺桥向最大正应力分别为 1.4MPa(拉)和 3.3MPa(压),拉应力主要位于牛腿下表面区域,压应力主要位于预应力锚固端和支座下面。

塔肢最大内力包络值作用下,塔肢的最大主拉应力为 1.6MPa,主要位于牛腿的下表面。主拉应力小于 $f_{td}=1.83$MPa(f_{td} 为混凝土抗拉强度设计值),但由于大于 $0.5f_{tk}=0.915$MPa(f_{tk} 为混凝土抗拉强度标准值),因此建议该区域适当加强配筋,防止混凝土开裂。

塔肢最小内力包络值作用下,塔肢的最大主压应力为 15.8MPa,主要位于牛腿边缘。其余部位主压应力主要为 9.9 ~ 1.0MPa。主压应力小于 $0.6f_{ck}=19.44$MPa(f_{ck} 为混凝土抗压强度标准值),位于容许范围内。

7.3　千厮门大桥主塔牛腿段有限元分析

7.3.1　参数取值

千厮门嘉陵江大桥计算分析采用线弹性分析,计算材料采用线弹性材料,各部分构件材料见表 7.3.1。预应力布置为竖向 2 层,每层 7 束,每束采用 $13\phi^{s}15.2$mm 的高强度低松弛钢绞线,采用单端张拉方式,锚下控制应力取 1340MPa。本次计算所用的塔肢内力见表 7.3.2,支座反力按 4220t 控制。

材 料 特 性 表 表 7.3.1

材　　料	弹模(MPa)	泊　松　比
C50	3.45×10^4	0.167
预应力钢绞线	1.95×10^5	0.3

塔 肢 内 力 表 表 7.3.2

塔　　肢	F1(横桥向)	F2(顺桥向)	F3(轴力)	M1(绕横桥向)	M2(绕顺桥向)	M3(扭矩)
	kN	kN	kN	kN · m	kN · m	kN · m
左塔(MAX)	45309	685	-139216	92439	86443	-1688
左塔(MIN)	31189	-65	-139380	-178355	55586	-2217

注:表中 MAX 为整体计算结果最大包络值,MIN 为最小包络值。

7.3.2 预应力作用下的有限元分析结果

主塔牛腿段预应力施加后,计算得到的塔肢的横桥向正应力、顺桥向正应力、主拉应力、主压应力分别见图 7.3.1 ~ 图 7.3.8。

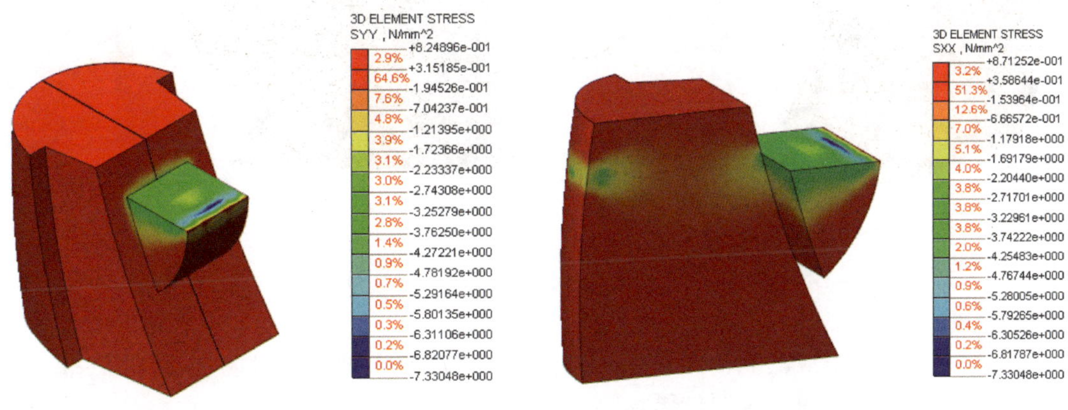

图 7.3.1　横桥向正应力(1)

图 7.3.2　横桥向正应力(2)

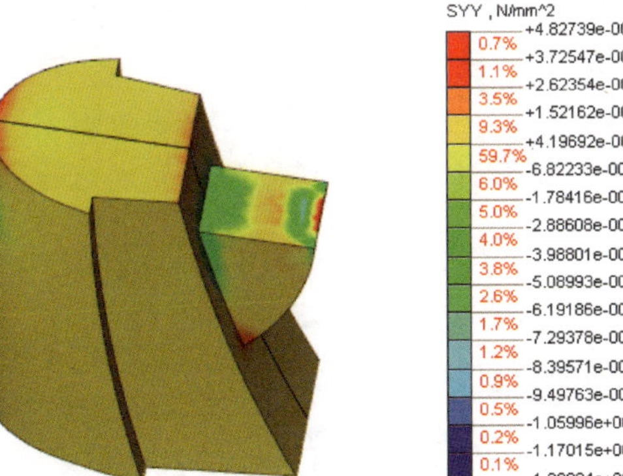

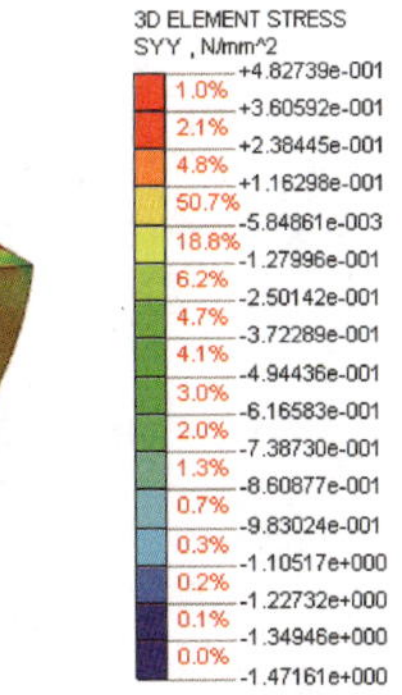

图 7.3.3　顺桥向正应力(1)

图 7.3.4　顺桥向正应力(2)

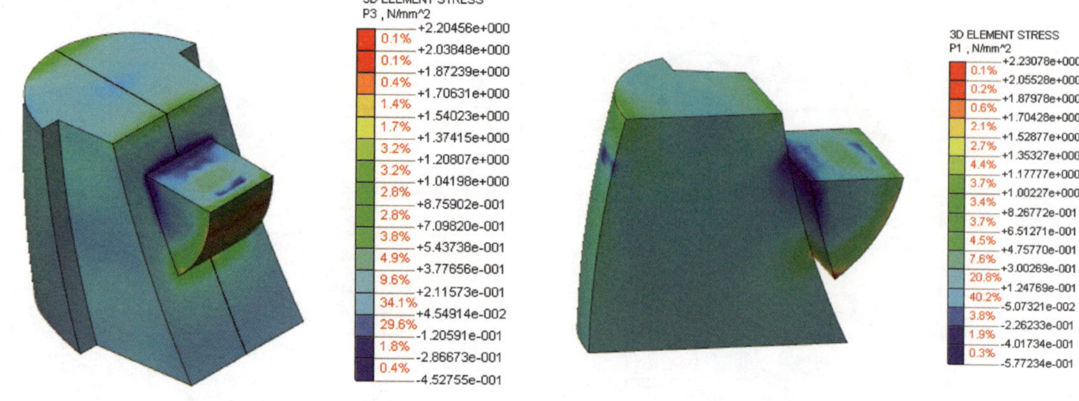

图 7.3.5　主拉应力(1)

图 7.3.6　主拉应力(2)

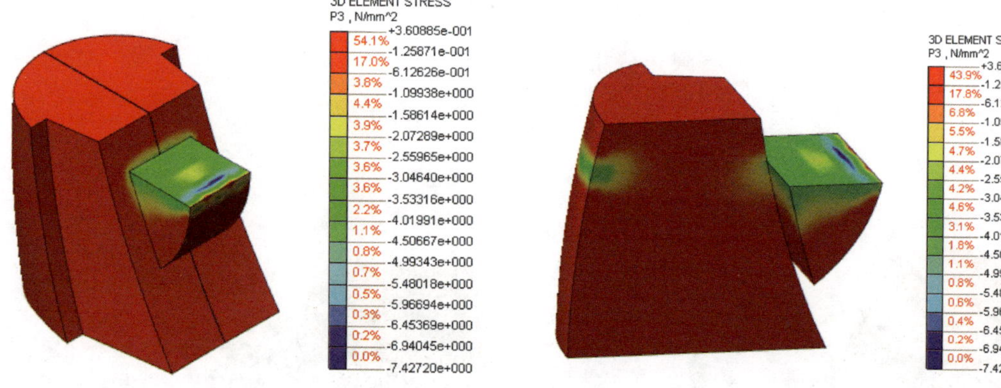

图 7.3.7　主压应力(1)

图 7.3.8　主压应力(2)

预应力作用下，塔肢的横桥向最大正应力分别为 0.8MPa(拉)和 7.3MPa(压)，压应力主要位于牛腿上表面。

预应力作用下，塔肢的顺桥向最大正应力分别为 0.5MPa(拉)和 1.3MPa(压)，拉应力主要位于牛腿下缘，压应力主要位于预应力锚固端。

预应力作用下，塔肢的最大主拉应力为 2.2MPa，主要位于牛腿下缘处。塔肢总体上主拉应力为 0.5～1.8MPa。主拉应力大于 f_{td} = 1.83MPa(f_{td} 为混凝土抗拉强度设计值)，因此建议在牛腿下缘与主塔连接区域加强配筋，防止混凝土开裂。

预应力作用下，塔肢的最大主压应力为 7.4MPa，主要位于预应力锚固端上缘附近。塔肢总体上主压应力为 4.5～0.6MPa，主压应力小于 $0.6f_{ck}$ = 19.44MPa(f_{ck} 为混凝土抗压强度标准值)，位于容许范围内。

7.3.3　最大包络情况下的有限元分析结果

塔肢最大内力包络值施加后，计算得到的塔肢的横桥向正应力、顺桥向正应力、主拉应力、主压应力分别见图 7.3.9～图 7.3.16。

塔肢最大内力包络值作用下，塔肢的横桥向最大正应力分别为 0.8MPa(拉)和 8.6MPa(压)，压应力主要位于牛腿上表面。

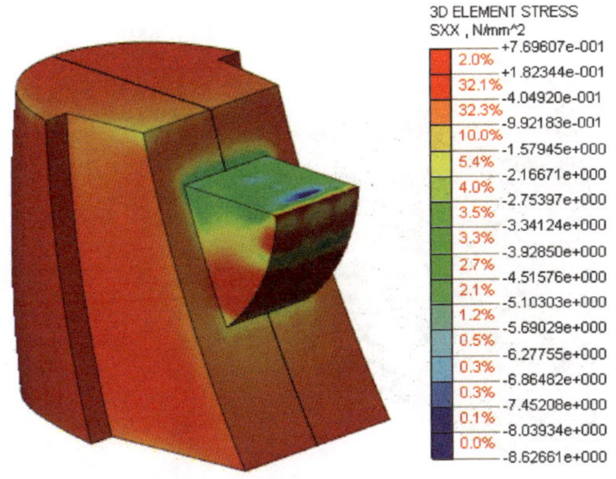

图 7.3.9　横桥向正应力(1)

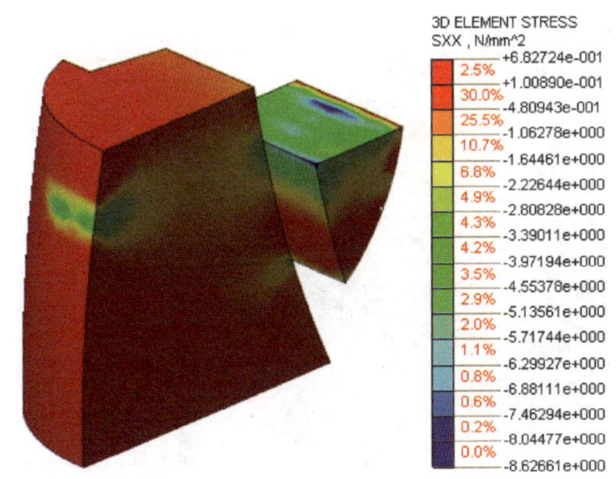

图 7.3.10　横桥向正应力(2)

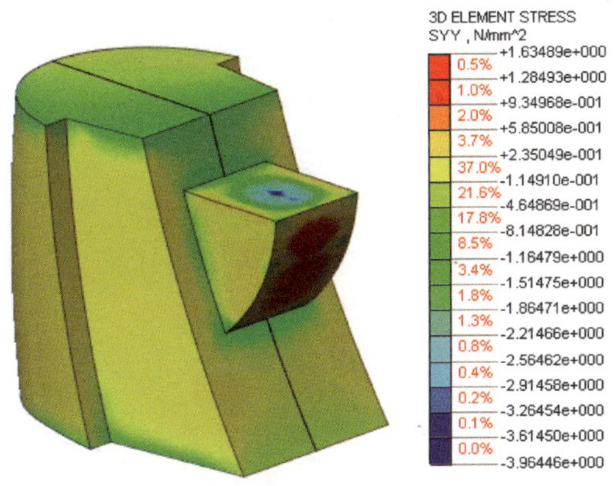

图 7.3.11　顺桥向正应力(1)

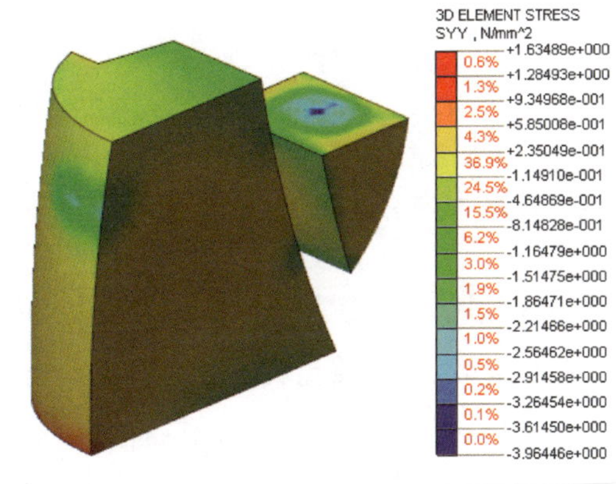

图 7.3.12　顺桥向正应力(2)

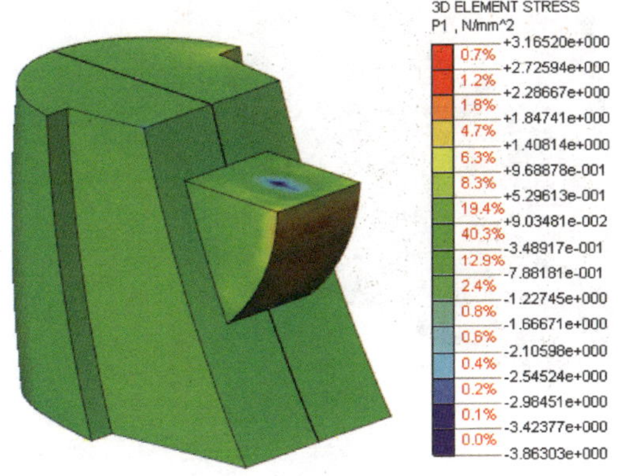

图 7.3.13　主拉应力(1)

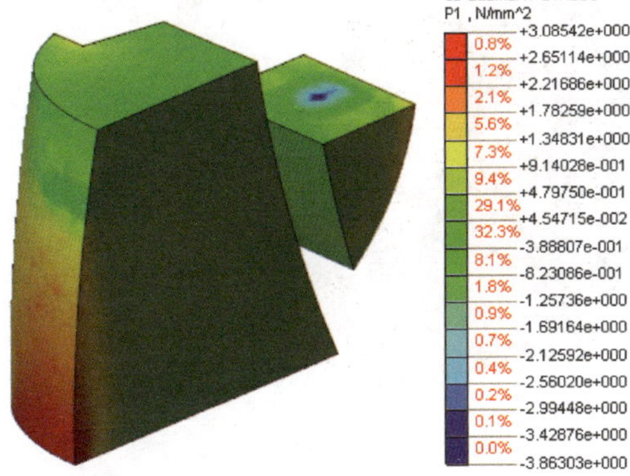

图 7.3.14　主拉应力(2)

塔肢最大内力包络值作用下，塔肢的顺桥向最大正应力分别为 1.6MPa（拉）和 3.9MPa（压），拉应力主要位于牛腿下表面区域，压应力主要位于预应力锚固端与支座下面。

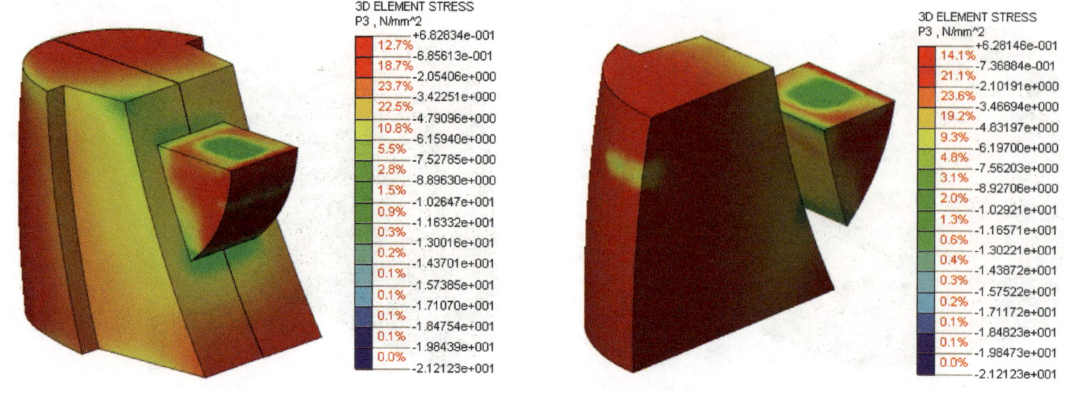

图 7.3.15　主压应力(1)　　　　图 7.3.16　主压应力(2)

塔肢最大内力包络值作用下,塔肢的最大主拉应力为 3.2MPa,主要位于边界处,此处由于应力失真可不予考虑。其余部位主拉应力主要为 0.5 ~ 2.2MPa,主要位于塔肢的外侧表面。主拉应力大于 f_{td} = 1.83MPa(f_{td} 为混凝土抗拉强度设计值),因此建议塔肢外缘区域加强配筋,防止混凝土开裂,或在塔肢外侧增设预应力,减小局部主拉应力。

塔肢最大内力包络值作用下,塔肢的最大主压应力为 21.2MPa,主要位于边界处,此处由于应力失真可不予考虑。其余部位主压应力主要为 13.0 ~ 0.7MPa。总体主压应力小于 $0.6f_{ck}$ = 19.44MPa(f_{ck} 为混凝土抗压强度标准值),位于容许范围内。

7.3.4　最小包络情况下的有限元分析结果

塔肢最小内力包络值施加后,计算得到的塔肢的横桥向正应力、顺桥向正应力、主拉应力、主压应力分别见图 7.3.17 ~ 图 7.3.24。

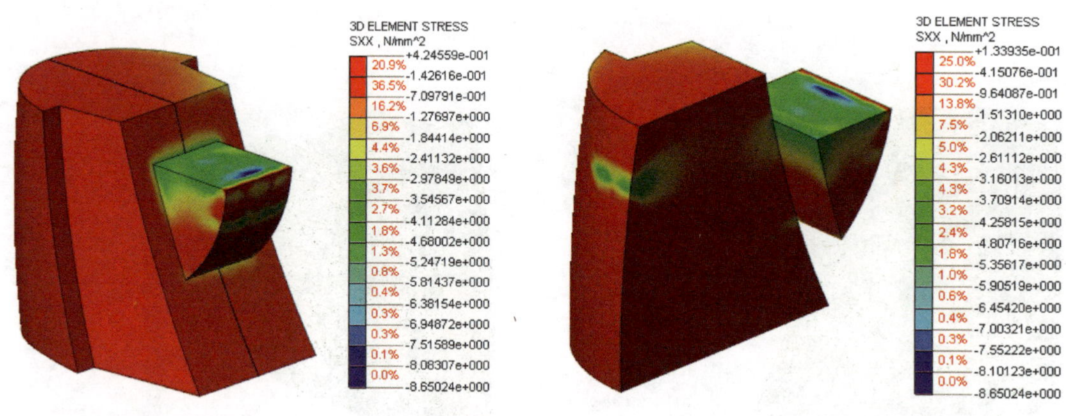

图 7.3.17　横桥向正应力(1)　　　　图 7.3.18　横桥向正应力(2)

塔肢最小内力包络值作用下,塔肢的横桥向最大正应力分别为 0.4MPa(拉)和 8.7MPa(压),压应力主要位于预应力的锚固端的牛腿上表面。

塔肢最小内力包络值作用下,塔肢的顺桥向最大正应力分别为 1.6MPa(拉)和 4.0MPa(压),拉应力主要位于牛腿下表面区域,压应力主要位于预应力锚固端和支座下面。

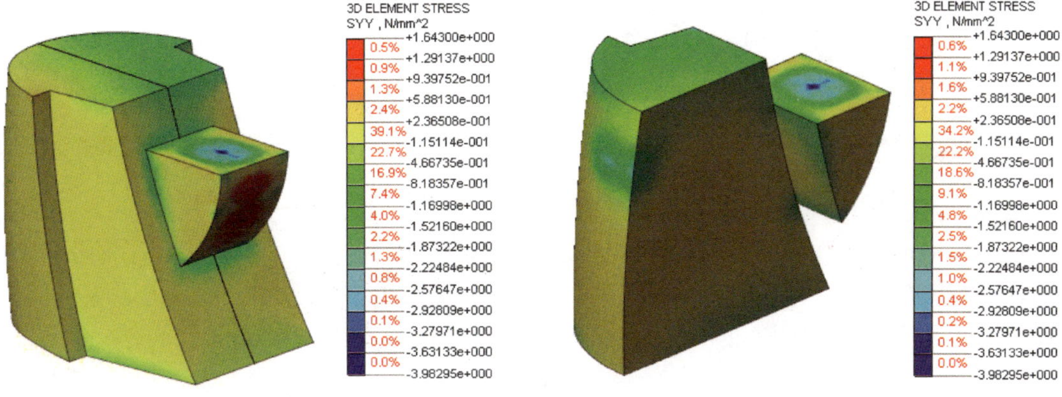

图 7.3.19 顺桥向正应力(1)　　　图 7.3.20 顺桥向正应力(2)

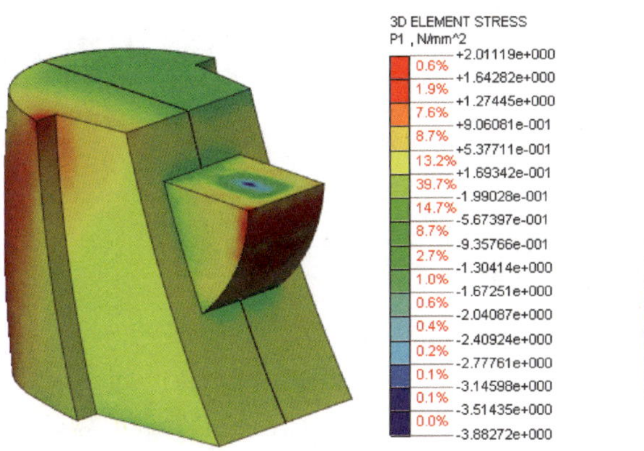

图 7.3.21 主拉应力(1)

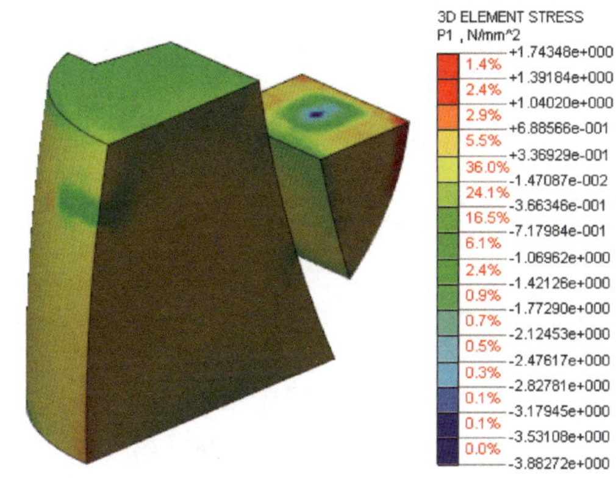

图 7.3.22 主拉应力(2)

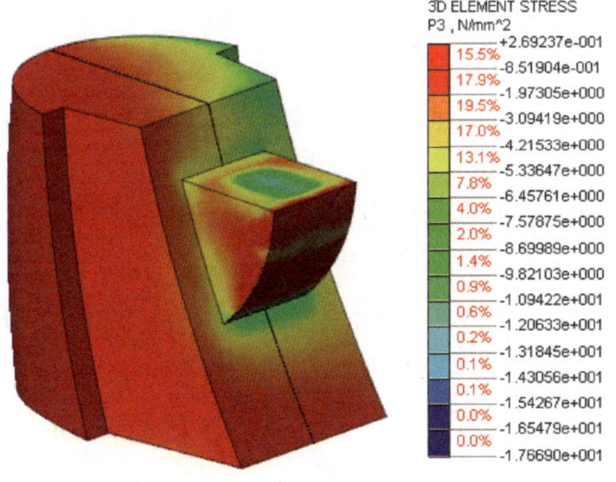

图 7.3.23 主压应力(1)

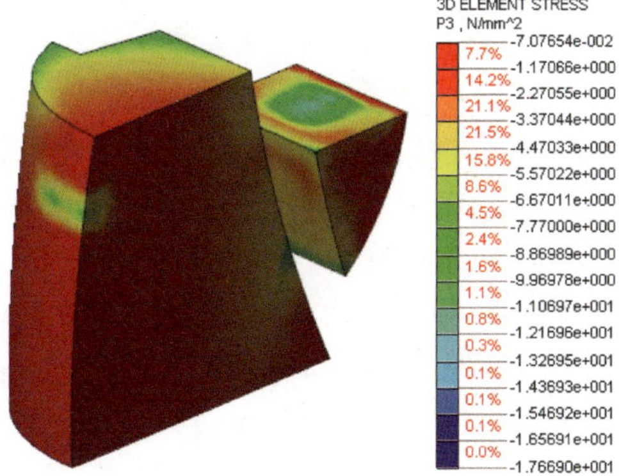

图 7.3.24 主压应力(2)

塔肢最大内力包络值作用下，塔肢的最大主拉应力为 2.0MPa，主要位于牛腿的下表面和塔肢的外侧面。主拉应力大于 f_{td} = 1.83MPa（f_{td} 为混凝土抗拉强度设计值），因此建议牛腿和塔肢外缘区域加强配筋，防止混凝土开裂，或在塔肢外侧增设预应力，减小局部主拉应力。

塔肢最小内力包络值作用下，塔肢的最大主压应力为17.7MPa，主要位于牛腿下边缘。其余部位主压应力主要为10.9～0.9MPa。主压应力小于$0.6f_{ck}$=19.44MPa(f_{ck}为混凝土抗压强度标准值)，位于容许范围内。

7.4 超大吨位支座牛腿结构受力特点

通过东水门长江大桥牛腿段计算，得到以下主要结论：

(1)第一批预应力作用下，主塔牛腿段横桥向正应力最大为7.3MPa(压)、顺桥向正应力最大为1.3MPa(压)、主拉应力最大为2.2MPa(拉)、主压应力最大为7.4MPa(压)。最大主拉应力大于f_{td}=1.83MPa，因此建议在牛腿下缘与主塔连接区域加强配筋，防止混凝土开裂。

(2)在最大内力包络值作用下，主塔牛腿段横桥向正应力最大为13.7MPa(压)、顺桥向正应力最大为3.6MPa(压)。主拉应力主要为0.9～3.5MPa，主要位于塔肢的外侧表面，主拉应力大于f_{td}=1.83MPa(f_{td}为混凝土抗拉强度设计值)，因此建议塔肢外缘区域加强配筋，防止混凝土开裂，或在塔肢外侧增设预应力，减小局部主拉应力。

(3)在最小内力包络值作用下，主塔牛腿段横桥向正应力最大为8.4MPa(压)、顺桥向正应力最大为3.3MPa(压)。塔肢的最大主拉应力为1.6MPa，主要位于牛腿的下表面，主拉应力小于f_{td}=1.83MPa(f_{td}为混凝土抗拉强度设计值)，但由于大于$0.5f_{tk}$=0.915MPa(f_{tk}为混凝土抗拉强度标准值)，因此建议该区域适当加强配筋，防止混凝土开裂。

通过千厮门长江大桥牛腿段计算，得到以下主要结论：

(1)第一批预应力作用下，主塔牛腿段横桥向正应力最大为7.3MPa(压)、顺桥向正应力最大为1.3MPa(压)、主拉应力最大为2.2MPa(拉)、主压应力最大为7.4MPa(压)。塔肢总体上主拉应力为0.5～1.8MPa，最大主拉应力大于f_{td}=1.83MPa(f_{td}为混凝土抗拉强度设计值)，因此建议在牛腿下缘与主塔连接区域加强配筋，防止混凝土开裂。

(2)在最大内力包络值作用下，主塔牛腿段横桥向正应力最大为8.6MPa(压)、顺桥向正应力最大为3.9MPa(压)。主拉应力主要为0.5～2.2MPa，主要位于塔肢的外侧表面，主拉应力大于f_{td}=1.83MPa(f_{td}为混凝土抗拉强度设计值)，因此建议塔肢外缘区域加强配筋，防止混凝土开裂，或在塔肢外侧增设预应力，减小局部主拉应力。

(3)在最小内力包络值作用下，主塔牛腿段横桥向正应力最大为8.7MPa(压)、顺桥向正应力最大为4.0MPa(压)。塔肢的最大主拉应力为2.0MPa，主要位于牛腿的下表面和塔肢的外侧面，主拉应力大于f_{td}=1.83MPa(f_{td}为混凝土抗拉强度设计值)，因此建议牛腿和塔肢外缘区域加强配筋，防止混凝土开裂，或在塔肢外侧增设预应力，减小局部主拉应力。

8　公轨复合交通部分斜拉桥动力特性及车桥耦振

8.1　主要研究内容

由于公轨复合交通单索面部分斜拉梁桥结构受力复杂、跨度大、结构抗扭刚度相对较小,在轻轨列车和汽车同时通过桥梁时,桥梁可能产生较大的振动。桥梁过大的振动亦将影响轻轨列车、汽车通过桥梁时运行的安全性、舒适性。为了对桥梁结构的整体刚度和桥上轻轨列车、汽车运行安全性、舒适性作出评估,确保它们在各种状态下的使用可靠性,需要深入研究公轨复合交通部分斜拉桥、轻轨列车、汽车三者之间的动力相互作用,探讨公轨荷载相互影响等设计关键技术问题。

8.2　桥梁动力特性分析

根据重庆东水门长江大桥实际结构情况,采用空间线弹性方法进行分析。模型的建立着重于结构的刚度、质量和边界条件的模拟,并使它们尽量与实际结构相符。全桥主要采用空间梁单元、索单元、弹簧单元、质量单元等建立了重庆东水门大桥的空间动力有限元分析模型,见图 8.2.1。

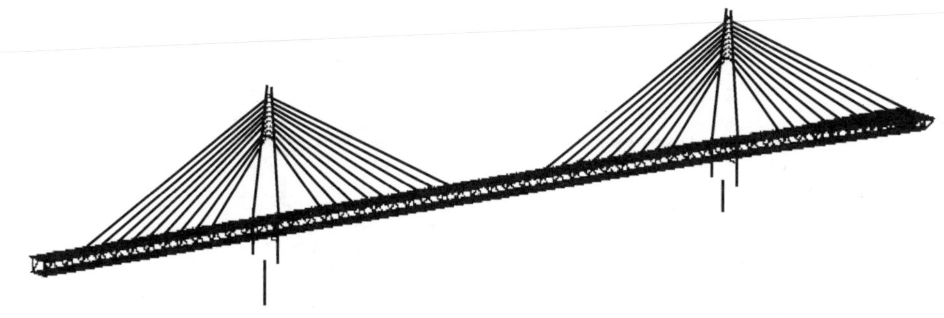

图 8.2.1　东水门大桥空间有限元分析模型

第一、二阶主振型分别为钢桁梁对称侧弯、钢桁梁对称竖弯,其自振频率分别为 0.233Hz、0.318Hz。可能是由于拉索对钢桁梁提供的竖向约束相对较大,则首先出现钢桁梁对称侧弯。第三主振型为主塔纵弯并伴随钢桁梁纵漂,这主要是由于 P1 塔与钢桁梁连接处与原 7 对拉索方案相比,已加设纵向约束,故未首先出现钢桁梁的纵漂振型。第七阶主振型为左主塔的侧弯并伴随钢桁梁的轻微扭转,第八阶主振型才出现钢桁梁的扭抟。

桥梁的模态分析可为进一步开展车桥耦合振动及行车安全性、舒适性研究打下坚实的基础。前 5 阶振型如图 8.2.2 所示。东水门大桥动力特性见表 8.2.1。

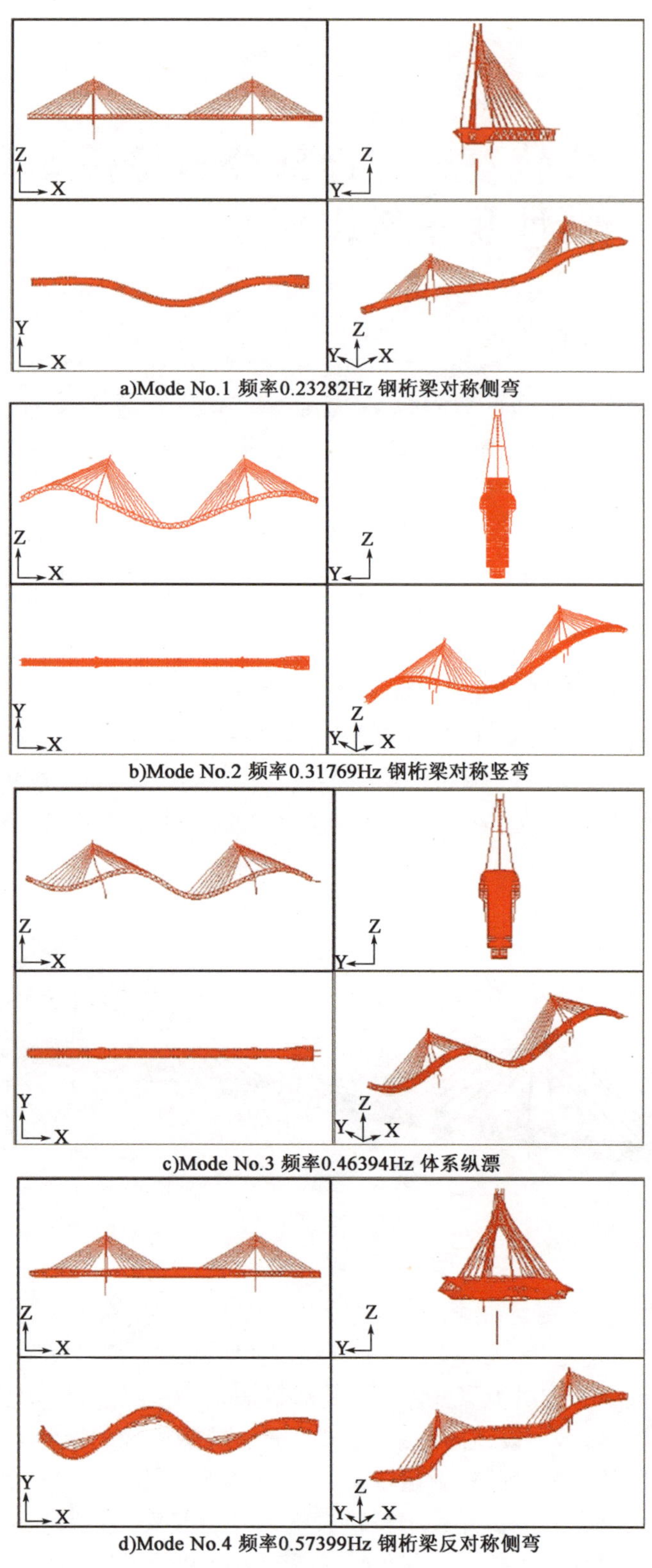

a)Mode No.1 频率0.23282Hz 钢桁梁对称侧弯

b)Mode No.2 频率0.31769Hz 钢桁梁对称竖弯

c)Mode No.3 频率0.46394Hz 体系纵漂

d)Mode No.4 频率0.57399Hz 钢桁梁反对称侧弯

图 8.2.2

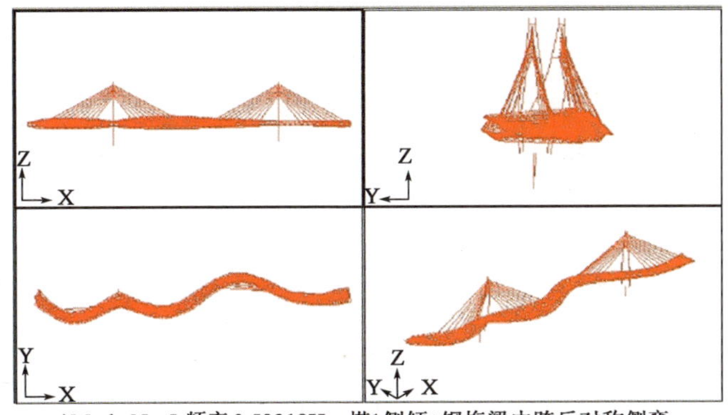

e)Mode No.5 频率0.59319Hz 塔1侧倾+钢桁梁中跨反对称侧弯

图8.2.2　前5阶振型图

东水门大桥动力特性表　　表8.2.1

振型序号	自振频率(Hz)	振型特点
1	0.23282	钢桁梁对称侧弯
2	0.31769	钢桁梁对称竖弯
3	0.46394	体系纵漂
4	0.57399	钢桁梁反对称侧弯
5	0.59319	塔1侧倾+钢桁梁中跨反对称侧弯
6	0.67643	钢桁梁反对称竖弯
7	0.68246	塔1侧倾+中跨钢桁梁对称扭转
8	0.70228	钢桁梁对称扭转
9	0.73381	钢桁梁对称扭转+右边跨侧弯
10	0.78447	塔2侧倾

8.3　车桥耦合振动分析

8.3.1　桥梁+轻轨车辆耦合振动分析

1)轻轨车辆主要参数及计算工况

根据重庆市轨道交通总公司提供的部分轻轨车参数及参考相关资料,选用的城市地铁B型车辆的主要计算参数如表8.3.1所示。

每线轻轨车辆采用6节车编组。因桥梁轻轨设计时速为100km/h,具体计算时可考虑如下六种工况:

(1)在左侧轨道上运行一线轻轨车(简称"单线行车",见图8.3.1),车速分别为60km/h、80km/h、100km/h(含三种工况)。

(2)在左、右侧轨道上分别运行一线轻轨车,双向对开,上桥位置错开50m距离(简称"双线对开",见图8.3.2),车速分别为60km/h、80km/h、100km/h(含三种工况)。

轻轨车辆主要计算参数　　表 8.3.1

车辆参数	数值	车辆参数	数值
车辆长度(m)	19.52	车体侧滚转动惯量(kg·m^2)	1.55×10^5
车辆定距(m)	15.6	车体点头转动惯量(kg·m^2)	1.959×10^6
固定轴距(m)	2.5	车体摇头转动惯量(kg·m^2)	1.875×10^6
车体质量(t)	40.99	转向架侧滚转动惯量(kg·m^2)	5.07×10^3
转向架质量(t)	4.36	转向架点头转动惯量(kg·m^2)	1.47×10^3
轮对质量(t)	1.77	转向架摇头转动惯量(kg·m^2)	3.43×10^3
一系竖向弹簧刚度(kN·m)	2976	轮对侧滚转动惯量(kg·m^2)	0.92×10^3
一系横向弹簧刚度(kN·m)	20000	轮对摇头转动惯量(kg·m^2)	0.92×10^3
二系竖向弹簧刚度(kN·m)	1060	车体中心至二系弹簧垂直距离(m)	0.98
二系横向弹簧刚度(kN·m)	460	二系弹簧至转向架重心垂直距离(m)	0.36
一系竖向阻尼系数(kN·s·m^{-1})	15	转向架重心至轴箱重心垂直距离(m)	0.07
一系横向阻尼系数(kN·s·m^{-1})	15	一系弹簧之间的水平距离(m)	0.98
二系竖向阻尼系数(kN·s·m^{-1})	30	二系弹簧之间的水平距离(m)	1.12
一系横向阻尼系数(kN·s·m^{-1})	30	轨距(m)	1.435

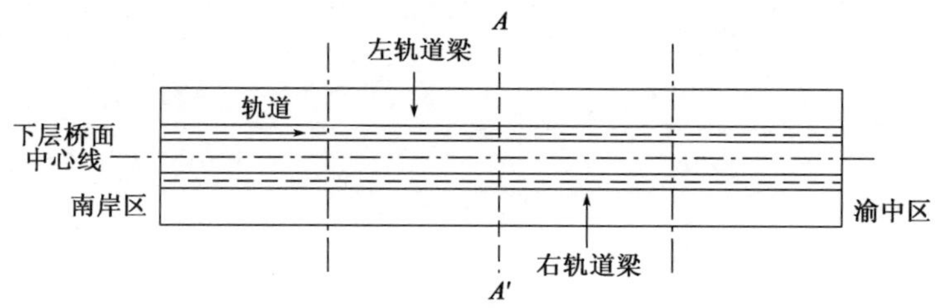

图 8.3.1　单线行车时，一线轻轨车平面布置示意图

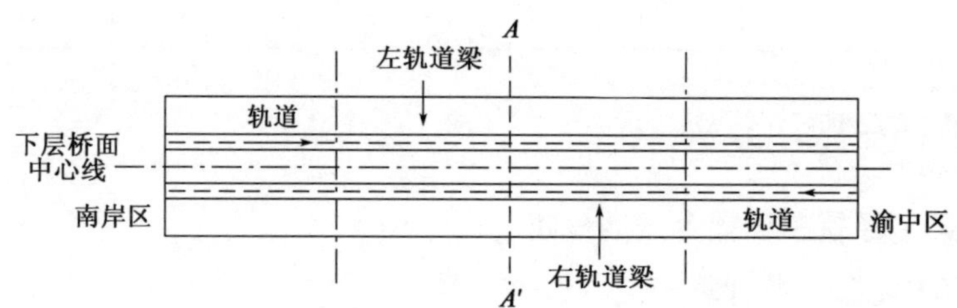

图 8.3.2　双线对开时，双线轻轨车平面布置示意图

2)车桥响应主要计算结果

根据上述轻轨车、桥梁空间振动分析模型，按指定计算工况，开展车桥耦合动力响应计算。桥梁上选取 A、B、C、D、E、A'、B'、C'、D'、E' 五个不同位置(图 8.3.3)，给出桥梁振动响应。沿南岸往渝中前进方向，其中 A 为主跨跨中左侧下弦节点处，B 为主跨跨中左侧上弦节点处，C 为桥梁边跨跨中左侧下弦节点处，D 为边跨跨中左侧上弦节点处，E 为 P1 主塔左肢塔顶处，A'为主跨跨中右侧下弦节点处，B'为主跨跨中右侧上弦节点处，C'为桥梁边跨跨中右侧下弦节点处，D'为边跨跨中右侧上弦节点处，E'为 P1 主塔右肢塔顶处。

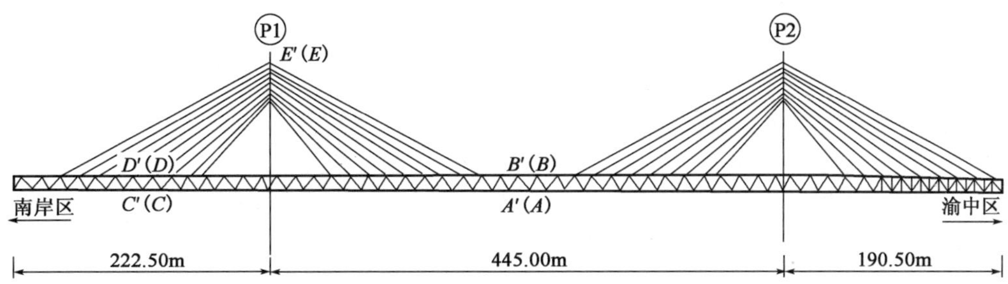

图 8.3.3　桥梁观测点的位置示意图

在单线轻轨分别为 60km/h、80km/h、100km/h 车速作用下，桥梁及车辆的最大振动响应计算结果见表 8.3.2。在 100km/h 车速下，主跨跨中左侧下弦 A'的位移、加速度时程以及左侧轻轨车道上第一节车的加速度时程见图 8.3.4 ~ 图 8.3.8。

轻轨单线行车时车桥振动的最大响应　　表 8.3.2

响应类型	响应位置	项目	方向	车速(km/h)		
				60	80	100
桥梁响应	主跨跨中左侧下弦节点 A	位移(cm)	竖向	10.29	10.23	10.35
			横向	0.41	0.40	0.40
		加速度(cm/s^2)	竖向	1.66	1.54	2.72
			横向	1.99	4.60	7.26
	主跨跨中右侧下弦节点 A'	位移(cm)	竖向	9.06	9.00	9.12
			横向	0.41	0.40	0.40
		加速度(cm/s^2)	竖向	1.76	2.44	2.71
			横向	1.99	4.54	7.24
	边跨跨中左侧下弦节点 C	位移(cm)	竖向	4.47	4.50	4.59
			横向	0.11	0.12	0.12
		加速度(cm/s^2)	竖向	2.57	4.14	5.18
			横向	2.31	4.96	5.61
	边跨跨中右侧下弦节点 C'	位移(cm)	竖向	3.80	3.85	3.92
			横向	0.11	0.12	0.12
		加速度(cm/s^2)	竖向	2.47	4.26	4.32
			横向	2.31	4.96	5.62
	P1 主塔左肢塔顶 E	位移(cm)	纵向	4.43	4.48	4.50
		加速度(cm/s^2)	纵向	1.51	0.85	1.50
	P1 主塔右肢塔顶 E'	位移(cm)	纵向	4.44	4.48	4.50
		加速度(cm/s^2)	纵向	1.49	0.85	1.50
车辆响应	轻轨车	加速度(cm/s^2)	竖向	37.64	42.62	44.15
			横向	27.17	27.51	30.84
		Sperling 指标	竖向	2.35	2.44	2.51
			横向	2.08	2.11	2.19
		脱轨系数		0.37	0.38	0.39
		轮重减载率		0.28	0.32	0.34

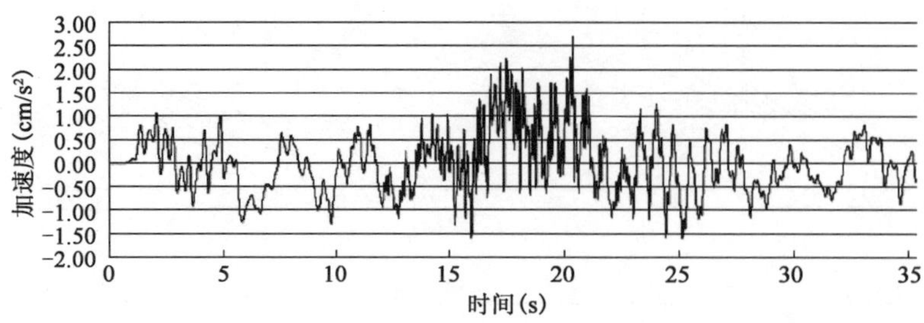

图 8.3.4　单线轻轨车速为 100km/h 时主跨跨中左侧下弦节点 A 的竖向加速度时程

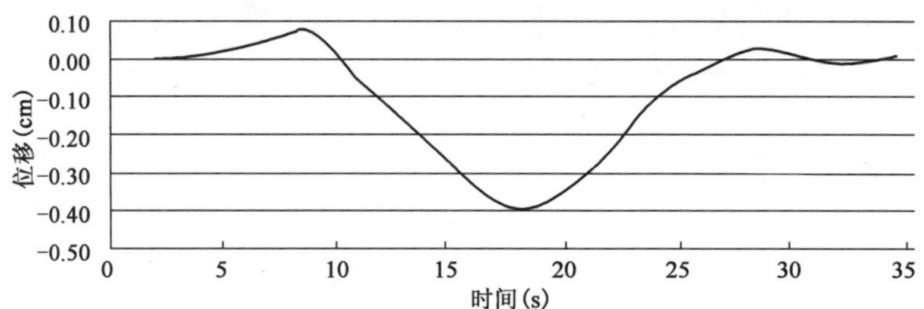

图 8.3.5　单线轻轨车速为 100km/h 时主跨跨中左侧下弦节点 A 的横向位移时程

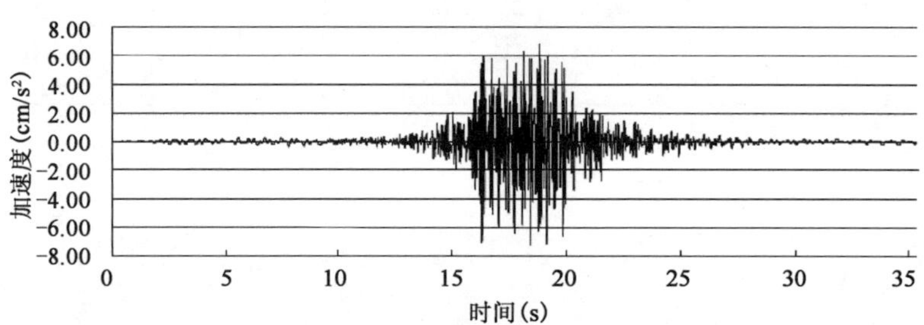

图 8.3.6　单线轻轨车速为 100km/h 时主跨跨中左侧下弦节点 A 的横向加速度时程

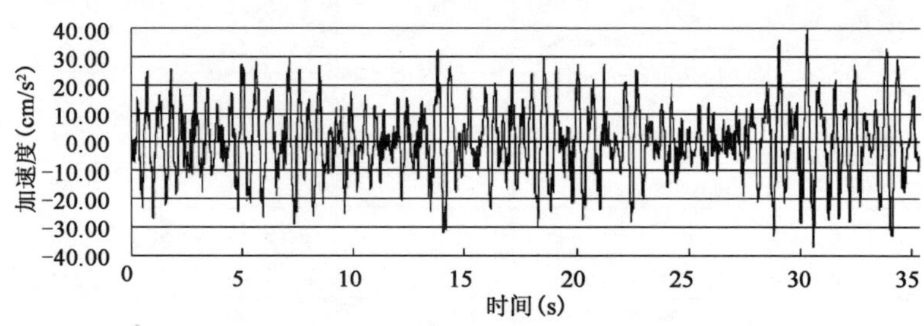

图 8.3.7　单线轻轨车速为 100km/h 时左侧轨道上第一节车车体竖向加速度时程

在双线轻轨分别为 60km/h、80km/h、100km/h 车速对开的作用下，桥梁及车辆的最大振动响应计算结果见表 8.3.3。在 100km/h 车速下，主跨跨中左侧下弦 A'的位移、加速度时程以及左侧轻轨车道第一节车的加速度时程见图 8.3.9 ~ 图 8.3.14。

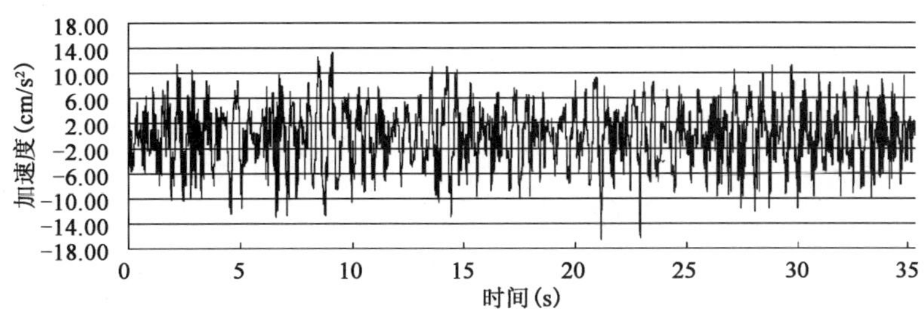

图 8.3.8 单线轻轨车速为100km/h时左侧轨道上第一节车车体横向加速度时程

轻轨双线对开时车桥振动的最大响应 表 8.3.3

响应类型	响应位置	项 目	方 向	车速(km/h)		
				60	80	100
桥梁响应	主跨跨中左侧下弦节点 A	位移(cm)	竖向	19.17	19.30	19.34
			横向	0.10	0.10	0.09
		加速度(cm/s²)	竖向	2.92	2.41	3.39
			横向	1.92	4.19	6.62
	主跨跨中右侧下弦节点 A'	位移(cm)	竖向	19.16	19.30	19.34
			横向	0.10	0.10	0.09
		加速度(cm/s²)	竖向	2.46	2.80	4.07
			横向	1.90	4.17	6.88
	边跨跨中左侧下弦节点 C	位移(cm)	竖向	4.72	4.74	4.83
			横向	0.12	0.13	0.12
		加速度(cm/s²)	竖向	2.56	4.05	5.26
			横向	2.42	5.09	5.86
	边跨跨中右侧下弦节点 C'	位移(cm)	竖向	4.71	4.77	4.82
			横向	0.12	0.13	0.12
		加速度(cm/s²)	竖向	2.50	4.68	4.35
			横向	2.42	5.12	5.86
	P1 主塔左肢塔顶 E	位移(cm)	纵向	7.51	7.57	7.56
		加速度(cm/s²)	纵向	1.39	1.08	1.66
	P1 主塔右肢塔顶 E'	位移(cm)	纵向	7.51	7.58	7.57
		加速度(cm/s²)	纵向	1.42	1.07	1.68
车辆响应	轻轨车	加速度(cm/s²)	竖向	41.53	46.36	49.78
			横向	27.32	27.81	31.48
		Sperling 指标	竖向	2.36	2.47	2.53
			横向	2.09	2.12	2.22
		脱轨系数		0.38	0.38	0.41
		轮重减载率		0.31	0.34	0.37

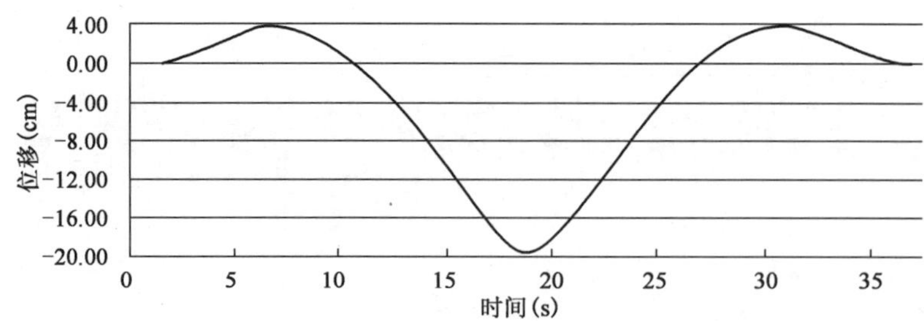

图 8.3.9　双线轻轨车速为 100km/h 时主跨跨中左侧下弦节点 A 的竖向位移时程

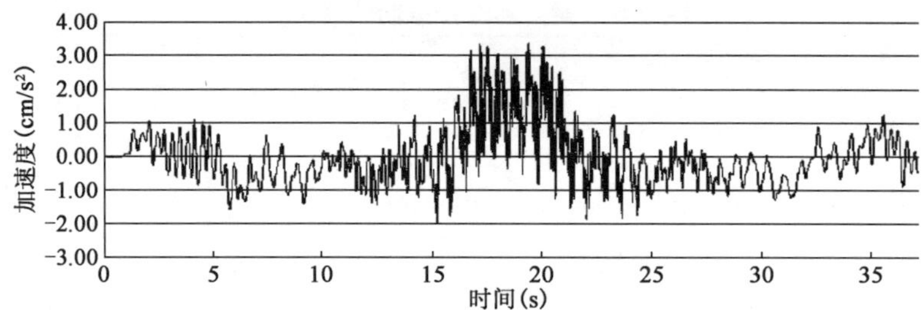

图 8.3.10　双线轻轨车速为 100km/h 时主跨跨中左侧下弦节点 A 的竖向加速度时程

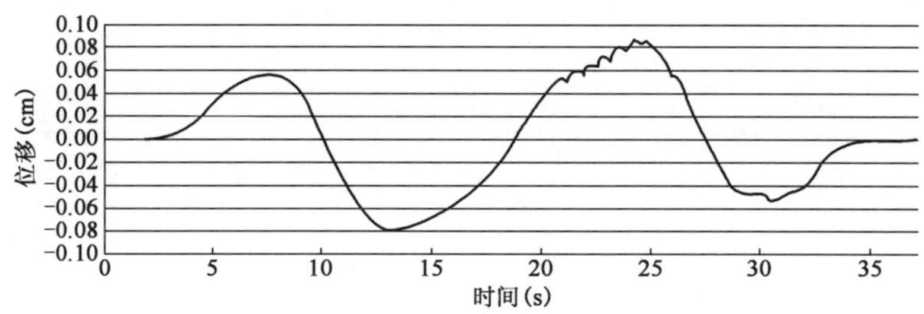

图 8.3.11　双线轻轨车速为 100km/h 时主跨跨中左侧下弦节点 A 的横向位移时程

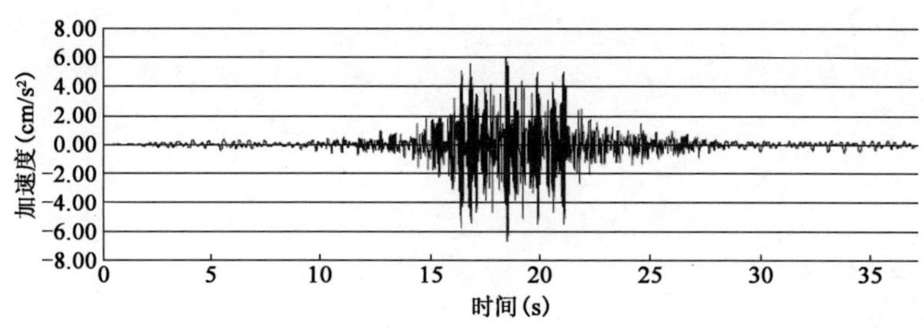

图 8.3.12　双线轻轨车速为 100km/h 时主跨跨中左侧下弦节点 A 的横向加速度时程

结果表明:当双线轻轨对开时,该桥各观测点的最大位移和加速度响应均比单线行车时明显增大,说明随着桥上轻轨车队的增多,桥梁响应会随之增大。但两种工况下,桥梁各观测点的最大位移均较小,说明该桥整体竖向和横向刚度较大。从 A 的位移图和加速度时程可以看出,当车辆运行到该点附近时,A 处的响应最大,而远离该点时,响应较小,说明轻轨对桥梁的局部性能影响较大。

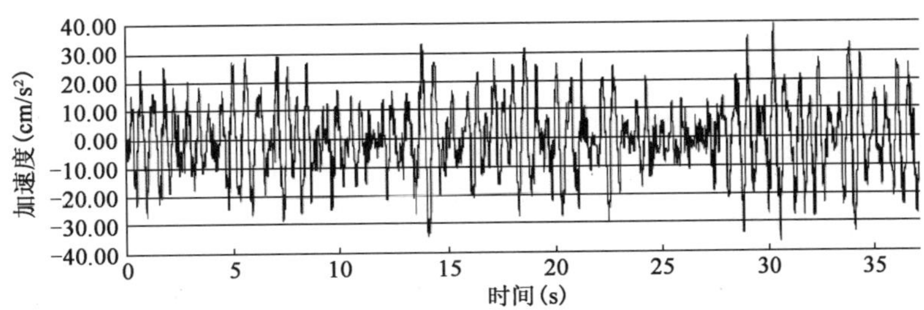

图 8.3.13 双线轻轨车速为 100km/h 时左侧轨道上第一节车车体竖向加速度时程

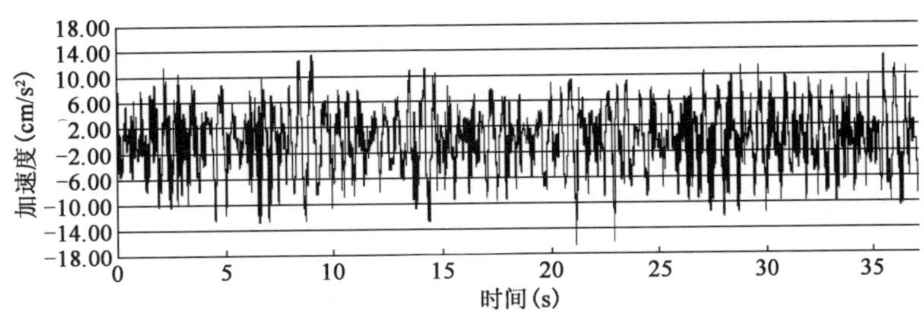

图 8.3.14 双线轻轨车速为 100km/h 时左侧轨道上第一节车车体横向加速度时程

3)轻轨车辆行车安全性、舒适性评价

单线行车时,轻轨车最大脱轨系数、最大轮重减载率分别为 0.39、0.34;双线行车时轻轨车最大脱轨系数、最大轮重减载率分别为 0.41、0.37。双线行车时更不利,但亦能满足轻轨车在不超过 100km/h 时运行安全性要求。

单线行车时,轻轨车竖向、横向最大斯佩林指标分别为 2.51、2.19;双线行车时,轻轨车竖向、横向最大斯佩林指标分别为 2.53、2.22。按相关评价方法,竖向乘坐舒适度达“良好”标准,横向舒适度达“优良”标准。选取在左线轨道上运行的第一节车为代表,进行行车舒适性分析。根据车桥耦合振动计算结果,对轻轨车辆车体竖向、横向振动加速度时程曲线进行频谱分析,并根据 ISO—2631 提供的工作效能下降极限曲线(竖向、横向)进行比较,可评价轻轨车乘坐舒适度。

单线轻轨行车时,不同车速工况下第一节车的乘坐舒适度见图 8.3.15、图 8.3.16;双线轻轨对开行车时,不同车速工况下左线第一节车的乘坐舒适度见图 8.3.17、图 8.3.18。由图可以看出:各种不同工况下,轻轨车辆均能满足竖向、横向乘坐舒适度要求。

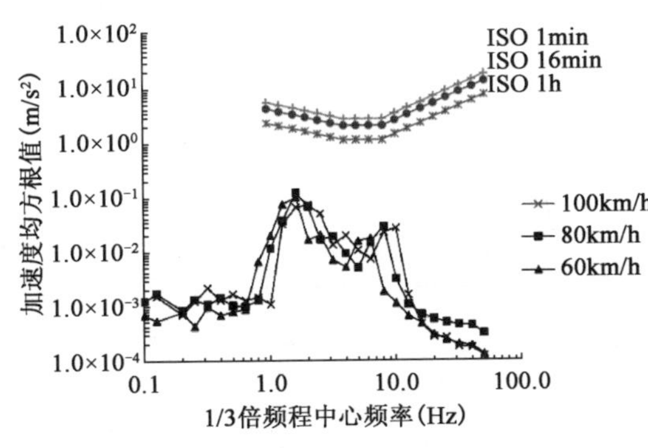

图 8.3.15 单线运行,竖向乘坐舒适度

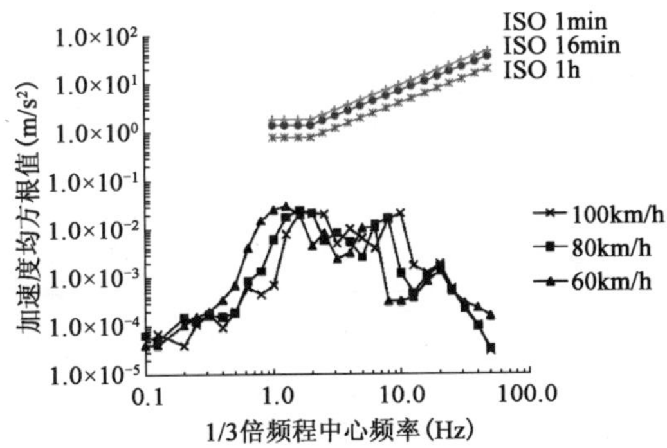

图 8.3.16 单线运行,横向乘坐舒适度

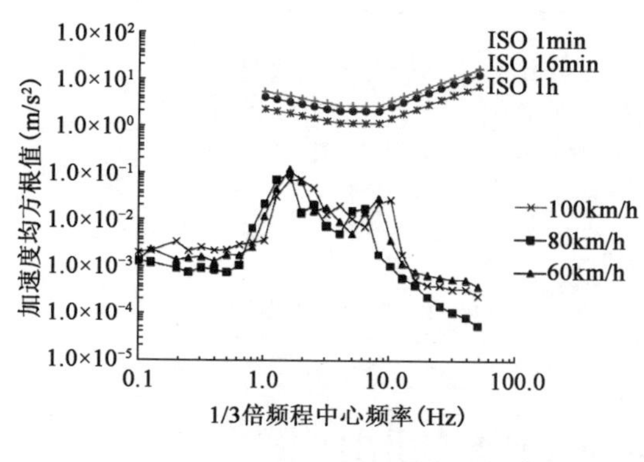

图 8.3.17 双线对开,竖向乘坐舒适度

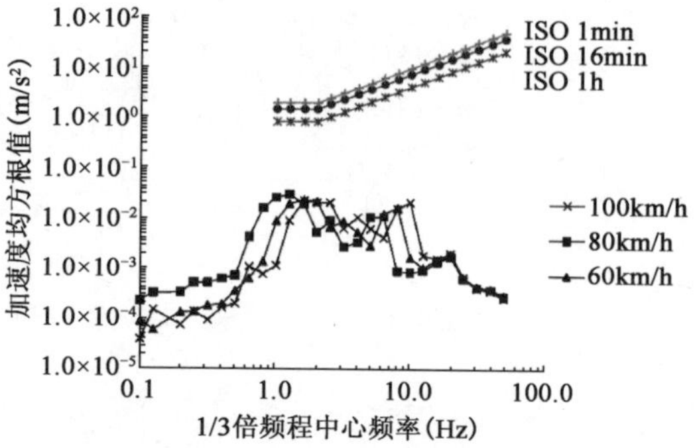

图 8.3.18 双线对开,横向乘坐舒适度

8.3.2 桥梁 + 公路汽车耦合振动分析

1)汽车主要参数及计算工况

考虑重型车辆对桥梁的动力作用影响相对较大,因此特选用重型货车,汽车参数参见表 8.3.4。

重型货车主要参数 表 8.3.4

参 数	单 位	货 车	参 数 说 明
Mv	kg	17600	车身刚体质量
Jy	kg · m²	21670	车身纵向俯仰转动惯量
Jx	kg · m²	5300	车身侧向摇摆转动惯量
K1,K3	kN/m	2280	悬挂系刚度系数(前桥刚度)
K2,K4	kN/m	2280	汽车悬挂系刚度系数(板簧刚度)
C1,C3	kN · s/m	21.5	前轮的悬挂系缓冲器阻尼常数
C2,C4	kN · s/m	21.5	后轮的悬挂系缓冲器阻尼常数
Mt1,Mt3	kg	1100	簧下质量(前轮轮圈、轮胎、轮轴等)
Mt2,Mt4	kg	1000	簧下质量(后轮轮圈、轮胎、轮轴等)
Kt1,Kt3	kN/m	1000	前轮轮胎的刚度系数
Kt2,Kt4	kN/m	1000	后轮轮胎的刚度系数
Ct1,Ct3	kN · s/m	1300	前轮轮胎的阻尼常数
Ct2,Ct4	kN · s/m	1300	后轮轮胎的阻尼常数
L1,L3	m	8	前轮到车身刚体重心的纵向距离
L2,L4	m	3	后轮到车身刚体重心的纵向距离
B	m	0.9	车轮到车身刚体中心的横向距离

选用 20 辆重型汽车为一个车列,车辆采用 10m 等间距。每一个车道上可布置一车列,考虑到汽车设计行车速度为 40km/h,具体计算时主要考虑如下四种计算工况:

(1)在左一车道布置一个车列(简称"单线行车",见图 8.3.19),车速分别为 40km/h、60km/h(含两种工况)。

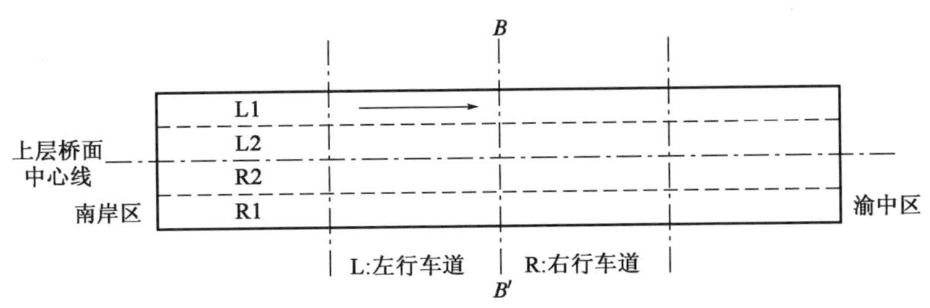

图 8.3.19　单线行车时，一线汽车车队平面布置图

(2)在左一和左二车道上各布置一个车列同向行驶(简称“双线同向行车”，见图 8.3.20)，车速分别为 40km/h、60km/h(含两种工况)。

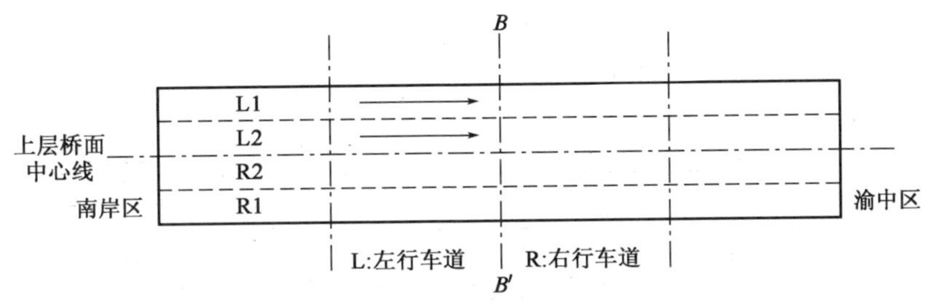

图 8.3.20　双线同向行车时，两线汽车车队平面布置图

在单线汽车分别为 40km/h、60km/h 车速作用下，桥梁及车辆的最大振动响应计算结果见表 8.3.5。在 60km/h 车速下，主跨跨中 A 的位移、加速度时程以及左行车道 1 上的第一、二辆车的车体加速度时程见图 8.3.21 ~ 图 8.3.26。

单线汽车作用下车桥振动的最大响应　　表 8.3.5

响应类型	响应位置	项　目	方　向	车速(km/h)	
				40	60
桥梁响应	主跨跨中左侧上弦节点 B	位移(cm)	竖向	3.31	3.31
			横向	0.45	0.45
		加速度(cm/s^2)	竖向	5.98	8.26
			横向	1.74	1.79
	主跨跨中右侧上弦节点 B'	位移(cm)	竖向	2.19	2.20
			横向	0.45	0.45
		加速度(cm/s^2)	竖向	3.46	6.50
			横向	1.74	1.79
	边跨跨中左侧上弦节点 D	位移(cm)	竖向	0.99	0.99
			横向	0.22	0.21
		加速度(cm/s^2)	竖向	5.58	6.42
			横向	1.70	1.43

续上表

响应类型	响应位置	项目	方向	车速(km/h)	
				40	60
桥梁响应	边跨跨中右侧上弦节点 D'	位移(cm)	竖向	0.88	0.88
			横向	0.22	0.21
		加速度(cm/s²)	竖向	3.15	4.48
			横向	1.70	1.43
	P1 主塔左肢塔顶 E	位移(cm)	纵向	1.32	1.32
		加速度(cm/s²)	纵向	1.11	1.54
	P1 主塔右肢塔顶 E'	位移(cm)	纵向	1.33	1.33
		加速度(cm/s²)	纵向	1.03	1.53
车辆响应	重型车	加速度(cm/s²)	竖向	209.80	302.00

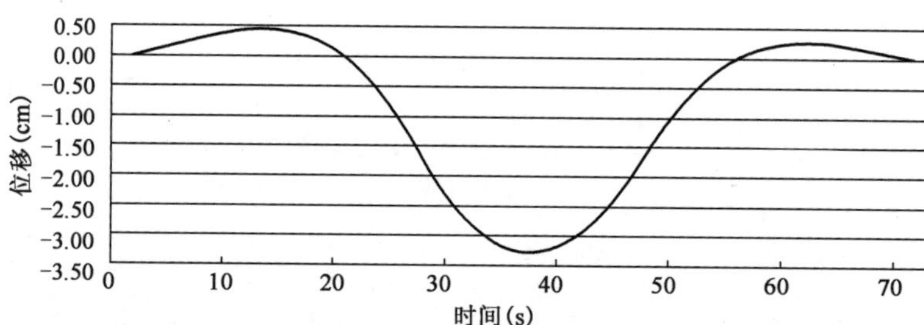

图 8.3.21　单线行车在车速为 60km/h 时主跨跨中左侧下弦节点 A 的竖向位移时程

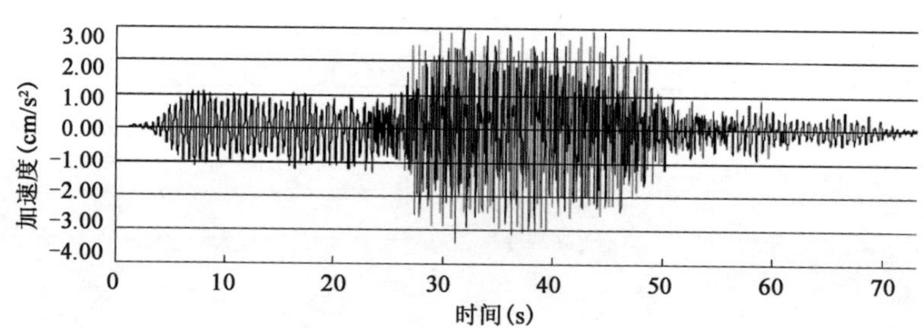

图 8.3.22　单线行车在车速为 60km/h 时主跨跨中左侧下弦节点 A 的竖向加速度时程

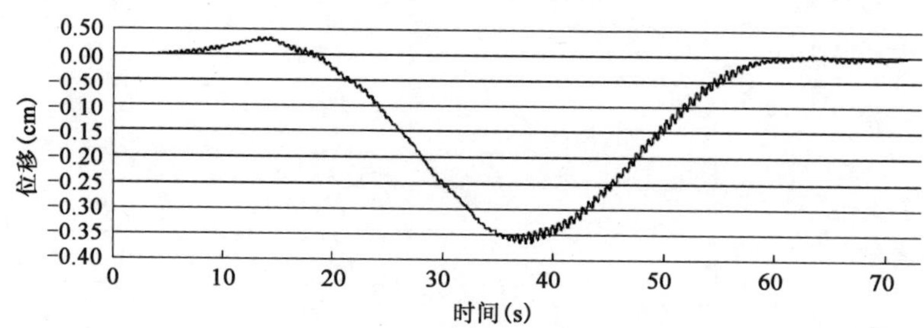

图 8.3.23　单线行车在车速为 60km/h 时主跨跨中左侧下弦节点 A 的横向位移时程

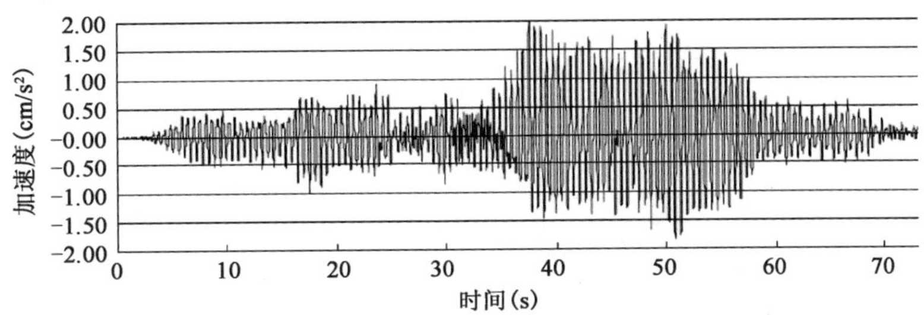

图 8.3.24 单线行车在车速为 60km/h 时主跨跨中左侧下弦节点 A 的横向加速度时程

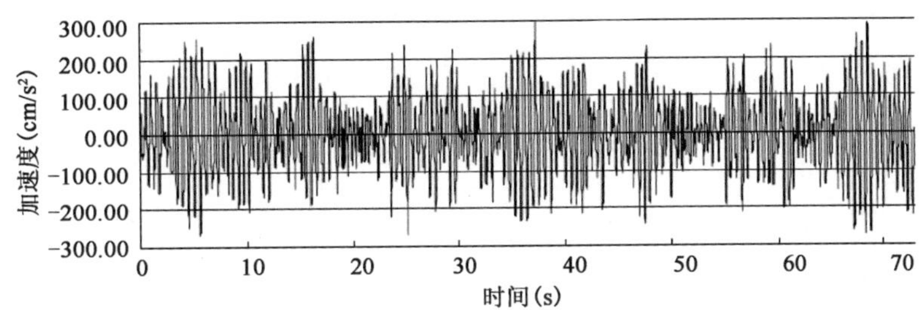

图 8.3.25 单线行车在车速为 60km/h 时第一辆汽车车体竖向加速度时程

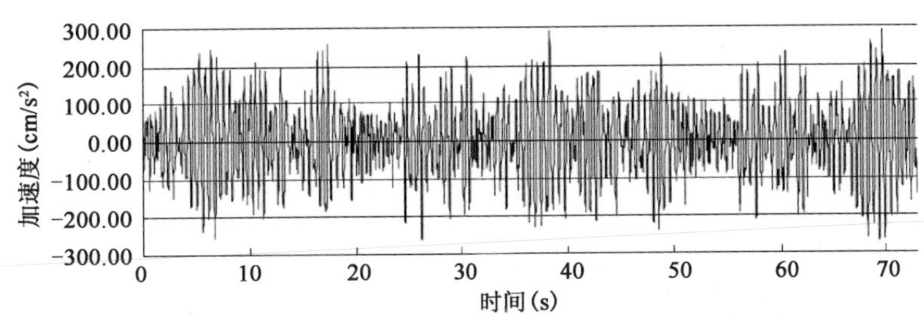

图 8.3.26 单线行车在车速为 60km/h 时第二辆汽车车体竖向加速度时程

在双线汽车分别为 40km/h、60km/h 车速的作用下，桥梁及车辆的最大振动响应计算结果见表 8.3.6。在 60km/h 车速下，主跨跨中 A 的位移、加速度时程以及第 1 车道第一、二辆车的加速度时程见图 8.3.27 ~ 图 8.3.32。

双线汽车作用下车桥振动的最大响应 表 8.3.6

响应类型	响应位置	项　目	方　向	车速(km/h)	
				40	60
桥梁响应	主跨跨中左侧上弦节点 B	位移(cm)	竖向	6.30	6.29
			横向	0.64	0.65
		加速度(cm/s²)	竖向	9.75	13.91
			横向	2.43	2.48
	主跨跨中右侧上弦节点 B'	位移(cm)	竖向	4.69	4.72
			横向	0.64	0.65

续上表

响应类型	响应位置	项目	方向	车速(km/h)	
				40	60
桥梁响应	主跨跨中右侧上弦节点 B'	加速度(cm/s^2)	竖向	5.88	9.97
			横向	2.43	2.49
	边跨跨中左侧上弦节点 D	位移(cm)	竖向	1.86	1.86
			横向	0.31	0.30
		加速度(cm/s^2)	竖向	9.06	10.49
			横向	2.37	1.88
	边跨跨中右侧上弦节点 D'	位移(cm)	竖向	1.74	1.74
			横向	0.31	0.30
		加速度(cm/s^2)	竖向	5.12	7.82
			横向	2.37	1.88
	P1 主塔左肢塔顶 E	位移(cm)	纵向	2.65	2.65
		加速度(cm/s^2)	纵向	2.00	3.14
	P1 主塔右肢塔顶 E'	位移(cm)	纵向	2.65	2.65
		加速度(cm/s^2)	纵向	1.90	3.14
车辆响应	重型车	加速度(cm/s^2)	竖向	210.30	311.60

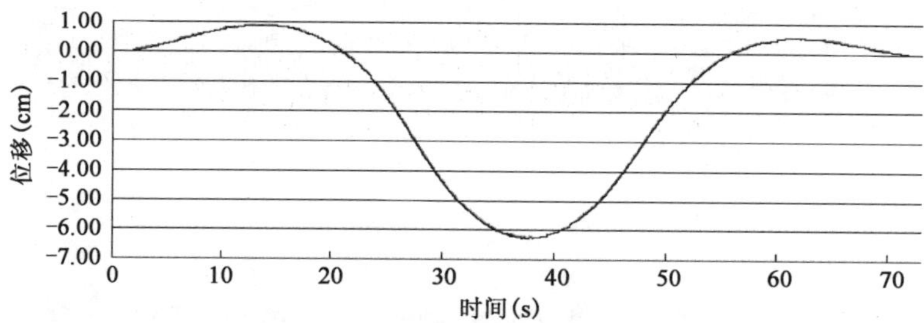

图 8.3.27　双线同向行车在车速为 60km/h 时主跨跨中左侧下弦节点 A 的竖向位移时程

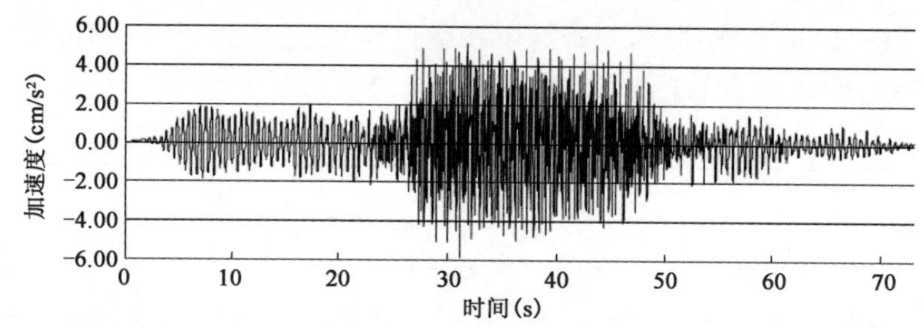

图 8.3.28　双线同向行车在车速为 60km/h 时主跨跨中左侧下弦节点 A 的竖向加速度时程

结果表明：双线同向行车时，该桥各观测点的最大位移和加速度响应均比单线行车时明显增大，说明随着车辆的增多，桥梁响应会随之增大。但无论是单线行车还是双线同向行车，桥梁各观测点的最大位移和加速度响应均较小，说明汽车荷载相对于桥梁结构很小，该桥梁整体竖向和横向刚度较大。从节点 A 的位移和加速度时程可以看出，当车辆运行到该点附近时，

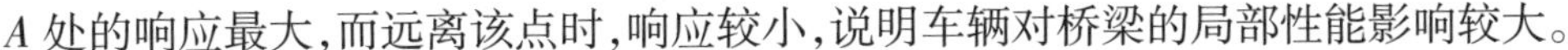

A 处的响应最大,而远离该点时,响应较小,说明车辆对桥梁的局部性能影响较大。

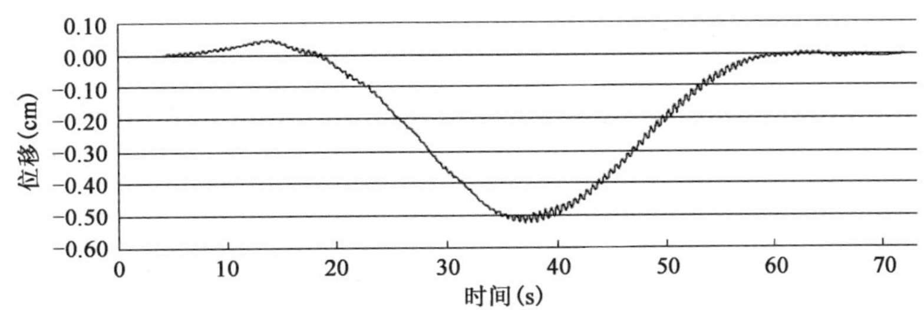

图 8.3.29 双线同向行车在车速为 60km/h 时主跨跨中左侧下弦节点 A 的横向位移时程

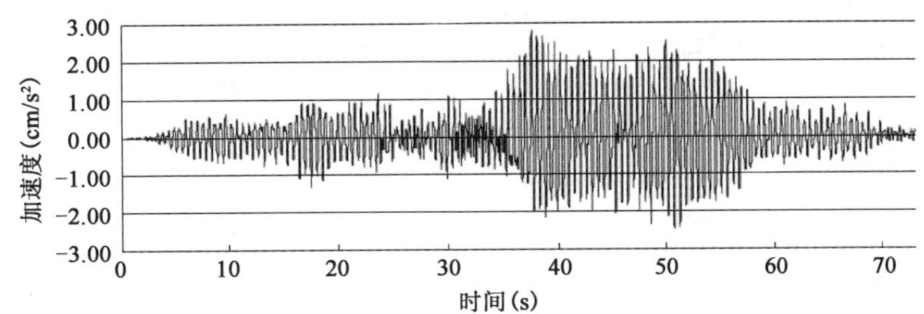

图 8.3.30 双线同向行车在车速为 60km/h 时主跨跨中左侧下弦节点 A 的横向加速度时程

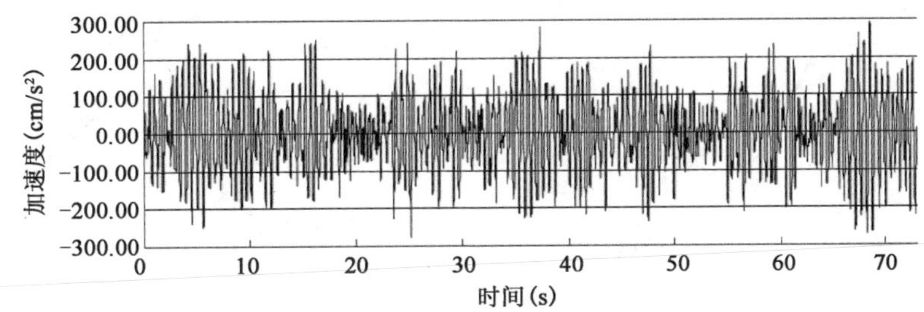

图 8.3.31 双线同向行车(60km/h 时)在左行车道 1 上第一辆汽车竖向加速度时程

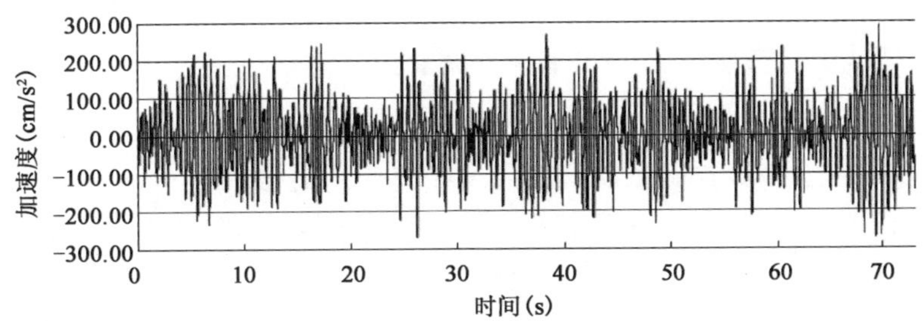

图 8.3.32 双线同向行车(60km/h 时)在左行车道 1 上第二辆汽车竖向加速度时程

2)汽车行车舒适度评价

同样,对汽车车列选取在左行车道 2 上运行的第一辆、第二辆重型汽车为代表,进行行车安全性、舒适性分析。根据车桥耦合振动计算结果,对汽车车体竖向振动加速度时程曲线进行频谱分析,并根据 ISO—2631 提供的工作效能下降极限曲线(竖向)进行比较,可评价重型汽车乘坐舒适度。

单线行车时,各不同车速工况下第一辆、第二辆重型汽车的乘坐舒适度见图 8.3.33 和图 8.3.34;双线同向行车时,各不同车速工况下左线第一辆、第二辆重型汽车的乘坐舒适度见图 8.3.35 和图 8.3.36。可以看出,在汽车车速为 60km/h 时,汽车车体竖向振动加速度相对较大;车速为 40km/h 时,汽车车体竖向加速度相对较小,但随车速变化不大。在各种不同工况下,汽车车辆均能很好满足乘坐舒适度的要求。

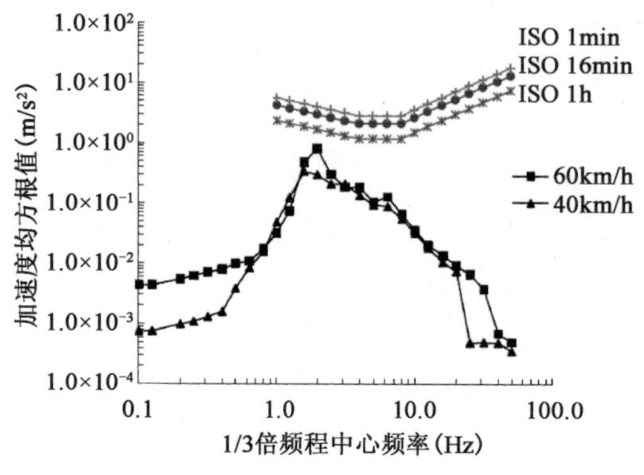

图 8.3.33 单线第一辆车竖向乘坐舒适度

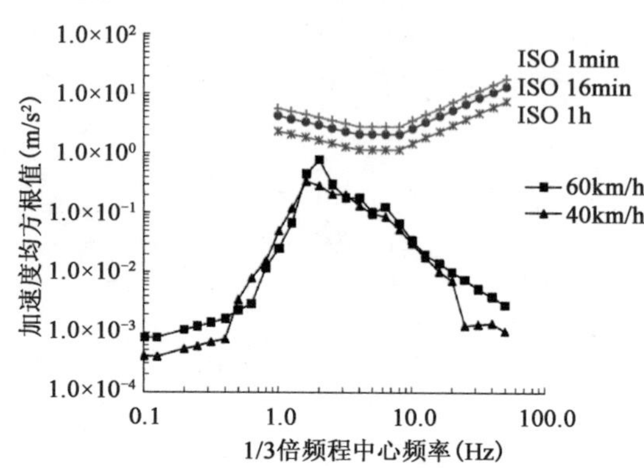

图 8.3.34 单线第二辆车竖向乘坐舒适度

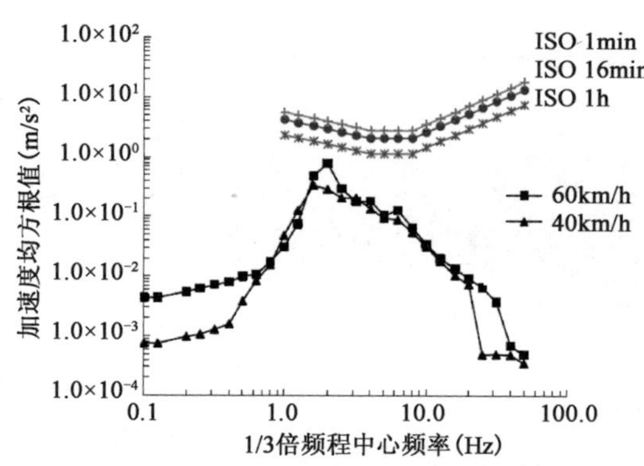

图 8.3.35 双线第一辆车竖向乘坐舒适度

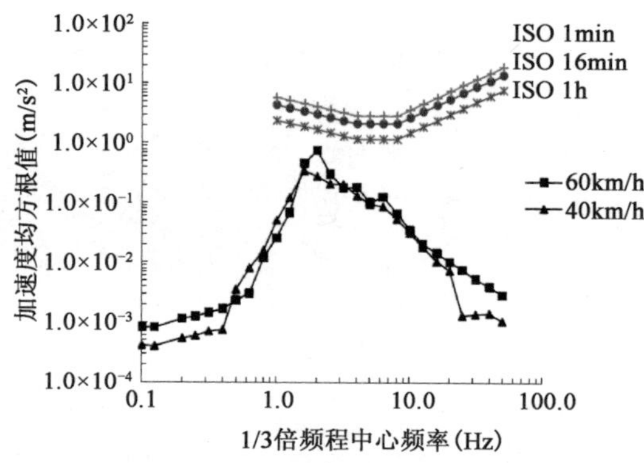

图 8.3.36 双线第二辆车竖向乘坐舒适度

8.3.3 桥梁 + 轻轨车辆 + 公路汽车耦合振动分析

1)计算工况

东水门大桥设上、下双桥面,上层桥面为公路双向四车道,宽 24m,下层桥面为双线城市轨道交通,构成特大公轨两用桥。在同时进行东水门大桥—轻轨车辆—公路汽车耦合动力计算时,选用 20 辆重型汽车为一个车队,车辆采用 10m 等间距。每一行车道上可布置一个车队,上层桥面最多同时布置两个汽车车队。每线轻轨车辆仍采用 6 节车编组,可考虑单线行车或双线轻轨对开。具体计算时轻轨车辆车速为 100km/h、汽车车速为 60km/h,可考虑以下四种工况:

(1)单线轻轨在左侧轨道运行 + 单线汽车在左行车道 L1 上运行(STSC)。

(2)单线轻轨在左侧轨道运行 + 双线汽车同向在左行车道 L1、L2 上运行(STDC)。

(3)双线轻轨车对开运行 + 单线汽车在左行车道 L1 上运行(DTSC)。

(4)双线轻轨车对开运行 + 双线汽车同向在左行车道 L1、L2 上运行(DTDC)。

2)轻轨、汽车、桥梁响应主要计算结果

根据上述轻轨车、汽车、桥梁空间振动分析模型,按照上述指定四种计算工况,开展了轻轨车—汽车—桥梁耦合动力计算,在不同工况下的车桥振动空间响应最大值见表8.3.7。在STSC(单轨+单汽)和DTDC(双轨+双汽)两种工况下,主跨跨中*A*的位移、加速度时程,左侧轻轨车道第一节车的加速度时程以及左行车道L1上第一、二辆汽车的加速度时程见图8.3.37~图8.3.56。由上述计算结果可以看出:

在轻轨车(车速100km/h)和汽车(车速60km/h)同时作用下车桥振动的最大响应 表8.3.7

响应类型	响应位置	项目	方向	计算工况			
				STSC	STDC	DTSC	DTDC
桥梁响应	主跨跨中左侧下弦节点*A*	位移(cm)	竖向	10.07	9.78	19.12	18.86
			横向	0.41	0.47	0.37	0.47
		加速度(cm/s^2)	竖向	3.80	6.06	4.25	6.06
			横向	7.79	7.88	7.20	7.30
	主跨跨中右侧下弦节点*A′*	位移(cm)	竖向	8.77	8.44	19.02	18.74
			横向	0.41	0.47	0.37	0.47
		加速度(cm/s^2)	竖向	4.85	6.98	5.03	7.17
			横向	7.77	7.86	7.46	7.56
	主跨跨中左侧上弦节点*B*	位移(cm)	竖向	10.06	9.76	19.10	18.84
			横向	0.49	0.58	0.45	0.58
		加速度(cm/s^2)	竖向	8.69	13.78	8.46	13.32
			横向	1.79	2.25	1.96	2.31
	主跨跨中右侧上弦节点*B′*	位移(cm)	竖向	8.76	8.44	19.00	18.72
			横向	0.49	0.58	0.45	0.58
		加速度(cm/s^2)	竖向	6.56	9.21	6.64	9.46
			横向	1.79	2.25	1.95	2.31
	边跨跨中左侧下弦节点*C*	位移(cm)	竖向	5.03	5.45	5.27	5.70
			横向	0.15	0.16	0.15	0.16
		加速度(cm/s^2)	竖向	7.22	8.54	7.28	8.38
			横向	6.24	6.51	6.27	6.50
	边跨跨中右侧下弦节点*C′*	位移(cm)	竖向	4.19	4.53	4.43	4.77
			横向	0.15	0.16	0.15	0.16
		加速度(cm/s^2)	竖向	4.30	6.84	4.55	7.02
			横向	6.25	6.56	6.29	6.53
	边跨跨中左侧上弦节点*D*	位移(cm)	竖向	5.01	5.43	5.26	5.68
			横向	0.35	0.38	0.35	0.38
		加速度(cm/s^2)	竖向	7.55	10.83	7.61	10.79
			横向	2.13	2.34	2.08	2.30

续上表

响应类型	响应位置	项目	方向	计算工况			
				STSC	STDC	DTSC	DTDC
桥梁响应	边跨跨中右侧上弦节点 D'	位移(cm)	竖向	4.18	4.52	4.42	4.77
			横向	0.35	0.38	0.35	0.38
		加速度(cm/s^2)	竖向	6.66	9.99	6.76	10.06
			横向	2.14	2.36	2.10	2.32
	P1 主塔左肢塔顶 E	位移(cm)	纵向	4.01	3.62	7.20	6.85
		加速度(cm/s^2)	纵向	2.51	3.99	2.93	4.48
	P1 主塔右肢塔顶 E'	位移(cm)	纵向	4.01	3.62	7.20	6.85
		加速度(cm/s^2)	纵向	2.49	3.88	2.92	4.37
车辆响应	轻轨车	加速度(cm/s^2)	竖向	48.16	50.26	52.42	54.83
			横向	32.03	32.95	34.47	34.59
		Sperling 指标	竖向	2.53	2.56	2.61	2.63
			横向	2.21	2.23	2.25	2.28
		脱轨系数		0.40	0.41	0.45	0.46
		轮重减载率		0.34	0.34	0.39	0.40
	重型车	加速度(cm/s^2)	竖向	302.20	311.60	303.42	313.89

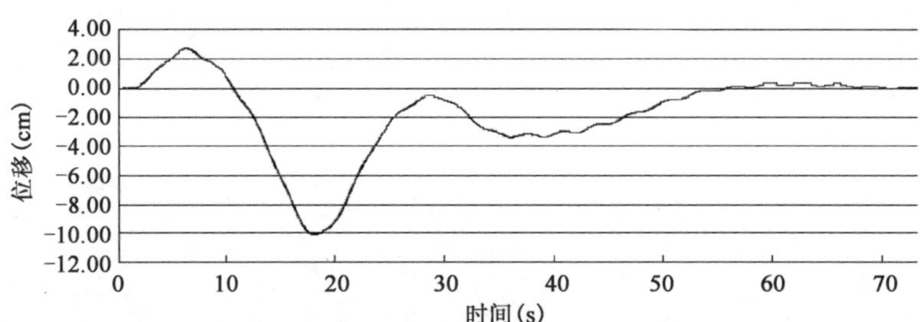

图 8.3.37 STSC 工况下主跨跨中左侧下弦节点 A 的竖向位移时程

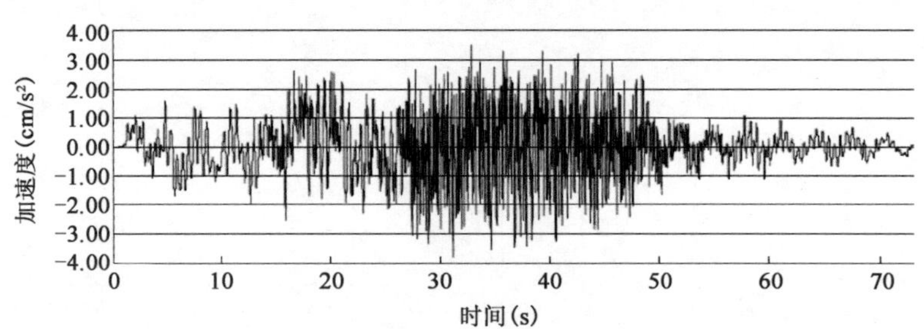

图 8.3.38 STSC 工况下主跨跨中左侧下弦节点 A 的竖向加速度时程

当轻轨与汽车同时运行在桥梁上,桥梁的振动响应以受到轻轨的影响较大,位移和加速度时程曲线以轻轨的运动而产生的响应为主,汽车对桥梁的振动影响较小,可见轻轨对桥梁振动的影响远远比汽车大得多;当轻轨车和汽车同时运行在桥上时桥梁的振动响应均比单一类型的车如轻轨车或汽车运行在桥梁上时桥梁的振动响应大；当汽车和轻轨车同时运行在该桥上时，车辆包括汽车和轻轨车的车体最大加速度响应与单种工况下车体最大加速度响应有所增大。

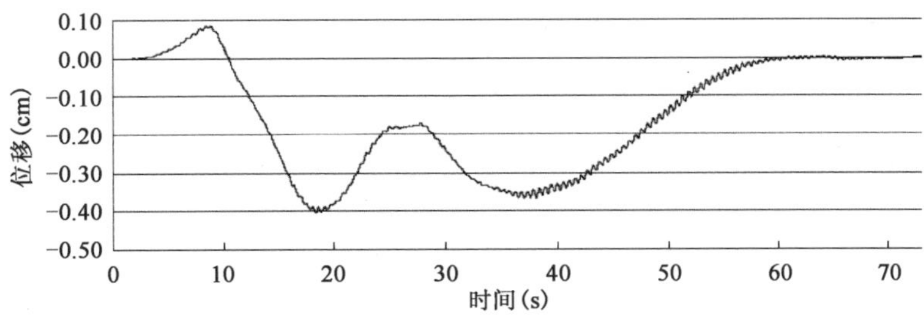

图 8.3.39 STSC 工况下主跨跨中左侧下弦节点 A 的横向位移时程

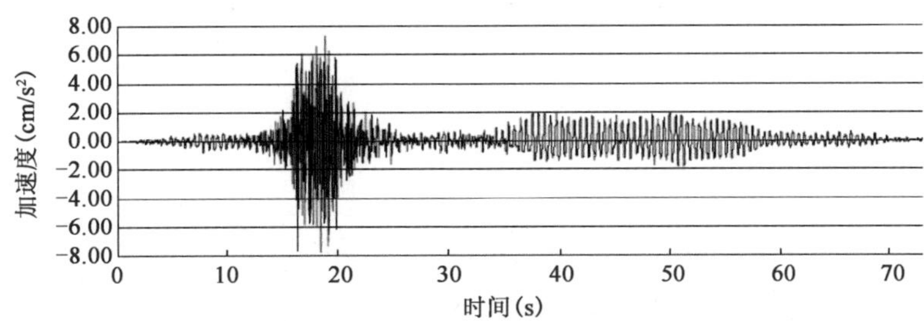

图 8.3.40 STSC 工况下主跨跨中左侧下弦节点 A 的横向加速度时程

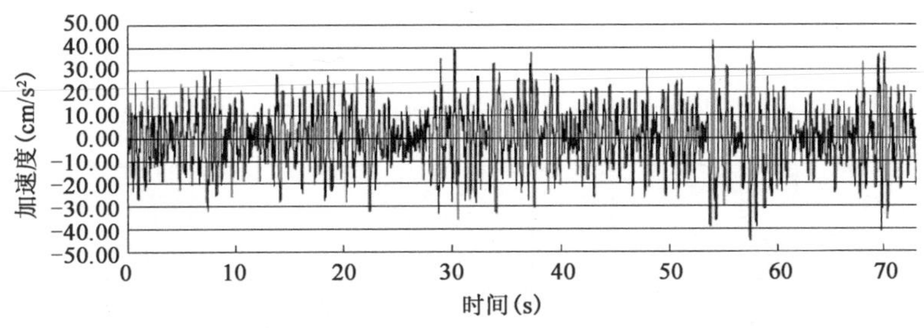

图 8.3.41 STSC 工况下左侧轨道上第一节车车体竖向加速度时程

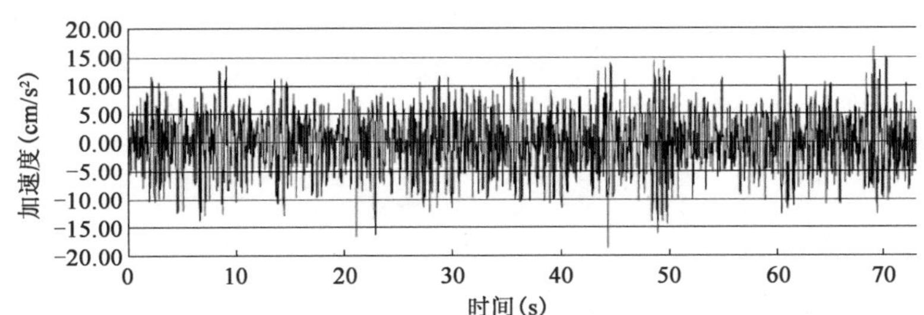

图 8.3.42 STSC 工况下左侧轨道上第一节车车体横向加速度时程

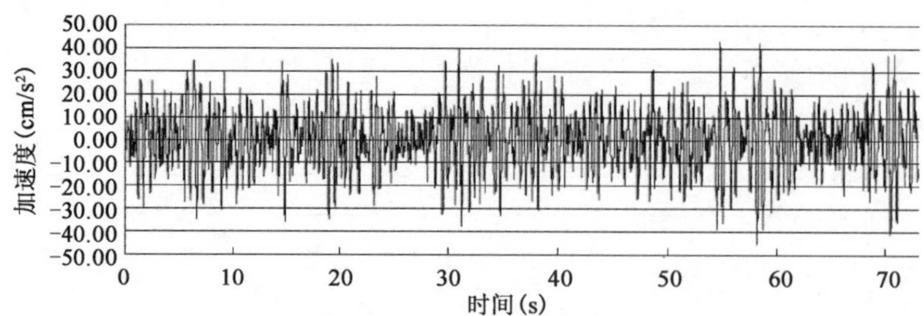

图 8.3.43　STSC 工况下左侧轨道上第二节车车体竖向加速度时程

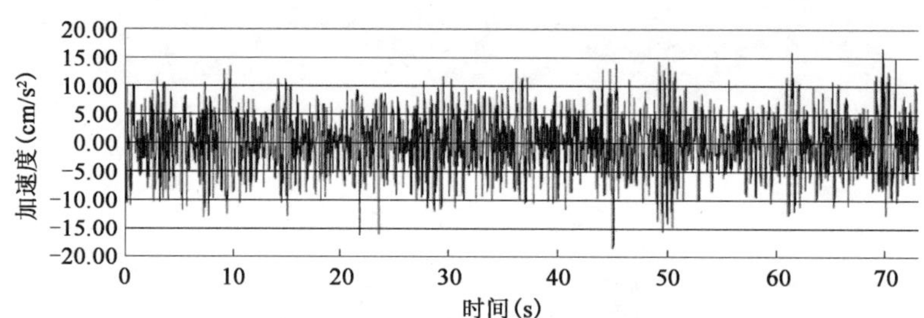

图 8.3.44　STSC 工况下左侧轨道上第一节车车体横向加速度时程

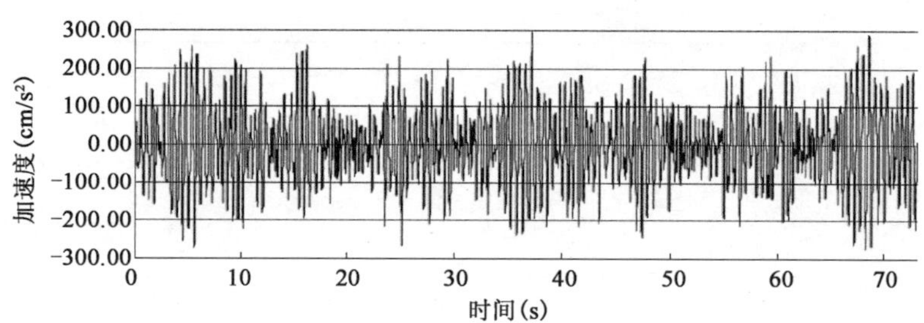

图 8.3.45　STSC 工况下在行车道 1 上第一辆汽车竖向加速度时程

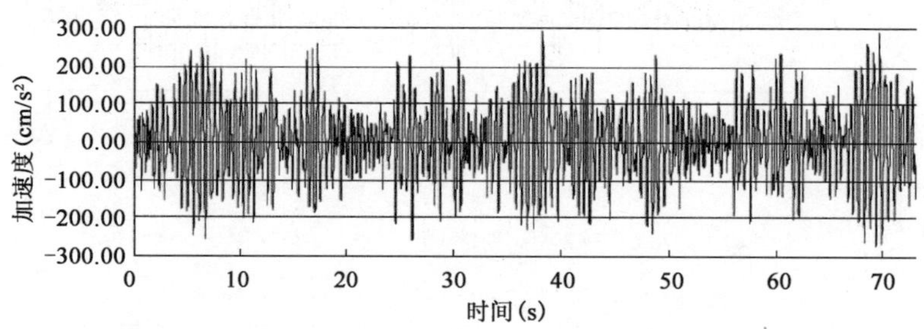

图 8.3.46　STSC 工况下在行车道 1 上第二辆汽车竖向加速度时程

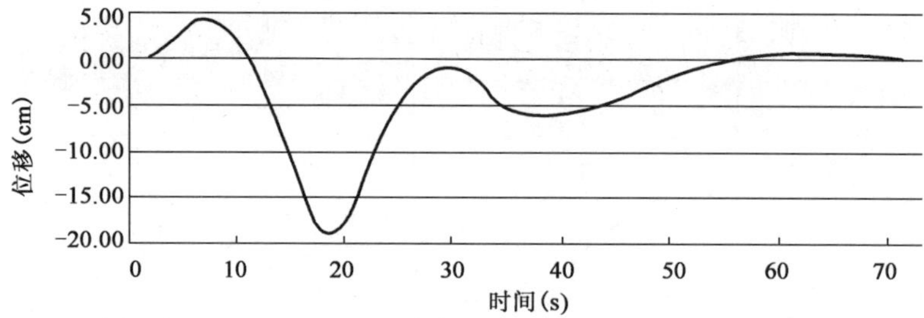

图 8.3.47　DTDC 工况下主跨跨中左侧下弦节点 A 的竖向位移时程

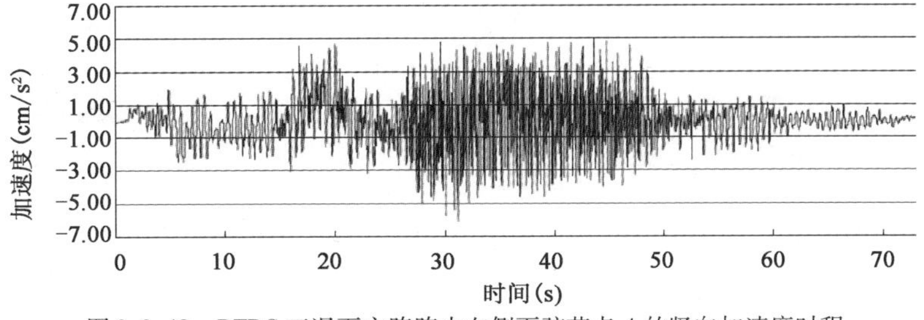

图 8.3.48　DTDC 工况下主跨跨中左侧下弦节点 A 的竖向加速度时程

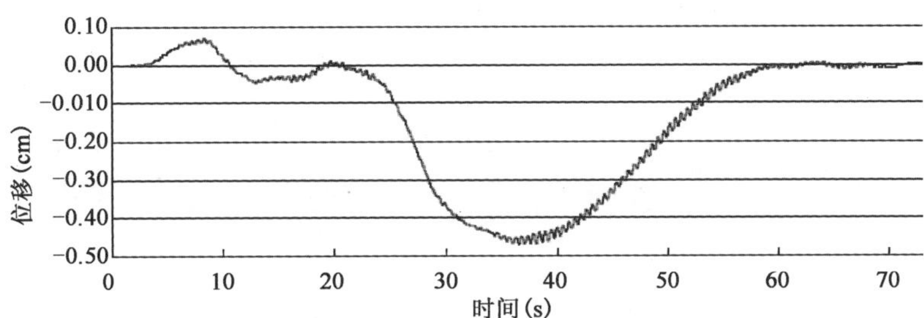

图 8.3.49　DTDC 工况下主跨跨中左侧下弦节点 A 的横向位移时程

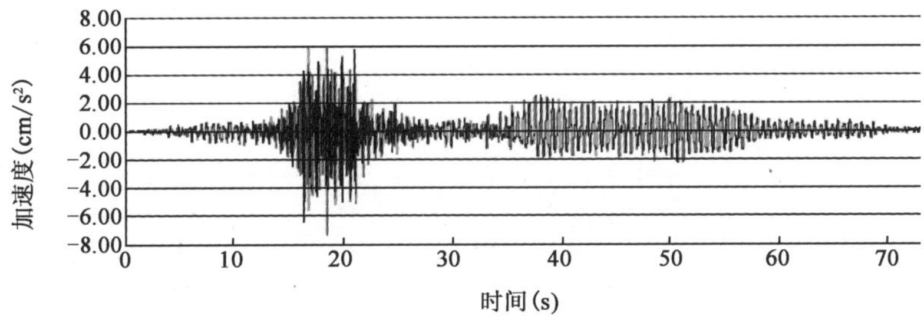

图 8.3.50　DTDC 工况下主跨跨中左侧下弦节点 A 的横向加速度时程

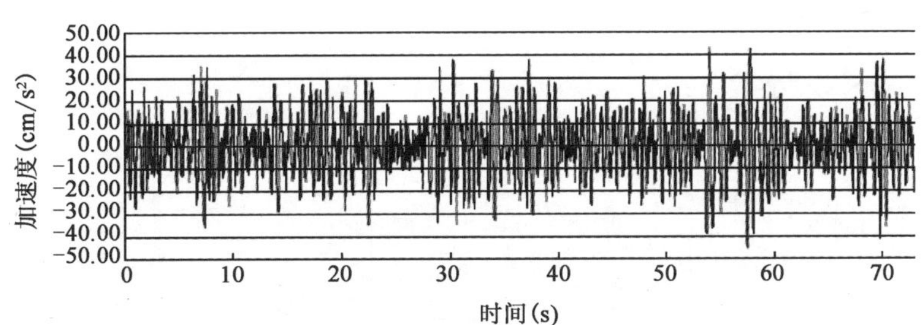

图 8.3.51　DTDC 工况下左侧轨道上第一节车车体竖向加速度时程

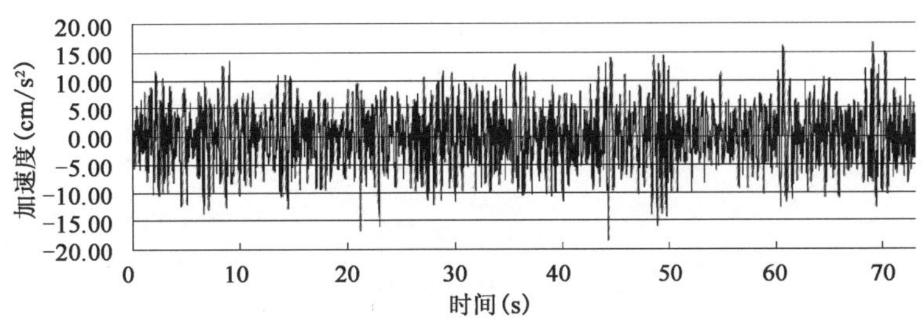

图 8.3.52　DTDC 工况下左侧轨道上第一节车车体横向加速度时程

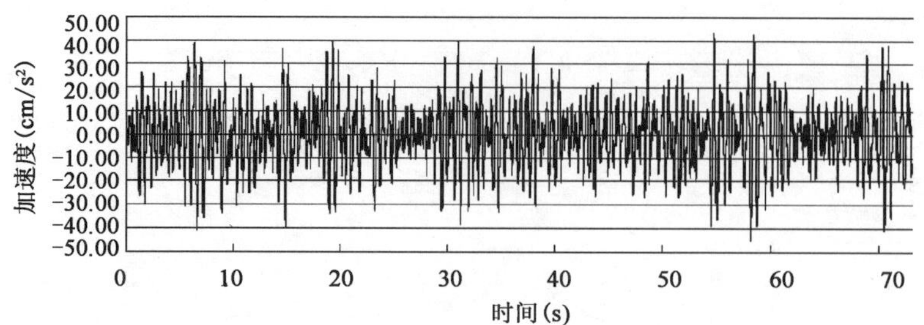

图 8.3.53　DTDC 工况下左侧轨道上第二节车车体竖向加速度时程

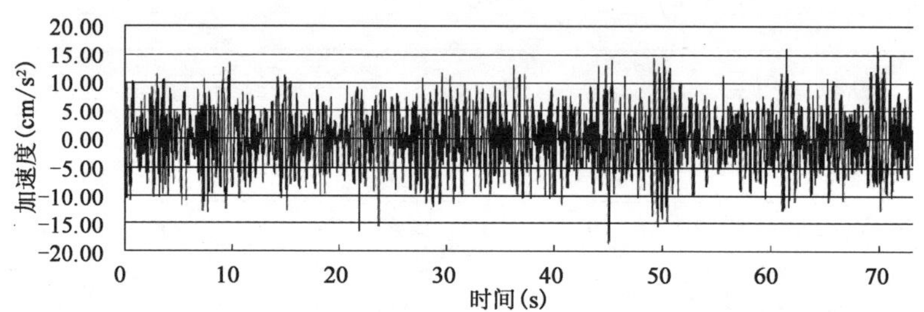

图 8.3.54　DTDC 工况下左侧轨道上第二节车车体横向加速度时程

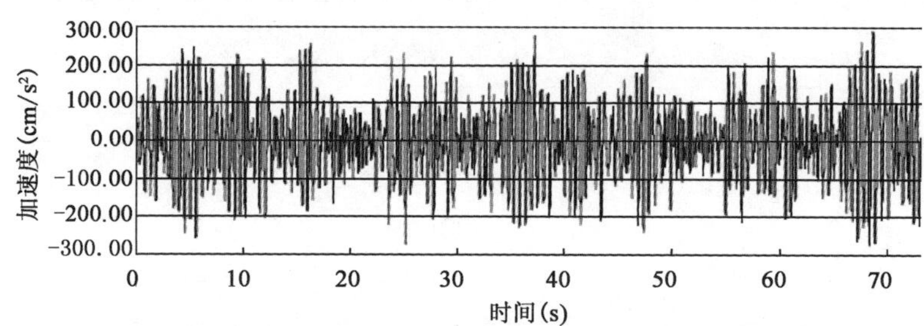

图 8.3.55　DTDC 工况下在行车道 2 上第一辆汽车竖向加速度时程

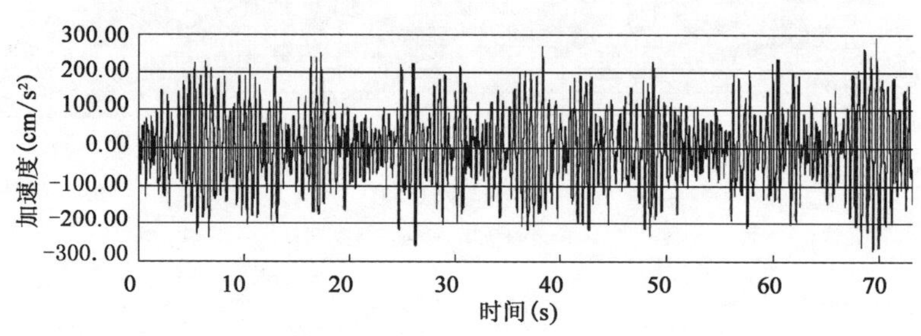

图 8.3.56　DTDC 工况下在行车道 2 上第二辆汽车竖向加速度时程

3)轻轨车辆行车安全性、舒适性评价

当汽车与轻轨车同时运行在公轨两用桥上时,轻轨车最大脱轨系数为 0.46,最大轮重减载率为 0.40,能满足轻轨车在不超过 100km/h 时运行安全性要求。

当汽车与轻轨车同时运行在公轨两用桥上时,轻轨车竖向、横向最大斯佩林指标分别为 2.63、2.28,按相关评价方法,竖向乘坐舒适度达“良好”标准,横向舒适度达“优良”

标准。

选取在左线轨道上运行的第一节车、第二节车为代表，进行行车舒适性分析。根据车桥耦合振动计算结果，对轻轨车辆车体竖向、横向振动加速度时程曲线进行频谱分析，并根据ISO—2631 提供的工作效能下降极限曲线（竖向、横向）进行比较，可评价轻轨车乘坐舒适度。

左线轨道第一、二节轻轨车乘坐舒适度见图 8.3.57 ~ 图 8.3.60。由图可以看出：各种不同工况下，轻轨车辆均能很好满足竖向、横向乘坐舒适度要求。

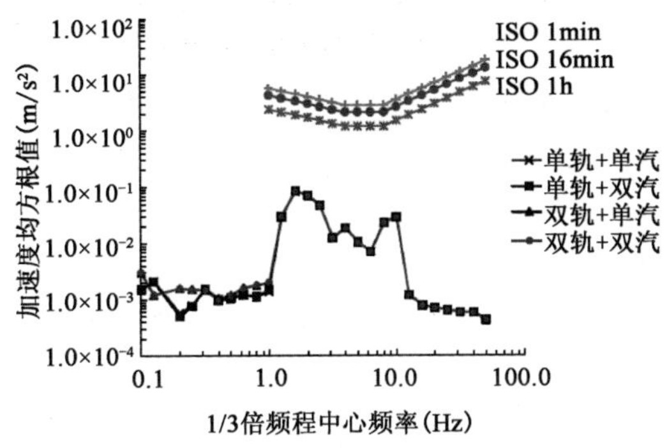

图 8.3.57　左线第一节车的竖向乘坐舒适度

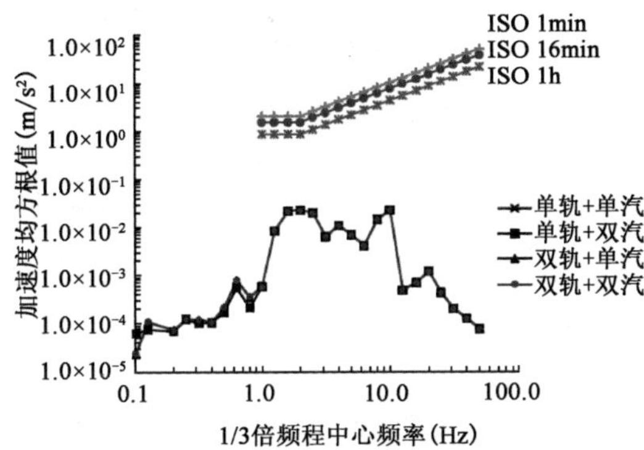

图 8.3.58　左线第一节车的横向乘坐舒适度

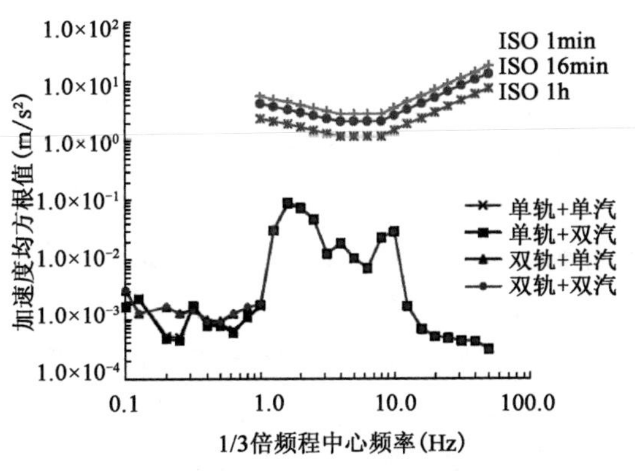

图 8.3.59　左线第二节车的竖向乘坐舒适度

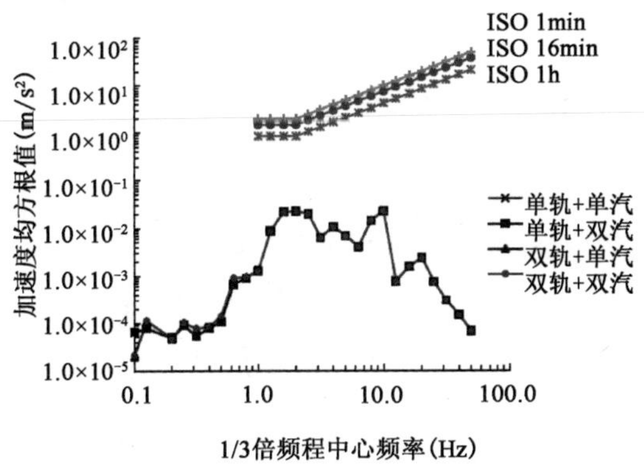

图 8.3.60　左线第二节车的横向乘坐舒适度

4）汽车行车舒适度评价

对汽车车列选取在左行车道 L1 上运行的第一辆、第二辆重型汽车为代表，进行行车舒适性分析。根据车桥耦合振动计算结果，分别对重型汽车竖向振动加速度时程曲线进行频谱分析，并根据 ISO—2631 提供的工作效能下降极限曲线（竖向、横向）进行比较，可评价重型汽车乘坐舒适度。

左线第一辆、第二辆汽车的乘坐舒适度见图 8.3.61、图 8.3.62。可以看出：各种不同工况下，汽车能满足竖向乘坐舒适度要求。

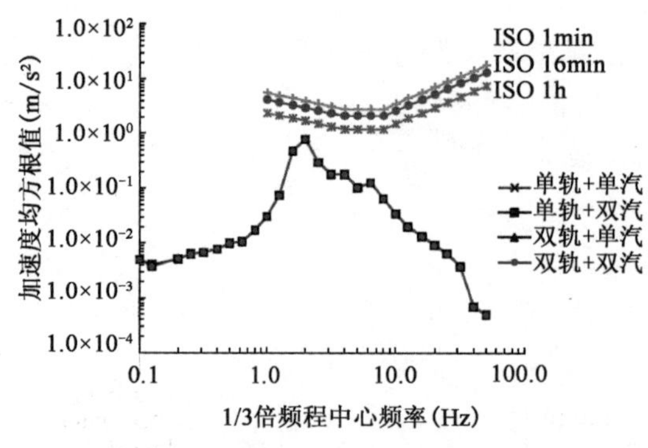

图 8.3.61　左线第一辆汽车的竖向乘坐舒适度

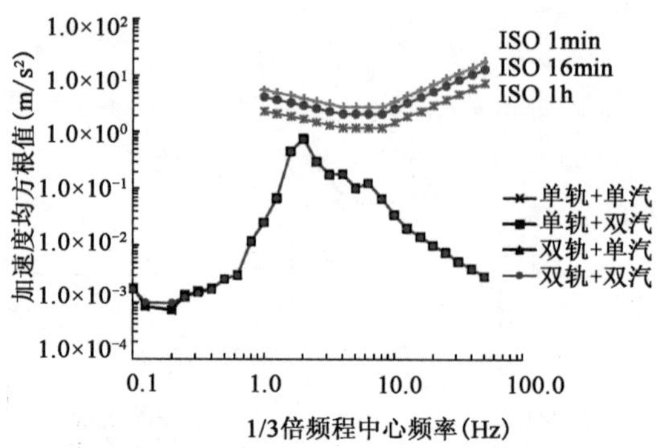

图 8.3.62　左线第二辆汽车的竖向乘坐舒适度

8.4　部分斜拉桥动力特性及舒适度

通过对重庆东水门长江大桥公轨复合交通部分斜拉桥的桥梁 + 轻轨车辆 + 公路汽车三者之间的动力相互作用的深入研究，分别开展了轻轨车辆 + 桥梁耦合动力计算；汽车 + 桥梁耦合动力计算；轻轨车辆 + 汽车 + 桥梁耦合动力计算，仔细探讨了公、轨荷载的相互影响，并对桥上轻轨列车及汽车运行安全性、舒适性做出评估。得出如下主要结论：

（1）建立了东水门大桥的动力分析模型，并开展了动力特性分析。第一阶主梁横向弯曲、竖向弯曲和扭转频率分别为 0.233Hz、0.318Hz、0.682Hz。

（2）轻轨车 + 桥梁耦合动力计算表明：车桥振动响应一般随着车速提高而增大；双线轻轨车双向对开时，桥梁空间振动响应比单线行车时明显增大，但对轻轨车的空间振动响应影响相对较小；在各种不同工况下，轻轨车最大脱轨系数、最大轮重减载率分别为 0.41、0.37，可满足轻轨车运行安全性要求。轻轨车竖向、横向最大斯佩林指标分别为 2.53、2.22。按相关评价方法，竖向乘坐舒适度达“良好”标准，横向舒适度达“优良”标准。

（3）汽车 + 桥梁耦合动力计算表明：车桥振动响应不一定随着车速提高而增大；双线汽车同向行车时，桥梁空间振动响应比单线行车时明显增大，但对汽车的空间振动响应影响相对较小；在各种不同工况下，汽车车辆均能很好满足乘坐舒适度的要求。

（4）轻轨车 + 汽车 + 桥梁耦合动力计算表明：随着重型汽车荷载的增多，轻轨车的振动加速度有变化；同样，随着轻轨车荷载的增多，汽车的振动加速度亦有变化；说明公、轨荷载有可能相互影响，同时进行汽车—轻轨车—桥梁耦合动力分析是必要的。在各种不同工况下，轻轨车最大脱轨系数、最大轮重减载率分别为 0.46、0.40，可满足轻轨车运行安全性要求。轻轨车竖向、横向最大斯佩林指标分别为 2.63、2.28。按相关评价方法，竖向乘坐舒适度达“良好”标准，横向舒适度达“优良”标准。轻轨车、汽车运行也能满足 ISO 舒适度指标要求。

9　总结与思考

9.1　公轨复合交通部分斜拉桥设计关键技术的创新意义

重庆东水门长江大桥为主跨445m的双塔单索面部分斜拉桥，千厮门嘉陵江大桥为主跨312m的单塔单索面部分斜拉桥。两桥均为公轨复合交通部分斜拉桥，且为目前国内外同类型桥梁的最大跨径。由于两江桥地处重庆核心主城区，分别为连接南岸区—渝中区、渝中区—江北区的重要通道，对桥梁景观要求较高，通过对景观、轨道交通、公路交通的综合考虑，最终确定了稀疏单索面双桁片公轨复合交通部分斜拉桥方案。两江大桥在设计中采用的新型设计理念、新型结构体系以及新型构造形式，形成了一整套公轨复合交通部分斜拉桥的设计关键技术。

与国内外同类研究成果及相关技术比较，本项目在以下几方面做了突破性的研究：

(1)针对部分斜拉桥合理受力体系，研究了塔高和跨径比、主梁高跨比、无索区长度、索间距等参数对结构的影响，总结出了整体结构的受力特性与合理受力体系；研究成果已纳入正在修编的《公路斜拉桥设计细则》的结构体系部分，为规范的制修订提供了有力的技术支持。

(2)两江大桥创新性地采用了稀疏单索面双桁片的受力体系，斜拉索通过钢横梁将水平索力和竖向索力传递至两片主桁，桥面板采用板桁结合构造，针对该体系，研究了板桁结合桥面板传力机理、斜拉索索力在桥面板和钢纵梁之间的传力分配特点，并首次在实桥上进行了测试试验，验证了结构受力的合理性。该成果查新国内外未见相关报道。

(3)针对1500t超大索力作用，首次提出了索塔锚固区外置式钢锚箱结构形式，并开展了其理论分析和足尺模型试验研究，揭示了索力在剪力钉、侧拉板以及摩擦力之间的分配比例。该成果国内外未见相关报道。

(4)针对单索面双桁片公轨复合交通部分斜拉桥动力特性及车桥耦合振动，理论分析研究了该类型桥的动力特性，并进行了桥梁+轻轨、桥梁+汽车、桥梁+轻轨+汽车耦合振动研究。

公轨复合交通部分斜拉桥设计关键技术的创新意义体现在以下方面：

(1)首次提出了多层斜拉桥结构设计体系的理念；首次对公轨复合交通单索面双桁片部分斜拉桥进行了体系参数分析，并提出了合理体系参数区间。

(2)首次通过实桥试验手段，摸清了单索面双桁片板桁结合桥面板的受力特性，得到了桥面板、加劲肋、中纵梁、弦杆间水平索力的传力比例；提出了适用于公轨复合交通的单索面双桁片部分斜拉桥结构体系，研发了其关键构造及设计方法。建立了单索面双桁片板桁结合主梁设计及评价方法。

(3)首次提出由钢锚箱、侧拉板、剪力钉和横向预应力组合受力的新型索—塔锚固体系，并通过数值分析和足尺模型试验,得到了索力在剪力钉、侧拉板以及摩擦力之间的分配比例。

(4)揭示了单索面双桁片板桁结合主梁超大吨位斜拉索索梁锚固体系的受力机理,提出了超大吨位索力斜拉桥锚拉板索梁锚固设计方法及足尺模型试验方法。

(5)提出了超大支反力下预应力混凝土牛腿结构设计方法。

(6)建立了稀索单索面公轨复合交通部分斜拉桥车桥耦合振动评价方法。

9.2 公轨复合交通部分斜拉桥设计关键技术的应用价值

本设计关键技术在重庆两江大桥工程上的应用价值体现在以下方面:

(1)在大桥主梁断面的选择上,充分利用了本设计关键技术中对板桁结合的双桁片和三桁片主梁断面形式的研究成果。既为桥梁建设方节省了工程造价也缩短了建设工期。具有良好的经济效益和社会效益。

(2)在大桥主塔支座牛腿的施工中充分利用了本设计关键技术中超大吨位支座牛腿结构受力特点研究成果,保证了牛腿的合理受力和施工质量。

(3)采用斜拉桥外置式钢锚箱构造设计方法及足尺模型试验,明确了新型锚固体系的受力机理和安全系数。结果表明,钢锚箱结构的安全系数不低于1.7。

(4)在施工主塔索塔锚固区的外置式钢锚箱时,采纳了本设计关键技术中的建议,在不影响结构受力和后期斜拉索维护的前提下取消加劲板的内凹槽,减小了施工难度,方便了后期钢锚箱和斜拉索的维护。

(5)本设计关键技术中对主梁断面横向受力进行分析研究,为大桥主梁桁架杆件的拼装提供了技术支持,保证了主梁在单索面斜拉索作用下横向扭转受力的安全。

2014 年 3 月,东水门长江大桥建成通车;2015 年 4 月,千厮门嘉陵江大桥建成通车。通车至今,公路及轨道交通运营状况良好。东水门长江大桥荣获 2015 年度“全国市政金杯示范工程”和重庆市优秀设计一等奖,千厮门嘉陵江大桥荣获 2015 年度英国工程师协会卓越工程提名奖和 2016 年度重庆市优秀设计一等奖。两座跨江大桥获得首届“重庆市十大最美桥梁”荣誉称号。

9.3 思考

随着城市交通的发展,还需要建设更多的跨江河轨道桥梁和公路桥梁。但为了充分利用过江通道资源,降低建设成本,公轨两用桥梁成了今后城市过江通道主要发展趋势。因此,本设计关键技术对于公轨两用桥梁的设计将起到积极的指导作用,相关成果推广前景广阔。

在公轨复合交通部分斜拉桥设计关键技术现有成果的基础上,我们认识到,还应做进一步思考与研究,具体体现在以下方面:

(1)板桁结合框架式主梁结构的温度效应问题。由于主梁为闭合框架结构,在上下桥面板存在温差的情况下,主梁内部将产生温度次内力,次内力的影响程度还需进一步深入研究。

(2)大吨位外置式钢锚箱的耐久性研究。外置式钢锚箱由于为斜拉桥中的新型锚固形式，长期暴露于大气环境中，其耐久性还值得进一步研究，以确保索塔锚固构造的运营安全。

（3）板桁结合桥面板的构造优化。板桁结合桥面板与传统的板桁分离式桥面板比较，其传力机理更加复杂，桥面板共同参与斜拉索的水平力和竖向力分配，如何使桥面板受力更加均匀，防止局部受力过大，确保桥面板结构的长期疲劳性能以及钢桥面铺装的耐久性，还需要不断积累相关成果，为今后我国同类型桥梁的建设提供支撑。

参 考 文 献

[1] 仲建华. 跨座式单轨交通在我国的应用和创新[J]. 都市快轨交通,2014,27(2):1-5.

[2] 王福敏,刘亢. 山地城市越江复合交通公轨桥隧一体化设计技术[M]. 北京:人民交通出版社,2016.

[3] 招商局重庆交通科研设计院有限公司. 重庆东水门长江大桥初步设计[Z]. 重庆:招商局重庆交通科研设计有限公司,2009.

[4] 招商局重庆交通科研设计院有限公司. 重庆千厮门嘉陵江大桥初步设计[Z]. 重庆:招商局重庆交通科研设计有限公司,2009.

[5] 招商局重庆交通科研设计院有限公司. 公轨复合交通桥隧一体建设关键技术研究与示范大跨径公轨复合交通部分斜拉桥设计关键技术研究报告[R]. 重庆:招商局重庆交通科研设计院有限公司,2014.

[6] 姚玲森. 桥梁工程[M]. 北京:人民交通出版社,2004.

[7] 顾安邦. 桥梁工程(下册)[M]. 北京:人民交通出版社,2004.

[8] 邓文中. 重庆两江大桥设计理念[J]. 桥梁,2010.

[9] 中华人民共和国行业标准. JTG D60—2004 公路桥涵设计通用规范[S]. 北京:人民交通出版社,2004.

[10] 中华人民共和国行业标准. JTG D62—2004 公路钢筋混凝土及预应力混凝土桥涵设计规范[S]. 北京:人民交通出版社,2004.

[11] 范立础. 桥梁工程(下册)[M]. 北京:人民交通出版社,1993.

[12] 中华人民共和国行业标准. JTJ 027—1996 公路斜拉桥设计规范[S]. 北京:人民交通出版社,1996.

[13] 汪学著,林韬. 高塔型部分斜拉桥设计与结构分析[J]. 桥隧工程,2011(10):288-290.

[14] 林元培. 斜拉桥[M]. 北京:人民交通出版社,1995.

[15] 铁道部大桥工程局桥梁科学研究所. 斜拉桥[M]. 北京:科学技术文献出版社,1992.

[16] 严国敏. 现代斜拉桥[M]. 成都:西南交通大学出版社,1996.

[17] 中华人民共和国行业推荐性标准. JTG/T D65-01—2007 公路斜拉桥设计细则[S]. 北京:人民交通出版社,2007.

[18] 杜国华,毛时昌,司徒妙龄. 桥梁结构分析[M]. 上海:同济大学出版社,1994.

[19] 刘士林,等. 斜拉桥[M]. 北京:人民交通出版社,2002.

[20] 王伯惠. 斜拉桥结构发展和中国经验[M]. 北京:人民交通出版社,2003.

[21] Tang M. C. Rethinking Bridge Design: A New Configuration[J]. Civil Engineering Magazine, 2007,77(7):38.45.

[22] 肖汝诚. 斜拉桥索力优化及其工程应用[J]. 同济大学学报,1998,15(1):118-126.

[23] 项海帆.高等桥梁结构理论[M].北京:人民交通出版社,2001.

[24] 肖汝诚,项海帆.斜拉桥索力优化的影响矩阵法[J].同济大学学报,1998(2):235-240.

[25] 梁志广,李建中,石现峰.斜拉桥施工初始索力的确定[J].工程力学,2000,17(3):121-126.

[26] 贺栓海.桥梁结构理论与计算方法[M].北京:人民交通出版社,2003.

[27] 唐明翰,李义.现代斜拉索[J].桥梁建设,1997(4):29-32.

[28] 严国敏.试谈"部分斜拉桥"[J].国外桥梁,1996(1):47-50.

[29] Niels J. G. Design of a long span cable stayed bridge across the Great Belt in Denmark 25 years of experience and evolution cable stayed bridges Recent Developments and their Future[M]. Elsevier Science publisher Br, 1991,2.

[30] 陈海桦.独塔斜拉桥合理成桥索力及设计参数研究[D].成都:西南交通大学,2007.

[31] Troitsky, M. S. Cable stayed bridges 2nd edition BSP Professional Books[M]. Oxford: Crosby Lockwood,1988.

[32] 魏红一,胡世德,范立础.对斜拉桥总体设计参数的讨论[J].结构工程师,2003(3):7-11.

[33] 洪显成,刘志英.精确的斜拉索等效弹性模量公式的推导[C]//全国桥梁结构学术大会论文集(下册).上海:同济大学出版社,1992.

[34] 王成发.斜拉桥成桥索力的探讨及施工过程分析[D].西安:长安大学,2008.

[35] 王灿,刘永健,王莹,等.斜塔有背索斜拉桥结构参数敏感性分析[J].世界桥梁,2013,41(2):35-40.

[36] Sclaich M. Challenges in Education-Conceptual and Structural Design[C]. IABSE 2006 Conference in Budapest. Budapest: Iabse Symposium Report,2006:20-26.

[37] Virlogeux M. Recent evolution of cable stayed bridges[J]. Engineering Structure,1999,21(8)737-755.

[38] 陈德伟,范立础,张权.独塔斜拉桥的总体布置和参数研究[J].土木工程学报,1999,32(3):34-40.

[39] Tang M. C. Aesthetics of Cable-Stayed Bridges[J]. Journal of Transportation Research Board,2000,1696(1):34-43.

[40] Krishna P. Effect of cable-stiffness on cable-stayed bridges with extreme spans[J]. Journal of Structural Engineering,1987.

[41] 胡建华,廖建宏.多塔斜拉桥关键技术研究[J].中外公路,2002,22(3):32-36.

[42] 韩富庆,胡可,寇明国.安庆长江公路大桥施工控制仿真计算[J].安徽建筑大学学报,2002,10(3):32-37.

[43] 程宇鹏.新型部分斜拉桥关键设计参数敏感性分析[D].重庆:重庆交通大学,2010.

[44] 夏品齐.斜拉桥有限元建模及模型修正[J].振动工程学报,2003,16(2):219-223.

[45] 朱娜,钱永久.我国斜拉桥的现状与展望[J].四川建筑,2005,25(5):82-84.

[46] 周孟波,等.斜拉桥手册[M].北京:人民交通出版社,2004.

[47] Parker,J. Angel's wings and cotton reels[J]. The structural engineer,1999,77(19).

[48] 刘世忠,陈权,李少波. 同安银湖独塔单索面部分斜拉桥[J]. 公路交通科技,2006,23(5):57-59.

[49] American Association of State Highway and Transportation Officials. AASHTO Standard Specifications for Highway Bridges(Fifteenth Edition)[S]. Washington, D. C. 1993.

[50] 陈爱军,邵旭东. 无背索竖琴式斜拉桥合理结构体系分析[J]. 中外公路,2009,29(4):89-95.

[51] Walter R. ,B. Houriet. , W. Isler. ,et al. Cable stayed bridges[M]. Thomos Telford London:Bridge Towers,1988.

[52] Pololny,Walter. Construction and Design of Cable stayed bridges(Second Edition)[M]. John Wiley & Sons, 1986, 3(1).

[53] 陈星烨,王平. 矮塔斜拉桥静载作用下的参数分析[J]. 公路与汽运,2011(3):136-139.

[54] 曾胜欢. 矮塔斜拉桥结构受力特性分析[J]. 中国水运月刊,2013,13(3):249-250.

[55] 郑凯锋,等. 铁路板桁桥梁的结构空间计算及其应用发展研究[J]. 铁道工程学报,1997,(3):17-21.

[56] 小西一郎. 钢桥(第三分册)[M]. 朱立冬,等,译. 北京:中国铁道出版社,1980.

[57] 林国雄. 正交异性板与桁梁结合式桥梁第一系统应力及有效宽度计算[J]. 桥梁建设,1978(4):53-66.

[58] 何畏,李乔. 板桁组合结构体系受力特性及计算方法研究[J]. 中国铁道科学,2001,22(5):65-72.

[59] 陈玉骥,熊玉良. 板桁组合结构纵向力分配的研究[J]. 山西建筑,2004,30(6):119-120.

[60] 李富文. 双向加肋的正交异性钢桥面板单元的刚度矩阵[J]. 桥梁建设,1980(1):41-55.

[61] 李富文,伏魁先,徐文焕. 板桁组合结构钢桥的空间计算[J]. 西南交通大学学报,1981(3):105-177.

[62] 伏魁先,陈坚,董春灵. 竖向偏载下板桁组合钢桥的空间计算分析[J]. 土木工程学报,1984(3):63-70.

[63] 徐文焕. 板桁组合式钢桥空间计算的子结构法[J]. 铁道标准设计,1981(6):9-12.

[64] Noor A. , MS. Anderson. , WH. Greene. Continuum models for beam-like and Plate-like lattice structures[M]. Aiaa Journal,1978,16(12):1219-1228.

[65] 王荣辉. 板桁组合结构空间计算的板桁梁段有限元法[J]. 工程力学,1999,16(4):65-72.

[66] 铁道部大桥工程局科学研究院. 芜湖长江大桥关键技术研究,斜拉桥模型静动特性试验及合理刚度值研究[Z]. 武汉:铁道部大桥工程局科学研究院,2000-12.

[67] 何畏,强士中. 板桁组合结构中混凝土桥面板有效宽度计算分析[J]. 中国铁道科学,2002,23(5):55-61.

[68] 谭莹,田启贤. 板桁组合结构的受力特性及其空间分析方法[J]. 铁道建筑,2001(8):2-5.

[69] 王荣辉,程纬,王海龙,等. 板桁组合结构计算模式与动力特性研究[J]. 铁道学报,2000,22(2):72-76.

[70] 欧阳剑. 斜拉索加劲板桁组合结构受力特性分析与研究[D]. 长沙:长沙理工大学,2004.

[71] Hotehkiss. New Ways to Cut Bridge Weight Lead to Record Sparks[J]. Engineering News Record,1957(7).

[72] 张伟星,陈希军. 正交各向异性板的样条边界元解法[J]. 青岛理工大学学报,1999(4):20-24.

[73] 彭刚. 比拟正交各向异性板法的横向分布探讨[J]. 北方交通,2002,25(4):39-39.

[74] 王应良,强士中. 正交异性板的极限承载力分析[J]. 钢结构,1999(4):46-48.

[75] Troitsky. Orthotropic Design in Modern Bridge Engineering[C]. Canada: The Engineering Institute of Canada, 1962.

[76] Lyse I. , IE. Madsen. Structural Behavior of Battle-deck Floor Systems[J]. Proceedings ASCE, 1939,14(1).

[77] Wolchuk R. Orthotropic Plate Design for Steel Bridges[M]. Chicago:AISC of Civil Engineering, 1959.

[78] Those Wonderful Epoxies: What They Well and Wannot Do Special Report[J]. Engineering News Record,July,1962.

[79] 彭力. P-E 法计算正交异性钢桥面板的应用[J]. 中外公路. 2001,21(5):27-29.

[80] 万鹏. 正交异性板桥面体系计算支承长度匹配问题研究[J]. 中国铁道科学,2003,24(2):72-77.

[81] Design Manual for Orthotropic Steel Plate Deck Bridges[Z]. American Institute of Steel Construction. 1963.

[82] Blodgett. Application of welding to the design for orthotropic bridges[J]. The Lineal neleetrie company pamphlet,1963,1302(157).

[83] Lang. Orthotropic plate construction for short-span bridge[J]. Civil Engineering,1961,12.

[84] Anonymous steel bridge 15 vrefabrieated[J]. Engineering News Record, Novembers,1964.

[85] Anonymous Pseudo-orthotropic spans lasheseosts[J]. Engineering News Record, July, 11,1968.

[86] Design manual for orthotropic steel plate deck bridges[J]. American Institute of Steel Construction,1963.

[87] Rogerson. Aluminium orthotropic bridge deck[J]. Civil Engineering,1967.

[88] 顾发祥,强士中. 钢桥设计论文选译[M]. 北京:中国铁道出版社,1986.

[89] 孔令峰,卢文良. 钢桁梁桥正交异性钢桥面板受力分析研究[D]. 北京:北京交通大学,2009(6).

[90] 李景汤. 有限元法[M]. 北京:北京邮电大学出版社,2002.

[91] 王福敏. 特大跨径钢桁架拱桥设计技术[M]. 重庆:重庆大学出版社,2010.

[92] Leslie B. B. ,G. Jaeger. Ultimate Load Test of Slab Girder Bridge[M]. Structure Engineer-

ing ASCE,1992,8(3):1609-1625.

[93] Tong M. ,Tham L. G. ,Au. F. T. Ketal. Numerical Modeling for Temperature distribution in Steel Bridges[J]. Compute & Structures. 6:583-593.

[94] Ytoi H. Y. Finite Element Crash Analysis of Framed Structures[J]. Compute & Structures. 1991,41(1).

[95] 项海帆,姚玲森. 高等桥梁结构理论[M]. 北京:人民交通出版社,2001.

[96] 魏奇芬,王恒武,彭晓彬. 两类混凝土索塔钢锚箱结构特性比较研究[J]. 交通标准化,2008(9):1-2.

[97] 魏奇芬. 钢锚箱在斜拉桥索塔锚固区中的应用[J]. 世界桥梁,2008(2):27-28.

[98] 陈开利. 钢锚箱索塔锚固区受力机理[J]. 中国铁道科学,2008,29(4):58-59.

[99] 陈兴冲,赵霆,刘尊稳,等. 铁路矮塔斜拉桥索塔锚固区局部应力分析[J]. 兰州交通大学学报,2012,31(3):1-4.

[100] 苏庆田,曾明根,吴冲. 上海长江大桥索塔钢锚箱模型试验研究[J]. 工程力学,2008,25(10):127-128.

[101] 张永涛,罗承斌,吴启和. 苏通长江大桥钢锚箱安装控制方法研究[J]. 中外公路,2008,28(6):101-105.

[102] AASHTO. Specifications for LRFD seismic bridge design[M]. Washington DC: American Association of State High-way and Transportation Officials, 2007.

[103] 刘昌鹏,张喜刚,王仁贵,等. 组合结构的索塔锚固区受力及结构特点研究[J]. 公路,2012(1):117-120.

[104] Iqbal A. Performance evaluation of Bolu viaducts in terms of performance-based seismic design of bridges[C]. Beattie G, Stirling M. New Zealand Society for Earthquake Engineering, Palmerston North, 2007:57-66.

[105] 郑舟军,田晓彬,余俊林,等. 内置式钢锚箱索塔锚固区受力机理分析[J]. 中国公路学报,2010,23(5):84-87.

[106] 李毅,李军平. 南京三桥钢塔节段焊接变形及几何精度的控制[J]. 钢结构, 2006, 21(3): 89-91.

[107] California Office of Emergency Service. Performance based seismic engineering of buildings [S]. Version 2000. California: Version 2000 Committee, Structural Engineering Association of California, 1995.

[108] 张奇志,李明俊. 斜拉桥钢—混组合索塔锚固区节段模型试验研究[J]. 桥梁建设, 2006(3): 16-19.

[109] Timothy Wright Bridge Seismic Retro-fitting Practices in the Central and Southeastern United States[J]. Journal of Bridge Engineering,2011,2.

[110] Jack M. ,G. G. Deierlein. A framework methodology for performance-based earthquake engineering [C]. 13th World Conference on Earthquake Engineering. Vancouver, Canada, 2004: Paper No. 679.

[111] M. Virlogeux,杨祖东. 诺曼底大桥的设计与施工[J]. 城市道桥与防洪,1995,(3):

19- 35.

[112] 万臻,李乔,大跨度斜拉桥钢锚箱锚固区试验与计算分析[J]. 铁道学报,2007,29(5):89-92.

[113] 张永涛,罗承斌,吴启和. 苏通长江大桥钢锚箱安装控制方法研究[J]. 中外公路,2008,28(6):101-105.

[114] 单炜,李玉顺,于玲. 异形截面斜拉桥索塔锚固区节段足尺模型试验研究[J]. 中国公路学报, 2005,18(3):60-65.

[115] 周孟波. 斜拉桥手册[M]. 北京: 人民交通出版社,2004.

[116] 曾明根. 上海长江大桥索塔索梁锚固区受力分析与试验研究报告[R]. 上海:同济大学,2007.

[117] 陈宝春,郑皆连. 钢管混凝土拱桥实例集(二)[M]. 北京:人民交通出版社,2008.

[118] 陈宝春. 钢管混凝土拱桥[M]. 北京:人民交通出版社,2007.

[119] 董学武,周世忠. 希腊里翁—安蒂里翁大桥的设计与施工[J]. 世界桥梁,2004(4):1-4.

[120] 湖北省交通规划设计院. 鄂东长江公路大桥设计图[Z]. 武汉: 湖北省交通规划设计院,2007.

[121] 张奇志,叶俊能. 杭州湾跨海大桥通航孔索塔锚固区节段模型试验研究[C]//中国公路学会桥梁和结构工程分会,杭州湾大桥工程指挥部. 中国公路学会桥梁和结构工程分会 2005 年全国桥梁学术会议论文集. 北京:人民交通出版社,2005:753-758.

[122] 许志豪,黄剑波. 昂船洲大桥的设计优化[C]//中国土木工程学会桥梁及结构工程分会, 湖南省交通厅. 第 16 届全国桥梁学术会议论文集. 北京:人民交通出版社,2005:50-55.

[123] 左明福. 厄勒海峡大桥的设计与施工[J]. 中国港湾建设,2001(1):5-9.

[124] 耿波,程宇鹏,李军,等. 重庆东水门长江大桥索塔锚固区非线性接触受力分析公路交通技术[J]. 2010,10(5):1-6.

[125] 叶梅新,张晔芝. 桁梁结合梁及其剪力连接件试验研究[J]. 铁道学报,1999,21(1):68-72.

[126] 杨允表,吕忠达. 大跨度斜拉桥索塔锚固区钢—混凝土结构竖向受力机理的有限元法[J]. 工程力学,2008,12(25):153-161.

[127] 戴捷,张喜刚,吴国民. 苏通大桥主桥索塔设计[C]//中国公路学会桥梁和结构工程分会 2004 年全国桥梁学术会议论文集. 北京:人民交通出版社,2004.

[128] 苏庆田,曾明根. 斜拉桥混凝土索塔钢锚箱受力计算[J]. 结构工程师,2005,12(6):1-6.

[129] 肖汝诚,项海帆. 大跨径悬索桥结构分析理论及其专用程序系统的研究[J]. 中国公路学报,1998(4):42-50.

[130] 张新军,陈艾荣. 悬索桥施工理想初态及成桥状态计算方法研究[J]. 上海铁道大学学报,1999,20(6):43-48.

[131] 潘永仁,范立础. 大跨度悬索桥加劲梁架设过程的倒拆分析法[J]. 同济大学学报,

2001,29(5):510-514.
[132] 项海帆. 高等桥梁结构理论[M]. 北京:人民交通出版社,2001.
[133] 魏奇芬,叶文海,范史文,等. 大跨度斜拉桥混凝土索塔锚固区理论与设计的研究进展综述[J]. 现代交通技术,2010,12(7):1-5.
[134] 严国敏. 现代斜拉桥[M]. 成都:西南交通大学出版社,1996.
[135] 候文崎,叶梅新. 结合梁斜拉桥锚拉板结构研究[J]. 钢结构,2002,17(2):23-27.
[136] 苏善根,徐宏亮. 斜拉桥销铰连接锚固形式的初探[J]. 中国铁道科学,2003,24(1):94-98.
[137] 刘宏,汪双炎,徐海鹰. 灌河桥锚拉板模型疲劳实验研究[J]. 钢结构,2007,22(5):18-21.
[138] 林元培. 斜拉桥[M]. 北京:人民交通出版社,2004.
[139] 李小珍,蔡婧,强士中. 大跨度刚箱锚固梁斜拉桥索梁锚固结构型式的比较研究[J]. 土木工程学报,2004,37(3):73-79.
[140] 董学武,周世忠. 希腊里翁安蒂里翁大桥的设计与施工[J]. 世界桥梁,2004,(4):19-35.
[141] 邱建英. 销轴锚固型式在桃夭门大桥上的应用[J]. 公路,2005(12):15-18.
[142] 周瑛琦. 大跨度斜拉桥索梁锚固区的受力分析研究[J]. 浙江交通科技,2005,3.
[143] 段乃民,曹映泓. 湛江海湾大桥索梁锚固结构的静载实验研究[J]. 中外公路,2006,26(5):85-89.
[144] 张育智,李乔,满洪高. 斜拉桥锚箱式索梁锚固区应力及传力途径分析[J]. 西南交通大学学报,2006,41(2).
[145] 朱劲松,肖如诚,曹一山. 汉洲湾跨海大桥索梁锚固节点模型实验研究[J]. 土木工程学报,2007,40(1):49-59.
[146] 重庆交通科研设计院,福建省交通规划设计院,中交第一公路勘察设计院有限公司联合体. 厦漳跨海大桥施工图设计[Z]. 重庆:重庆交通科研设计院,2009.
[147] 郑纲,汪双炎,徐海鹰,等. 武汉二七长江大桥结合梁斜拉桥索梁锚拉板结构实验研究报告[R]. 武汉:中铁大桥局集团武汉桥梁科学研究院有限公司,2010.
[148] 张清华,李乔. 锚箱式索梁锚固结构受力特性研究[J]. 土木工程学报,2012,45(7).
[149] 张清华,李乔. 超大跨度钢箱梁斜拉桥索梁锚固结构实验研究[J]. 土木工程学报,2012,44(7).
[150] 李小珍,卫星. 面向21世纪大跨桥梁索梁锚固结构的研究与发展[J]. 北京交通大学学报,2006,30.
[151] 伍贤智. 锚拉板式索梁锚固结构承载力分析[R]. 武汉:中铁大桥局集团武汉桥梁科学研究院有限公司,2010.
[152] Sunj, Manzanarez R, Nader M. Design of Looping Cable Anchorage System for New San Franciso Oakland Bay Main Suspension[J]. Journal of Bridge Engineering,2002(12):315-324.
[153] 杨进. 汕头岩石大桥主孔斜拉桥的开拓性技术成就[J]. 桥梁建设,2000(3):25-28.

[154] 西南交通大学土木工程学院.南京长江二桥南汉大桥斜拉索锚头静力实验报告[R].成都:西南交通大学土木工程学院,1999.

[155] 崔冰,曾宪武.南京长江大桥南汊桥结构设计[C].南京:中国公里学会桥梁及结构委员会2000年论文赛,2000.

[156] Fisher J w,Struik J H A. Guide to design criteria for bolted and riveted joints[M]. New York:John Wiley &Son,1974.

[157] 刘庆宽,王新敏,等.南京长江二桥南汊桥索梁锚固足尺模型实验研究[J].土木工程学报,2001,34(2):2-3.

[158] 高小妮,贺拴海,等.索梁锚固区应力状态单因素影响分析[J].广西大学学报,2012,37(1):1-2.

[159] 程章宏,顾萍.江东大桥索梁锚固区极限承载力分析[J].公路,2011,3:3-4.

[160] 满宏高,李乔.钢斜拉桥锚箱式索梁锚固区合理构造形式研究[J].中国铁道科学,2005,26(4):8-9.

[161] 王少怀,向中富,等.斜拉桥耳板式索梁锚固区应力分析[J].重庆交通大学学报,2012,31(4):8-9.

[162] 陶晓燕,余振生,等.西堠门大桥索梁锚固部位的受力分析及模型试验[J].中国铁道科学,2009,30(1):1-2.

[163] 彭荣.牛腿的构造与计算[J].铁道勘测与设计,2008,(4):104-109.

[164] 王天稳,杨芳.开裂牛腿的检测和处理[J].建筑技术开发,2004,31(2):84-85.

[165] 张显柱,杨巍.牛腿设计的要点[J].内蒙古煤炭经济,2013,29:57-59.

[166] 郭忠宁.斜拉桥常见拉索钢牛腿与混凝土牛腿的比较[J].山西建筑,2012,38(12):220-265.

[167] 姚远.跨海大桥钢锚梁及钢牛腿制造工艺研析[J].山西建筑,2013,39(15):150-151.

[168] 刘文华,邢上志,田向阳.牛腿的抗裂度及承载能力的计算[J].河南科学,2003,21(6):754-757.

[169] 苏三庆,丰定国,王清敏.钢筋混凝土牛腿中水平钢筋的作用及设计方法[J].西安冶金建筑学院学报,1990,22(2):127-137.

[170] 刘华新,邢颖,刘舰等.拉—压杆模型法在牛腿配筋设计中的应用[J].辽宁工学院学报,2005,25(1):37-39.

[171] 陶海.基于空间分析的混凝土斜拉桥关键问题研究(工学博士论文)[D].上海:同济大学,2007.

[172] Blaauwendraad J. ,Hoogenboom. P. C. J. Stringer panel model for Structural Concrete design[J]. ACI Struetura1 Journal,1996:295-305.

[173] Huang F. C. ,Lee1. S. ,Mo Y. L. Designing Pier Caps with Strut. and. Tie Model[J]. Concrete International,1998:43-47.

[174] Collins M. P. ,Vecchio F. The Response of Reinforced Concrete to In-plane Shear and Normal Stresses[J]. Univ. of Toronto, March,1982.

[175] Liang Q. Q. ,Xie. Y. M. ,Steven G. P. Generating optimal Strut. and. Tie models in pre-

stressed concrete beams by performance based optimization[J]. ACT Structural Journal, March-April, 2001, 226-232.

[176] Ali M. ,Mhite. R. Automatic Generation of Truss Model for optimal Design of Re1nforeed Concrete Structures[J]. ACT Structural Journal,2001,431-442.

[177] Schlaich J. ,Schafer. K. ,Jenneweinm. Toward a Consistent Design of Structural Concrete [J]. PCI Journal,1987,74-149.

[178] Mac-Gregor, J. G. Reinforced Concrete Mechanics & Design [Z]. Prentice. Halt, Inc. , 1992.

[179] 林松.桩厚承台空间桁架理论的研究及程序编制[D].东南大学,2002.

[180] 沈在康.混凝土结构设计新规范应用讲评[M].北京:中国建筑工业出版社,1990.

[181] Stephen J. F. ,R. L. Gilbert. The design of Non-flexural members with normal and high [J]. Strength Concrete , ACI Structural Journal No. 93. S1.

[182] 徐磊.钢筋钢纤维混凝土牛腿力学性能试验研究[D].河南:郑州大学,2002.

[183] 杨秀华.桥梁牛腿裂缝处理方法研究[J].孝感学院学报,2010,30(3):91-93.

[184] 杨中保.巨型焊接钢牛腿的试验研究[D].湖南:湖南大学,2005.

[185] 李艳茹,刘新宇.后浇式钢筋混凝土牛腿受力特性的试验研究[J].施工技术,2005,34(7):54-56.

[186] 张志国,杨丛娟,刘进.钢牛腿极限承载力分析[J].石家庄铁道学院学报,2004,17(2):70-73.

[187] 路克宽,李树增,刘凤芝,等.巨型钢结构现场拼装与滑移技术[J].建筑技术,1995,22(11):681-682.

[188] 孙永存.万吨级斜拉桥平转阶段牛腿受力研究[J].北方交通,2012,(4):74-77.

[189] 程丽娟,李德建,戴公连.箱梁牛腿横向应力分布规律及有效计算宽度研究[J].铁道科学与工程学报,2002,20(4):21-38.